2015—2016年
中国工业和信息化发展
系列蓝皮书

2015-2016年中国战略性新兴产业发展

蓝皮书

The Blue Book on the Development of Strategic Emerging Industries in China（2015-2016）

中国电子信息产业发展研究院　编著

主　编/卢　山

副主编/乔　标

人民出版社

造业"双创"服务体系，推动制造业焕发新活力。

二是坚持质量为先，把质量作为建设制造强国的关键内核。近年来，我国制造业质量水平的提高明显滞后于制造业规模的增长，既不能适应日益激烈的国际竞争的需要，也难以满足人民群众对高质量产品和服务的热切期盼。必须着力夯实质量发展基础，不断提升我国企业品牌价值和"中国制造"整体形象。以食品、药品等为重点，开展质量提升行动，加快国内质量安全标准与国际标准并轨，建立质量安全可追溯体系，倒逼企业提升产品质量。鼓励企业实施品牌战略，形成具有自主知识产权的名牌产品。着力培育一批具有国际影响力的品牌及一大批国内著名品牌。

三是坚持绿色发展，把可持续发展作为建设制造强国的重要着力点。绿色发展是破解资源、能源、环境瓶颈制约的关键所在，是实现制造业可持续发展的必由之路。建设制造强国，必须要全面推行绿色制造，走资源节约型和环境友好型发展道路。要强化企业的可持续发展理念和生态文明建设主体责任，引导企业加快绿色改造升级，积极推行低碳化、循环化和集约化生产，提高资源利用效率。通过政策、标准、法规倒逼企业加快淘汰落后产能，大幅降低能耗、物耗和水耗水平。构建绿色制造体系，开发绿色产品，建设绿色工厂，发展绿色园区，打造绿色供应链，壮大绿色企业，强化绿色监管，努力构建高效清洁、低碳循环的绿色制造体系。

四是坚持结构优化，把结构调整作为建设制造强国的突出重点。我国制造业大而不强的主要症结之一，就是结构性矛盾较为突出。要把调整优化产业结构作为推动制造业转型升级的主攻方向。聚焦制造业转型升级的关键环节，推广应用新技术、新工艺、新装备、新材料，提高传统产业发展的质量效益；加快发展3D打印、云计算、物联网、大数据等新兴产业，积极发展众包、众创、众筹等新业态新模式。支持有条件的企业"走出去"，通过多种途径培育一批具有跨国经营水平和品牌经营能力的大企业集团；完善中小微企业发展环境，促进大中小企业协调发展。综合考虑资源能源、环境容量、市场空间等因素，引导产业集聚发展，促进产业合理有序转移，调整优化产业空间布局。

五是坚持人才为本，把人才队伍作为建设制造强国的根本。新世纪以来，党和国家深入实施人才强国战略，制造业人才队伍建设取得了显著成绩。但也要看到，制造业人才结构性过剩与结构性短缺并存，高技能人才和领军人才紧缺，基础制造、高端制造技术领域人才不足等问题还很突出。必须把制造业人才发展摆在更加突出的战略位置，加大各类人才培养力度，建设制造业人才大军。以提高现代经营管理水平和企业竞争力为核心，造就一支职业素养好、市场意识强、熟悉国内外经济运行规则的经营管理人才队伍。组织实施先进制造卓越工程师培养计划和专业技术人才培养计划等，造就一支掌握先进制造技术的高素质的专业技术人才队伍。大力培育精益求精的工匠精神，造就一支技术精湛、爱岗敬业的高技能人才队伍。

"长风破浪会有时，直挂云帆济沧海"。2016 年是贯彻落实"十三五"规划的关键一年，也是实施《中国制造 2025》开局破题的关键一年。在错综复杂的经济形势面前，我们要坚定信念，砥砺前行，也要从国情出发，坚持分步实施、重点突破、务求实效，努力使中国制造攀上新的高峰！

工业和信息化部部长

2016 年 6 月

前　言

　　当前，新一轮科技革命和产业变革正在孕育兴起，最突出的特点就是新一代信息技术与制造技术业的深度融合，正在引发影响深远的产业变革。各个国家对此都高度重视新产业、新业态、新模式的发展，先后采取了一系列战略举措。美国将智能电网、清洁能源、先进汽车、航空与太空能力、生物和纳米技术、新一代机器人、先进材料等作为重点发展领域，加大研发投入力度。德国大力推动包括工业 4.0 在内的十项未来研究项目的开展实施，工业 4.0 战略，重点研究的加快推动智能工厂建设和智能制造生产，将对汽车、工程机械、远程医疗等众多工业部门、应用领域产生深远影响。英国资助重点支持了生物能源、智能系统和嵌入式电子、生物技术、材料化学等新兴领域创新中心的建设。法国出台"新工业法国计划"，重点发展机器人、节能汽车、高速列车等聚焦 34 个重点行业，包括机器人、未来工厂等改变生产方式的前沿技术；节能汽车、高速列车等环保和新能源产品；涉及大健康的新型医疗卫生设备、食品工业等。日本一方面鼓励大力推动汽车、信息通信设备、电子电器等制造企业业回归本土市场，高度重视另一方面重点发展制造业的尖端领域，加快大数据应用、机器人、下一代清洁能源汽车、再生医疗以及、３Ｄ打印技术等的高端制造业发展。各个国家都纷纷加强战略部署、加大对新一代信息技术以及前沿新兴领域的投入力度，力图通过提前谋划抢占即将重构的制造业版图下的战略制高点力图在新一轮发展中占据先发优势。

　　在这种激烈的国际竞争环境下，习近平总书记提出，"要抓住新一轮科技革命和产业变革的重大机遇，在新赛场建设之初就加入其中，甚至主导一些赛场建设，从而使我们成为新的竞赛规则的重要制定者、新的竞赛场地的重要主导者。"2015 年5 月，国务院正式印发《中国制造 2025》，全面推进实施制造强国战略。《中国制造2025》有针对性地选择了培育发展新一代信息技术、高档数控机床与机器人、航空航天装备、先进轨道交通装备、海洋工程装备与高技术船舶、节能与新能源汽车、电力装备、农机装备、生物医药及高性能医疗设备、新材料等 10 大重点领域新兴产业，是《中国制造2025》的核心内容，也是制造强国建设的重要支撑，实施重点突破。去年8月，国务院正式批准发改委和财政部等备设立国家新兴产业创业投资引导基金，目前已经获得国务院批复，该基金将进一步为引导和推动新兴产业发展、扶持创新型中小企业成长提供长期支持提供了良好条件。

发展壮大新兴产业是培育新动力、拓展新空间、挖掘新增长点的一项长期任务，也是当前稳增长、调结构、促改革的一项重要工作。为了更好地研究和助推我国新兴产业发展，赛迪智库规划研究所编撰了《2015—2016年中国战略性新兴产业发展蓝皮书》，全面描述了我国新兴产业发展现状，深入分析了新兴产业发展中存在的问题和原因，并结合全球发展的新动向，勾勒了未来七大战略性新兴产业的发展前景和方向。全书共分4部分20章。

综合篇，描述国内外战略性新兴产业的发展特征、趋势及动向，分析我国新兴产业发展中遇到的问题并提出进一步完善的建议。

产业篇，围绕节能环保产业、新一代信息技术产业、生物产业、高端装备制造产业、新能源产业、新材料产业、新能源汽车产业等重点产业，分析产业发展现状、存在问题、重点领域发展进展以及产业布局情况。

热点篇，聚焦2015年新兴产业的重点领域、新兴业态、商业模式等，对其存在的热点问题进行深入分析和探讨。

展望篇，预测2016年战略性新兴产业发展的总体形势，并勾画节能环保产业、新一代信息技术产业、生物产业、高端装备制造产业、新能源产业、新材料产业、新能源汽车等产业的未来发展前景和发展方向。

工业和信息化部规划司司长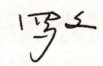

目 录

热 点 篇

展 望 篇

综 合 篇

第一章　2015年全球新兴产业发展概况

科技是第一生产力,科技创新是国家生产力发展的先决条件。近年来,世界经济持续衰退,新兴产业对全球经济社会发展的引领和带动作用越来越明显,已成为主导未来经济发展的主要领域,最受各国关注和重视。新一代信息技术、节能与新能源汽车、高端装备制造、新材料、生物医药、新能源、节能环保等产业不仅在技术上取得了诸多突破进展,商业推广方面也获得了长足的发展。在美国、德国、日本等发达国家的强力政策影响下,全球新一轮科技革命正在新兴产业当中酝酿。

第一节　全球新兴产业发展新特征

一、国家间积极合作发展新兴产业

国际金融危机之后,世界各国纷纷开始重视科技研发投入,希望通过发展新兴产业培育出新的经济增长点,帮助振兴国内经济,抢占新的国际竞争制高点。但在发展过程中,各国也逐渐意识到,突破性的技术需要大量的资本和时间投入,仅凭一国之力无法实现最大的产业发展效率。因此,发达国家、新兴工业化国家和部分发展中国家积极开展合作,集合优势资源,取得了丰硕的成果。

以页岩气开采技术的发展为例。美国最早于20世纪70年代开始关注国内页岩气资源的规模化开采技术,但国内独立研究的进展缓慢,产量一直没有较大的进步。2003年之后,受中东局势和新型工业化国家需求不断增长的影响,国际原油价格不断飙升,2008年一度达到147.27美元/桶的历史高点。在价格压力下,各国开始合作研究页岩气开采技术。2009年,欧盟国家启动了欧洲页岩项目。在德国国家地学实验室的主导下，来自美国、加拿大以及德国、法国等欧盟主要国家的科研人员利用过去五年间跨国石油公司在美国、加拿大、波兰、英国等国试验开采获得的数据，针对不同的盆地有机质类型和岩石矿物学成分尝试设计最有效的开采手段，逐步完善技术参数，最终设计完成了水力压裂开采法，大幅提高了美国和加拿大的油气产量。我国也通过国际合作在这一领域取得了技术突破。从 2007 年开始，中石油、中石化、中海油等国内主要油气企业与美国公司合作，在四川、重庆、河南、湖北等地开展试验性勘探开发，经过三年的努力，于 2010 年在中原油田成功建成了第一口适合我国地质条件的大型压裂改造页岩气井，并逐步在国内推广。截至 2015 年，美国、加拿大、中国已经成为世界上页岩气商业开发最成功的三个国家。在页岩气技术突破和经济危机的双重影响下，国际原油价格再次回落。

不仅是以页岩气为代表的新能源产业，如今国际交流合作已经成为各个新兴产业实现发展的主要方式。大型跨国企业和互联网行业的发展降低了信息流动的成本，新兴产业将在国际合作的潮流中取得新进展。

二、技术突破对产业发展作用显著

新兴产业是通过对新技术的应用而从传统产业当中分离出来的，其发展和完善也需要新的科研成果和技术突破来实现。从近年发生的案例来看，科学研究进展和技术发明应用对于产业的提升作用非常明显。以新材料和新一代信息技术为例。2015 年，各国科研人员在碳纳米管、石墨烯等新材料领域取得了一系列重大突破。美国威斯康星大学研究人员开发出一种新型碳纳米管——晶体管，性能十分优秀，开关速度比普通硅晶体管快 1000 倍。同年在斯坦福大学，科学家利用碳纳米管设计出一种新的处理器堆叠方式，大幅降低了数据在处理器内部的传输时间，制造出的芯片设计运行速度比目前芯片高出 1000 倍。石墨烯研究方面，来自美国、中国、日本等多国的科学家研究发现了一种石墨烯的新结构，这种五边形的结构在计算机模拟环境中表现出超高的机械强度和耐高温能力，有潜力成为高性能半导体材料。康奈尔大学的研究小组利用 10 微米厚的石墨烯，通过折叠、扭转、弯曲和裁减等多种手段，设计出大量纳米级别的基件形状，未来可以在此基础上设计研发纳米级弹性器件。随着这些材料技术的进步，新一代信息技术产业有了更广阔的发展空间，技术方面的突破口越来越多。如今，人类已经能够将集成电路的设计尺度降到纳米级别，传统的摩尔定律很可能将在 5 到 10 年内被打破。这些技术突破对于信息技术产业的发展推动作用难以限量。

三、智能化成为新兴产业发展趋势

随着网络信息技术的不断发展和大数据、云计算等技术理念深入人心，智能化已经成为各个新兴产业共同的重点发展方向。利用新一代信息技术产业的发展，新能源汽车、高端装备制造、生物医药、新能源等新兴产业也在努力进行智能化升级。以汽车为例。2015 年，美国通用汽车与密歇根大学、美国国家高速公路交通安全委员会联合开发出了成熟的汽车间通信技术。利用短程无线电技术，行驶中的车辆可以自动向附近几百米范围内的其他车辆发送行驶信息，包括 GPS 位置、行驶速度、方向盘角度、刹车踏板位置，等等。汽车间互相发送的信息形成一张动态地图，车载电脑可以利用这张地图对周围可能发生的情况进行预判，并根据需要向驾驶员发出提醒，以避免交通事故的发生。再如新能源产业。2015 年，法国和德国分别结合本国能源结构和新能源产业发展状况，设计提出了智能电网系统的改造计划。法国多家大型企业通力合作，采用智能技术，优化了控制中心、电网、用户之间的双向通信效率，通过分析数据预测出第二天的用电需求量，从而灵活控制相应的发电量。目前，这一系统的设计工作已经基本完成，工程方正在抓紧建设储电系统，完善智能电网的结构。德国方面，电力部门分析了国内常规能源和可再生能源的使用数据，重新定位了工业生产过程中波动的能源供应，利用智能化技术设计了调度系统，从而将各种电力资源在电网内无缝衔接，大幅减少了入网损耗。除此之外，高端装备制造、生物医药、节能环保等多个产业都通过利用智能化技术得到了快速的发展。信息技术对于其他产业的高渗透性和带动性使相关应用成为了新兴产业共同的发展趋势。

四、企业力量对于新兴产业愈发重要

2015 年，新兴产业取得了快速的发展，这固然与各国的重视程度和投资力度密不可分，但与往年相比，大型企业，特别是跨国企业在科研方面的直接投入对产业发展的作用显得尤为重要。在全球经济疲软的大环境下，企业纷纷加快了兼并重组和业务整合的进度，集中科研力量和资源，加紧突破技术瓶颈，全力抢占新兴产业的广阔市场，从而保持企业的竞争优势。

2015 年，美国通用电气斥巨资收购了法国阿尔斯通的电力电网业务，从此成为全球能源装备领域难以撼动的巨擘。通用电气在能源装备领域的主要优势体现在燃机和风电装备上，阿尔斯通则在水电、火电、核电和海上风电方面具备领先优势。通过重组两家公司的优势资源，通用电气获得了更广阔的客户市场，技术上得以取长补短，形成了发电、能源管理和可再生能源三大业务，能够覆盖水电、火电、风电、核电、天然气、生物质、太阳能等各种主要能源形式，全面解决电力电子、直流联网、特高压输电、可再生能源并网等电网管理领域的问题，从而在高端装备制造和新能源这两大新兴产业上确立了领先地位。在智能化应用方面，通用电气将"数字化"和"工业"作为引领公司未来发展的两大动力，近年来还专门加大了对于工业互联网的研究投入，推出了"Predix"云服务平台。此平台可用于工业数据分析和开发，能够在工业制造、能源、医疗等多个领域发挥作用，捕捉并分析海量机器产生的各种各样的数据，完善数字化的工业生产架构。

过去一年间，包括通用电气收购阿尔斯通在内的大量兼并重组案例都表明了企业对于未来产业发展方向的关注程度。随着大型跨国企业逐步完成资源配置和业务重组工作，企业的力量将对新兴产业的发展产生更大的推动作用。

第二节　主要发达国家新兴产业发展新动向

一、美国

2015年，美国经济复苏态势更为明显，主要表现在：第一，2015年前三季度美国GDP同比名义增长3.5%，扣除价格因素后同比增长2.3%，预计全年GDP增速可以达到2.5%，高于2014年的2.4%。第二，就业形势继续好转，失业率达到了7年来的最低值，2015年12月为5.0%。第三，美国民众对于经济的信心持续提升，2015年12月的密歇根大学消费者信心指数达到92.6，全年的平均值也达到了2004年以来的最高水平。

奥巴马总统在任的七年间，美国经济状况有了明显改善，失业率不断降低，财政赤字比2009年减少了将近四分之三。特别是制造业，在美国重振制造业的战略导向下，美国国内制造业相比六年前增加了将近九十万个工作岗位。美国国家制造创新网络计划从2012年提出以来，对新兴产业的推动作用非常明显。2015年，白宫再次发布了《美国创新新战略》，指明未来新兴产业的发展方向。

（一）优势领域的最新动向

新一代信息技术。美国政府长期重视新一代信息技术的发展。2015年美国在神经网络、人机交互技术、光纤通信等方面取得了丰硕的成果。神经网络构建方面，田纳西州的一家公司创造了神经网络模型规模的最新记录，这种包含了一千六百亿参数的"深度神经网络"在对目标分类识别方面已经可以达到一些灵长类动物的水平，未来在人工智能领域有巨大应用空间。人机交互技术方面，加州大学圣迭戈分校的研究人员利用存储式处理器，设计出一种能够模拟人类大脑运作方式的电脑样机，帮助科研人员对人工智能模拟程序进行运算测试。杜克大学分别用猴子和大鼠做了脑脑连接的试验，将几只猴子的大脑用接口连接起来，完成了控制虚拟手臂的运动，并用4只大鼠的大脑连路完成了一些简单的运算。

智能制造。2015年，美国在3D打印技术和动力设备制造方面取得了一系列突破性的进展。来自普渡大学的研究者利用喷墨打印技术制造出一种液态合金设备，利用这一设备可以制造在纤维和弹性材料上使用的柔性可伸展导体。哈佛大学研究人员开发出一种多材料多功能打印喷头，能够将浓缩的、有黏弹性的材料混合起来，并在打印过程中随时改变材料成分，从而大幅扩展了3D打印喷头的应用范围。加利福尼亚一家科技公司设计了一种"连续液界面生产工艺"，利用光和氧气将液体媒介当中的材料融合在一起，直接构造出目标物体的3D模型，从而大幅提高3D打印速度。波音公司一项激光动力推进系统的专利在2015年获批，这一技术可用于推动火箭、导弹和航天器，能够在放射性染料上点燃高能激光。

生物医药。美国在人脑研究和医学领域取得了重大突破。2015年8月，俄亥俄州立大学的研究人员在实验室中培育出一枚几乎完全发育成型的人类大脑，其发育程度与五周大的胎儿大脑相当，不具备任何意识，但具备人类大脑中绝大多数的细胞类型和功能，拥有完整的基因表达能力，可以很好地帮助科学家认识脑部疾病的机理及测试新药。华盛顿大学的一个研究小组进行了一次迄今为止最复杂的人脑直连实验，将两个大脑直接相连，与五对受试者完成了一次通过互联网来传递大脑信号的问答游戏，从而证明了人类的两个大脑可以直接连接，并可以通过信号传输的方式传递信息。哈佛大学的科学家使用了一种新的显微镜技术，无需经过荧光标记即可观察到活体皮肤癌细胞分裂过程当中的DNA分子机理，从而在细胞正常发育的情况下了解癌细胞变异程度。

新材料。2015年美国科学家在新材料领域也取得了许多成果。哈佛大学设计出一种折射率为零的新型材料，将其整合在芯片上之后，光在其中的传播速度几乎达到无限大，从而在零折射率物理学和集成光学方面的研究前进了一大步。宾州州立大学的研究人员开发出一种新型高分子材料，可以用来生产新型电池，不仅能高效储存能量，而且可以耐受高达250℃的温度，未来可以应用在电动汽车与航天器的制造上。斯坦福大学将一种新型导热材料用于纺织技术，制造出一种非常轻的纳米线网状面料，可以直接连通电源生热，而且与传统面料相比，留存热量的效率也更高。弗吉尼亚州立大学的科学家合成出了一种新型磁性材料，研究人员用铁纳米颗粒、碳纳米颗粒和具有磁性的钴金属颗粒进行合成，产物的磁性与传统稀土永磁材料不相上下。

新能源。2015年美国政府和企业都加大了对于新能源产业的开发投资力度，取得了可喜的效果。美国一家科技企业利用场反向位形结构磁性约束，将一团球状气体在一千万摄氏度的超高温中稳定保持了5毫秒，首次将这种过热气体保持在稳定状态，为核聚变反应技术的设计提供了数据支撑。威斯康星大学麦迪逊分校的科研人员制造出一种柔性光电晶体管，用一层反光金属做衬底，上面的超薄纳米硅薄膜层可以高效吸收光能，大幅提高了使用效率。加利福尼亚大学伯克利分校的研究小组开发出一种经过改性的金属有机框架材料，可以应用在火力发电厂，有效降低燃煤发电厂的碳排放。此外，美国几位华人科学家合作研制出一种高性能铝电池，仅用一分钟就可以充满供一台智能手机使用的电量，寿命也比传统的锂电池更长，制造成本更低，商业开发潜力巨大。

（二）政府采取的主要措施

美国于2009年首次从国家层面发布创新战略，并于2012年3月启动了"国家制造创新网络计划"，经过三年的发展，如今已初步成型。2015年10月底，白宫总结了过去几年的工作，并发布了《美国创新新战略》，指出九大战略领域，希望通过发展这些新兴产业来帮助美国继续引领世界经济，并克服国内经济社会方面存在的各种困难。这九大战略领域包括先进制造、精密医疗、大脑计划、先进汽车、智慧城市、清洁能源和节能技术、教育技术、太空探索和计算机新领域。

二、英国

2015年，英国经济发展在年中一度放缓，但随后增速逐渐加快，全年增长率接近长期趋势，国内产出缺口持续缩窄。第三季度，英国国内生产总值季度增长率终值为 0.4%，回到了 2012 年年底以来的最低增速，但第四季度表现较好。英国国家经济社会研究院分析了 10 月、11 月以及 12 月的部分数据，估计英国在第四季度的国内生产总值增长率至少达到了 0.6%，全年的经济扩张速度约为 2.2%，比 2014 年减少了 0.7 个百分点。

（一）优势领域的最新动向

新一代信息技术。2015 年 4 月，英国科学家与日本科学家合作，首次将量子隐形传态的核心电路即成为一块微型光学芯片，比以往复杂的量子光学系统的体积缩小了一万倍，突破了研制超高速量子计算机和超安全量子通讯的关键技术瓶颈。

智能制造。2015 年英国在 3D 打印和机器人系统方面取得了不错的成绩。英国皇家海军利用 3D 打印技术制造了一款新型无人机，并在舰船上进行了测试。这种无人机利用一个三米长的弹射器发射起飞，翼展 1.5 米，螺旋桨驱动，飞行过程非常稳定。未来这种低成本的无人机可以大规模应用在军事侦察领域。8 月，剑桥大学研究人员与瑞士科学家合作，设计出一种能够不断自我进化改进性能的机器人系统，未来可以应用在汽车产业和农业方面。11 月，罗尔斯罗伊斯公司的研发团队进行了一次飞行试验，试验飞机的发动机是用 3D 打印制造的零件组装的，这象征着 3D 打印技术在高端装备制造方面取得了重大突破。

生物医药。2015 年，英国在基因研究和疾病研究方面取得了众多成果。6 月，剑桥大学桑格研究所的研究人员完成了对埃博拉病毒的基因测序，随后将数据在网上公开，与全球科研人员免费共享。8 月，帝国理工学院的一支研究团队在研究细菌耐药性问题时发现了一种"触发器"，这与致病细菌自身的防御机制直接相关，可能是引发细菌耐药性的直接原因。9 月，伦敦国王大学的研究人员从一批 65 岁上下的健康老人身上筛选出 150 个 RNA 基因段，开发出一种判别老年人身体健康状况的基因标记工具。11 月，伦敦大学下属医院的医生利用"分子剪刀"技术修改了一名患白血病的 1 岁女婴的基因序列，随后将基因修改过的细胞注入到女婴体内，数周内将其成功治愈，这在世界上尚属首次。12 月，英国癌症研究会的一个研究团队经过长期的实验研究发现了癌细胞在体内扩散的关键机制，在此基础上未来有望开发出抑制癌细胞扩散的针对性的药物。

新材料。英国长期关注石墨烯领域的研究，并在过去一年间取得了不少进展。

5月曼彻斯特大学的一个研究小组与一家石墨烯生产商合作，利用3D打印技术，用压缩石墨烯墨水打印出了一部射频天线。这种天线经济实用，灵活环保，生产效率非常高，具有广泛的用途。11月苏格兰格拉斯哥大学的研究人员设计出一种大量生产石墨烯薄膜的新方法，通过这一方法生产的石墨烯薄膜基板能够将成本降低到传统方法的百分之一。

（二）政府采取的主要措施

2015年，英国政府加大了对新兴产业的投入，希望能够通过发展新兴产业帮助英国经济快速回温。二月初，英国商业、创新和技能大臣文斯·凯布尔宣布，英国选定了剑桥大学等五所高校领导国家大数据研究机构——图灵研究所。该研究所由英国政府于2014年投资四千二百万英镑设立，制造强化英国在欧洲大数据和算法研究方面的领先地位。六月，几位英国科学家和经济学家联名发表了一份报告，提议各国联合设立一个"全球阿波罗计划"，引导各国政府未来十年在新能源开发方面投入更多资源。八月份，英国成立了"机器人和自控系统网络"组织，对机器人方面的科研资源进行统筹规划，帮助高校、科研机构和企业开展合作，推动机器人前沿技术的实用化。政府还表示在未来将继续加大力度为行业内的中小企业提供资金和政策支持，帮助企业建立与机器人技术相关的研究中心、培训中心和试验开发设施。

三、德国

德国经济在2015年持续强劲增长。因为国内失业率处于历史低位，税收强劲，2015年德国预算盈余高达121亿欧元。德国联邦劳工局发布的最新数据显示，2015年，德国年均失业人数为279.5万人，同比减少10.4万人，年平均失业率为6.4%，同比下降0.3%。截至2015年12月，德国失业率为6.1%，为1990年以来的最低水平。

（一）优势领域的最新动向

新一代信息技术。2015年，德国科学家在信息通讯领域取得了一系列新成果。亚琛大学的研究团队和尤利希研究中心合作发现了一种解决组随机存储器故障的方法，科学家利用氧离子存储层减慢乃至完全抑制了数据丢失过程，使这种存储器可以更有效地应用在未来的新型计算机当中。卡尔斯鲁厄工业大学和明斯特大学的研究团队开发出世界首台非易失性光学存储器，可以使用电子脉冲或者光学脉冲，存储介质为锗锑碲复合材料，存储数据的效果与可擦写的 CD 和 DVD 介质相当。

智能制造。制造业是德国的传统优势产业，在"工业 4.0"战略的规划下，过去一年间德国工业飞速发展。马普智能系统研究所设计开发出一种新一代机器人，这种机器人可以利用头部的摄像头和传感器扫描周围环境，每毫秒可以做出一个反应，反应速度极快，并且可以和人一样自我学习、自我适应环境，未来的应用范围非常广阔。弗朗霍夫研究所制造出一种利用 3D 打印技术的人造血管，厚度仅有 20 微米，和人体血管结构一致，能够应用在人工皮肤、人造器官等医学领域。

生物医药。2015 年，德国在基因治疗方面取得了重大进展。柏林 NOXXON 制药公司与丹麦科学家合作，发现了一种镜像对称的 DNA 分子，这种分子是天然核苷酸的对称镜像，具有特别的生物化学反应能力，未来可应用在基因技术上，有可能开辟出治疗癌症等疑难疾病的新路径。慕尼黑赫尔姆茨中心的研究人员利用淋巴癌患者癌细胞当中的病毒感染体，成功激发了人体免疫系统的免疫反应，由人体产生的免疫细胞来杀死癌细胞，从而找到了一种治疗淋巴癌的新办法。弗莱堡大学医学院的科学家通过测定尿样中微小 RNA 分子的浓度，可将乳腺癌的测定准确率提高到 90%，对于乳腺癌早期治疗和诊断意义重大。

新材料。德国科学家在纳米材料和金属新材料方面取得了进展。慕尼黑大学和马普固体物理研究所合作设计出一种纳米新材料，可用于制造高精度的感应材料。利用这种材料制造的触屏不需要手指接触屏幕就可以感应到压电变化，在触摸式屏幕应用方面前景广阔。基尔大学的科学家发现了一种新型镍钛铜记忆合金，可以弯折上千万次而不发生断裂，韧度出色，未来可用于微电子和光学器件、医疗器件、传感器等多重领域。

新能源。德国在新能源转化效率方面成绩显著。柏林赫尔姆茨太阳能燃料研究所采用了纳米材料技术，用黄铜和二氧化钛制造出一种薄膜材料，可在太阳能制氢反应中用作高效催化剂，将太阳能的转化效率提高到了 80%。奥迪汽车公司与一家新能源企业合作开发出一种新工艺，可以利用二氧化碳和水在特定条件和催化剂的作用下生产柴油，目前能源转化效率可以达到 70%。十二月，马克斯·普朗克研究所的等离子体物理研究所使用世界上最大的仿星器"螺旋石 7-X"首次制造出氦等离子体，在可控核聚变反应方面取得了突破性进展。

（二）政府采取的主要措施

自 2013 年 4 月德国提出"工业 4.0"战略之后，政府加大了对于新兴产业的重视程度，使用政府力量将优势资源集中起来，取得了许多成绩。2015 年，联邦教研部设立了互联网研究所，集中了高校以外研究机构的互联网研发力量，将在未来五年投资五千万欧元，重点研究数据安全、数据自动化和标准化以及大数据应用。此外，联邦教研部还投入了 2500 万欧元建立了新的工业 4.0 合作平台，引导国内的中小企业参与"工业 4.0"战略，从而将政府、企业、研究机构和社会等多个层面更好地结合起来。

四、法国

法国经济在 2015 年进一步改善，但是，较高的失业率和乏力的投资增长使得法国中长期经济的前景不太乐观。2015 年一季度，法国国内生产总值环比增长了 0.7%，是近两年最快的季度增速。二季度受到制造业和建筑行业的影响，经济增长趋于停滞。第三季度环比增长了 0.3%，增速有所恢复。在欧元区国家失业率普遍下降的趋势下，法国的失业率在 2015 年不降反升，在 2015 年 10 月甚至超过了欧盟平均水平，达到 10.8%。这说明法国的经济复苏尚处于起步阶段，企业正在从过去的危机中缓慢恢复，目前仅能维持现有的生产水平，无力加大投资和招聘。在石油价格下降和欧元贬值等利好因素的影响下，2016 年法国经济或许会更有起色。

（一）优势领域的最新动向

智能制造。2015 年，法国在人工智能机器人和 3D 打印技术方面有所突破。巴黎第六大学设计出一种小型机器人，可以在受到损伤后进行自我修复，大幅提高了机器人在恶劣环境下的工作能力。法国一家机器人公司制造出一种可以识别面部表情、语言和身体姿态信息的机器人，并通过分析对话者的情感信息做出恰当的回应。法国和意大利两国科学家合作研制出一种便携式的 3D 打印机，并于十二月随飞船运送至国际空间站，开始在太空进行 3D 打印技术试验。

生物医药。2015 年，法国科学家首次获得了人类核糖体的原子水平结构。研究人员使用了高分辨率单颗粒低温电子显微镜，用原子模型构建的方法，成功辨识出人类核糖体接近原子水平的立体结构，从而能够帮助科学家理解核糖体立体构型与基因表达之间的关系，在未来可能催生出新的疾病治疗手段。八月，国家科研中心的研究小组在早老性痴呆症患者的大脑中发现了一种活性肽，这种淀粉样蛋白能够降低大脑神经元的活跃度，对患者的认知功能造成损害。这一发现意味着早老性痴呆症患者在未来有可能通过靶向治疗获得痊愈。

（二）政府采取的主要措施

2013年，法国提出了"新工业法国"计划，希望能够振兴法国制造业，在装备、能源产业、信息产业等新兴产业方面取得突破。经过两年的实践，法国制造业获得了一定的发展，但政府也意识到，先前提出的战略目标过于分散，不利于规划在未来继续顺利实施。因此，2015年，法国发布了"未来工业"计划，作为"新工业法国"计划的升级版，希望建立更具竞争力的法国工业。这一计划的主要举措包括：为企业提供技术支持，鼓励企业研发尖端技术；开展企业跟踪服务，向中小企业提供咨询服务和财政资助；提高工业从业者技能，努力创造更多就业；加强欧洲和国际合作，重点与德国"工业4.0"战略对接；推动未来工业发展，在全国范围内加强项目宣传。

五、日本

2015年日本经济增长波动很大，但总体情况好于2014年。2014年，经济增长为-0.1%，陷入了负增长。2015年第一季度，经济年化增长率达到了4.4%，但第二季度又回归负增长，为-0.5%，第三季度回升到1.0%。第四季度经济增长率在私人消费支出和出口疲软的双重影响下，可能会低于第三季度的水平。此外，日本国内的通货紧缩压力不断加大。2015年4月，通货膨胀率再次降到2%以下，到10月份已经达到了0.3%，连续三个月负增长。在国际大宗商品价格持续低迷的大环境下，未来日本央行仍需采取刺激措施以提高通胀水平。

（一）优势领域的最新动向

智能制造。日本是机器人产业的传统大国，2015年在机器人拟人化方面取得了许多成绩。日本产业技术研究所与企业合作开发出一种机器人感知系统，此系统可以使机器人感受到音乐变化，根据音乐节奏自动编舞。大阪大学的研究人员设计出一种对话机器人，这种机器人可以观察交谈者目光的变化，并根据对方说话的节奏进行回答，对声音的识别程度很高。

生物医药。过去一年日本利用自身在有机化学和生物化学等方面的优势，在病毒学和基因科学方面取得了突破。九州大学的科学家突破了传统的抗病毒药物和疫苗的制造思路，利用一种新的抗体在人体内激发免疫反应，并成功消灭马尔堡病毒和埃博拉病毒。顺天堂大学的科学家在世界上首次发现了帕金森病的致病基因，在帕金森病的致病机理方面取得了巨大进展，未来可以按此思路利用基因技术治疗帕金森病。横滨市立大学的科学家新发现两种基因，这两种基因对已知的肾癌致病基因有抑制和协调作用，未来可能由此开发出新的肾癌治疗药物。

新材料。2015 年，日本科学家在新材料应用性方面有所进展。北海道大学的研究人员设计了一种新型金属合成方法，可以利用比重在 4 到 5 之间的轻金属离子合成多孔性轻金属合金，这种材料成本较低，比重金属材料的生物友好性更高，性能也颇具特色。群马大学的科学家利用不宜食用的生物质资源，设计了一种生产对苯二甲酸的简便方法，不仅可以高效利用废弃资源和生活垃圾，还进一步降低了 PET 树脂的制造成本。九州大学的科学家发现了塑料高分子半导体中分子所得运动型对于电荷分离的影响，将来可利用此项研究提高有机薄膜太阳能电池的性能。

新能源。2015 年，日本在有机质能源方面取得进展。科学家利用一种钽铂金纳米粒子作为触媒催化剂，大幅提高了乙醇燃料电池的发电效率，并且解决了正常温度环境下燃料电池会生成有害物质的缺陷。同时名古屋大学的科学家也开发出一种触媒，能够大幅提高羧酸转化为乙醇的产率。由于羧酸可以通过二氧化碳合成，此项研究可能使二氧化碳在未来成为新资源。

（二）政府采取的主要措施

日本自 2009 年首次提出"新增长战略"以来，不断根据国内产业的发展情况做出更新和调整。2015 年，日本政府提出，未来将着重开发能源环境、科技信息通信、医疗健康、亚洲市场、旅游、就业和金融等七大领域，进一步鼓励国内科研机构和企业发展新兴产业的先进技术。日本希望通过增强信息技术方面的研发，鼓励设备和人才方面的投资，提高生产力，提高服务业生产效率，用技术方面的创新引领生产力革命，处理好愈发严重的人口老龄化问题，最终实现财政重建和经济增长。

第二章　我国战略性新兴产业发展形势

　　2015 年，我国战略性新兴产业在全球经济复苏缓慢、国内经济形势持续低位的情形下逆势上涨，成为我国经济增长的亮点；战略性新兴产业继续受国家及各省、市政策的大力支持；产业结构调整稳步推进，新兴产业创业创新热潮兴起，科技水平显著提升；战略性新兴产业集聚效应显现，逐步形成区域竞争力；高科技创新人才体系建设加快，企业创新能力持续提升。但是，我国战略新兴产业发展仍然存在高端技术无法突破，自主研发和创新能力偏弱，战略性新兴产业人才资源和资金支持仍然不足，相关支持政策不完善、机制体制不健全等问题。为此建议继续加大产业配套政策支持力度，全面推进战略性新兴产业发展，加强产业科研能力和创新能力，提升行业效率，培养专业性和复合型的人才，构建更加完善高效的融资体系。

第一节　战略性新兴产业发展概况

　　2015 年，在全球经济复苏缓慢的背景下，我国经济发展增速进一步放缓，整体下行压力加大，而战略性新兴产业表现成为我国经济增长的亮点，新兴产业在经济增长趋缓的形势下实现逆势上涨，战略支撑地位逐步显现。上半年，受国际市场持续低迷、人才不足、国内需求开发不足以及金融市场大幅震荡等因素的影响，我国战略性新兴产业进入短暂调整阶段，然而，在国家各项利好政策的促进下，特别是在《中国制造 2025》战略规划政策驱动下，产业结构进一步调整优化，战略性新兴产业聚集进一步凸显，产业发展规模迅速扩张，多点开花，成为我国经济增长的重要引擎。

一、战略性新兴产业支撑作用逐步显现

2015 年，我国经济增速放缓，但是战略性新兴产业继续保持平稳增长，也逐步成为保障我国经济稳定增长的重要力量。2015 年前三季度，全国国内生产总值同比增长 6.9%，比上年同期回落 0.4 个百分点；其中占国民经济最重要部分的工业部门中，1–11 月，全国规模以上工业增加值同比增长 6.1%，比上年同期回落 2.2 个百分点，出口交货值同比下降 1.6%，比上年同期回落 8 个百分点，工业投资同比增长 8.1%，比上年回落 4.8 个百分点，工业主营业务收入同比仅增长 1%，利润总额同比下降 1.9%。在我国工业经济增速持续回调的情况下，新兴产业仍然保持较高增速。前三季度，高技术制造业增加值增长 10.4%，领先整体工业增速 4.2 个百分点，对工业增长贡献率提升至 18.7%，同比提高 4.2 个百分点。据国家发改委公布数据显示，2015 年 1–8 月，战略性新兴产业 27 个重点行业规模以上企业收入、利润同比分别增长 9.2% 和 13.2%，其中工业部分收入增长 7.7%，比同期工业总体收入增速高 6.4 个百分点，对工业收入增长的贡献达到 70%。从产业投资方面看，战略性新兴产业成为吸引外资的主要渠道，2015 年 1–11 月，制造业实际使用外资 358.4 亿美元，同比下降 0.2%，但高技术制造业实际使用外资 85.4 亿美元，同比增长 11.7%，占制造业实际使用外资总量的 23.8%；其中，生物药品制造、通信设备制造、电子元件制造实际使用外资同比分别增长 366.3%、142.6% 和 18.6%；高技术服务业实际使用外资 72.3 亿美元，同比增长 51.7%，其中，数字内容及相关服务、信息技术服务、研发与设计服务增幅较大，同比分别增长 85.9%、55.1% 和 29.7%。据国家发改委测算，"十二五"期间，新一代信息技术、生物、高端装备、新能源汽车、新材料、新能源、节能环保等七大战略性新兴产业合计年均增速约近 20%，是 GDP 增速的 2 倍，拉动 GDP 增长约 1.4 个百分点，估计 2015 年末战略性新兴产业增加值占 GDP 的比重约为 8%。战略性新兴产业逐渐填补我国传统产业下行造成的"空缺"，是新形势下我国产业转型升级，稳定经济增长的重要力量。

二、国家政策扶持力度进一步加大

2015 年，国家全面支持战略性新兴产业发展，在新兴产业各个领域加码政策扶持力度。4 月份四部委联合印发的《培育发展战略性新兴产业 2015 年工作

安排》中，提出发布《2015年循环经济推进计划》、推进发展现代废旧商品回收等新型商业模式、启动实施再制造产品"以旧换再"推广试点、落实宽带业务向民间资本开放有关措施、制定实施"互联网+"行动计划、国家大数据战略及行动纲要、出台《关于促进通用航空发展的若干意见》、研究提出加快新药审评审批的政策措施、做好农业转基因管理工作、推进新能源相关体制机制改革、发布《电动汽车充电设施发展规划(2015—2020年)》、发布《关于2016–2020年新能源汽车推广应用财政支持政策的通知》、加快启动生物质能供热市场、制定促进新材料产业健康发展的指导意见等一系列战略性新兴产业重点领域相关推进政策的安排，还提出要加快实施信息惠民、宽带中国、智能制造、高性能医学诊疗设备等一批战略性新兴产业重大工程，围绕京津冀和长江经济带等重大区域开展战略性新兴产业区域集聚试点，形成一批特色产业集群来培育新的增长点。同时，提出要积极引导支持国内企业和研发机构开展全球研发合作在海外建设一批科技和产业园区，出台重点产业国际化发展知识产权工作的政策措施，按照"一带一路"重大战略落实要求，研究部署一批重大项目，推进发达国家和地区在航空航天、生物、IT等新兴产业领域的合作，支持数字电视等新兴产业技术标准和产品海外拓展。在财政、金融、税收、知识产权、创新发展、人才培育方面出台实施创新驱动发展战略的重大改革举措，研究出台适应战略性新兴产业发展要求的差别化用地和用海政策，推进首台套重大技术装备保险补偿机制试点工作，加快设立国家新兴产业创投引导基金，进一步完善政府绿色采购政策，引导银行业金融机构加大对战略性新兴产业发展支持力度的政策措施，支持战略性新兴产业企业通过发行企业债券、资产证券化、非金融企业债务融资工具等方式融资，通过国家科技计划支持战略性新兴产业基础前沿、重大共性关键技术研发及应用示范等创新活动，强化对新兴产业发展的科技支撑，组织实施国家高技能人才振兴计划。

除总体部署外，各领域也出台了有利于战略性新兴产业发展的相关政策措施。在环保产业方面，国家政策持续加码推广PPP模式，国家财政支出加大节能环保产业的投入，环保订单加快释放并落地，节能环保产业主营收入稳步增加，增效显著。此外，国家政策推动铁腕治污，陆续颁布实施了"大气十条"、"水十条"和"土十条"等环境政策，加大了环保财政投入。在高端装备制造和新一代信息技术产业领域，我国颁布的《中共中央关于制定国民经济和社会发展第十三个五年规划的建议》中指出，"互联网+"行动计划和《中国制造2025》是我国电子信息产业和高端装备制造业发展的两大驱动力。"互联网+"行动计划推动互联网、云计算、大数据等与现代制造业结合，有望为新兴产业发展注入新的活力。《中国制造2025》把智能提升中国制造业整体竞争力作为主要目标，重点支持新一代信息技术、智能制造、高端装备、新材料、生物医药、绿色制造等战略性新兴产业发展，并更有针对性地提出了重点发展的细分领域和重点产品，同时提出了更加完整的工作推进目标任务和推进路径。"互联网+"和《中国制造2025》战略的实施，将更有力的推动战略性新兴产业发展，从顶层设计开始，中国正在为新兴产业弯道超车蓄积动能。

三、各地战略性新兴产业开始新布局

自2015年1月起，全国地方"两会"陆续召开，各省区市政府工作报告相继出炉。与上年相比，我国31个省区市经济目标实现新常态。在2015年的政府工作报告中，"支持战略新兴产业发展"的内容更加详细。比如，北京市出台了市属国资国企改革实施规划和配套政策，推动市属企业和中央企业、中关村高新技术企业合作发展，提高国有资本证券化率，调整国有企业优化布局，把国有资本更多集中到战略性新兴产业。上海市制定实施了多项政府采购、资金资产、人才落户等"四新"经济发展政策，推动大飞机、北斗卫星导航、集成电路等战略新兴产业发展，促进信息服务、旅游发展、健康养老等生活性服务业加快发展。各省、市、区政府因地制宜，制定了"个性化"的发展模式。宁夏回族自治区政府结合本地区风能、太阳能资源丰富，发展新能源条件优越的特点，与国家能源局签署《加快国家新能源综合示范区建设合作备忘录》，备忘录的签订进一步加强了宁夏新能源电力外送、支持扩大新能源开发规模、促进新能源产业融合发展、推动能源政策措施落实和一批具有示范效应的新能源新技术项目落地。此外，各地积极探索通过产业金融来实现对战略性信息产业更大的支持，重庆市成立战略性新兴产业股权投资基金，基金由重庆市政府产业引导股权投资基金和市属国有企业共同出资设立，引入社会资本共同参与，总规模800亿元；广东省设立广东国资新兴产业发展基金，首期规模50亿元，重点支持省属国有大型骨干企业转型升级；安徽省设立200亿元的高新技术产业基金，自2015年起支持重大项目建设、新产品研发和关键技术产业化、重大技术装备和关键零部件及新工艺示范应用、关键共性技术研发平台和第三方检验检测平台建设等。

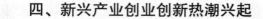

四、新兴产业创业创新热潮兴起

2015 年，新兴产业创业创新热潮兴起，在国家和地方层面的一系列政策措施的推动下，大众创业万众创新在如火如荼地推进，促进了战略性新兴产业的科技创新。6 月，中央发布的《关于大力推进大众创业万众创新若干政策措施的意见》，对创业创新支持政策进行了全方位部署，明确了推进大众创业、万众创新的总体思路，创新体制机制，实现了创业的便利化，还就加强统筹协调，明晰了协同政策 9 大领域、30 个方面的 96 条政策措施。9 月发布的《关于加快构建大众创业万众创新支撑平台的指导意见》对我国推进"双创"和推动实施"互联网+"行动进行了相关部署，为推进大众创业万众创新提供了强大的支撑。10 月，"全国大众创业万众创新活动周"的举办推进了创业创新要素的聚集对接，"活动周"作为我国最高层次的双创成果展示平台，进一步激发起更多群众的智慧和创造力。在"双创"思潮推动下，市场主体不断增加，专利申请数量快速增长，科技水平明显提升，创业创新正成为时代新潮流。根据国家宏观经济数据统计显示，前三季度全国新登记市场主体 1065.5 万户，其中注册资本 20.7 万亿元，分别比上年同期增长 15.8%、40.9%，平均每天新登记企业达 1.16 万户，专利申请量达 187.6 万件，同比增长 22%，其中发明专利、商标注册申请量分别达 70.9 万件、211.5 万件，同比增长 21.7%、36.6%。

五、战略性新兴产业区域集聚力继续加大

经过多年的培育发展，我国战略性新兴产业在空间上已初显"区域经济带"分布格局。华北、东南沿海是节能环保产业主要集中的地区，新能源产业在东、中、西部条件适宜的大部分地区。2015 年，我国战略性新兴产业继续呈现集聚发展趋势，涌现一批新兴特色的产业集聚区，形成区域竞争力。"一带一轴"的总体分布特征下，即以环渤海、长三角、珠三角三大核心区集聚发展的"沿海发展带"，和东起上海的沿长江至四川等中部省份的"沿江发展轴"。战略性新兴产业发展继续向产业园区集中。在中央政策的指导下，地方政府对新兴产业园区的建设热情高涨，形成一批具有特色的战略性新兴产业集聚区，包括新一批高新技术产业开发区、新型工业化产业示范基地等园区。安徽创立并形成了六大装备制造业生产基地，成为安徽高端装备制造业发展的产业高地，2015 年园区的装备制造业产值占全省装备制造业比重达到 45% 以上。广州新黄埔区大力推动机器

人产业集群发展，打造智能产业新标杆。通过依托龙头企业、骨干企业引入优质项目和研发关键技术等，围绕着机器人产业集中布局，不断整合相关资源，集聚了广州启帆机械设备等制造企业，广州机械院等掌握系统研发、应用集成技术等机构，使得新黄浦区在全国的机器人产业中形成了相当强的竞争力，成为广州工业旅游的"名片"。

六、加快人才体系建设，提升企业创新能力

2015 年，我国不断加大职业教育的投入力度，职业教育水平稳步提升，为企业创新能力提供了人才保障。《国务院办公厅关于促进国家级经济技术开发区转型升级创新发展的若干意见》明确指出要加快现代职业教育人才体系建设，为新兴产业提供人才保障，提升企业创新能力。《意见》明确了新形势下我国的人才体系建设行动纲要，要提升职业教育水平，深化产业与教学相结合、学校与企业洽谈合作，鼓励中外合作培养技术技能型人才；支持国家级经开区通过设立创投引导基金和贴息资金等方式，搭建科技人才与产业对接平台；鼓励国家级经开区加大高端人才引进力度，形成有利于人才创新创业的分配、激励和保障机制。国家宏观统计数据显示：1–11 月，我国公共财政支出中，教育支出累计 21735 亿元，比上年同期增加 17.7%，教育支出显著增加。为保障人才体系建设提供了重要的支撑。

第二节　我国战略性新兴产业发展中存在的问题

总体看，2015 年我国战略性新兴产业取得了长足发展，但产业发展仍然面临若干问题，在某种程度上制约了我国战略性新兴产业的发展，未来需要逐步解决这些问题，为产业提供良好的发展环境。

一、企业核心技术的自主创新力依然不强

目前，我国战略新兴产业企业核心、前沿技术的自主研发和创新能力较弱，缺乏具有核心技术支撑及知识产权的成果，核心竞争力不强。虽然 2015 年前三季度我国专利申请量达 187.6 万件，同比增长 22%，但是我国的科技成果转化率只有 25% 左右，而国外的科技成果转化率高达 80%。我国科技转化率很低，缺

乏对科技成果的成功孵化，很多科研成果还停留在理论层面，没能转化为生产力，不利于我国战略性新兴产业的发展。

我国企业自主创新能力薄弱的一个主要原因是我国经济市场没有形成完善的创新市场驱动机制。经济理论认为，市场需求是战略性新兴产业的最重要的创新驱动机制之一，没有重大的潜在需求和现实需求，新兴产业的发展就无从谈起。当前我国市场需求的驱动力形成机制不够完善，主要是对未来市场的需求缺乏一个良好的预期。在我国战略性新兴产业发展过程中，不少企业雷声大雨点小，实际参与创新的积极性不高。一些国有企业更多是为了完成政府交办的任务，没有从根本上将战略性新兴产业的发展纳入其未来发展的大战略中。少数民营企业，打着发展新兴产业的旗号，巧立名目，通过新兴产业的优惠政策去套取利益。

二、战略性新兴产业人才难以满足发展的需要

当前我国战略性新兴产业人才供需结构不合理，缺乏产业所需人才储备，特别是高精尖人才。从教育体系上看，一方面当前高等学校培养的人才往往与目前发展态势良好的传统产业相关，而短期内的发展前景不甚明朗的产业，往往缺乏优质的师资和生源，甚至一些学科和专业还处于缺失状态，与新兴产业相关专业的紧缺型人才则极度缺乏，特别是高精尖类型的人才。另一方面由于我国传统的价值观注重高效综合研究型人才培养、人才衡量标准不全面，我国职业教育的发展水平相对较低，特别是高级技术工人严重缺失，成为我国工业生产制造能力的短板，制约了我国战略性新兴产业的发展。从人才激励制度上看，资金是战略性新兴产业的发展的坚强后盾，但是我国每年的研究与发展试验投入经费较低，战略性新兴产业的融资渠道狭窄、融资规模偏小、融资机制不灵活，战略性新兴产业目前中小企业居多，融资难不但影响了企业发展，也导致新兴产业对人才的激励难以体现。虽然目前各地通过人才引进计划，引入了大量海外高层次人才，但人才质量参差不齐，产效不高。目前各地高端人才引进政策尚不完善，还在摸索阶段，如何保证引进人才的质量、激发引入人才的动力、评估引入成本和产出绩效等方面，尚没有一套完善成形的解决方案。同时，由于国外对高端人才的保护等原因，真正世界一流的科学家往往很难引入进来；而一些高层次人才，经常表现出难以融入当地的科研团队等"水土不服"现象，事业不顺，难以有重要的科技成果产出。

三、鼓励战略性新兴产业发展的配套机制尚不完善

2015 年我国虽然颁布了财政税收政策和知识产权保护政策等，鼓励和扶持战略性新兴产业发展，但相关政策还不完善，一些政策体制与战略性新兴产业发展不相匹配，甚至相矛盾，在一定程度上制约了我国战略性新兴产业的推广。国有资本受制度束缚，更偏好选择风险小、周期短、时效快、甚至产能过剩的新兴产业项目，导致很多新兴产业项目过度投资、重复建设、市场快速饱和现象频现。新兴产业推进工作依赖于建立市场发现、推动和评估，但当前我国以企业为主体的市场化推进机制尚不完善，各地中小企业发展环境还有待优化，高新技术产业化项目中，国有企业仍占主导地位。政府支持的科研经费大部分投向了一些大型国有企业，而民营企业获得支持非常有限。同时，真正富有创新活力的科技型中小企业由于风险较高，融资困难，参与高新技术产业化的机会仍然较小。新兴产业融资缺乏风险分担机制和创新投资模式，战略性新兴产业形成初期成本投入大，特别需要资本市场支持，但创新企业不确定性大、风险高，很难获得商业银行的贷款支持，需要向敢于承担风险的风险投资进行股权等创新方式的融资。

四、缺乏完整的战略性新兴产业创新资源体系

由于创新资源整合不足，各地的人才、科研、产业综合优势不能充分发挥，产学研合作机制需进一步强化，理顺其中机制。企业的产学研主体地位要进一步提升，高校、科研院所成果产业化、市场化机制有待完善，政府推动产学研合作的政策方法需要创新。由于缺乏人才科学管理机制，受限于职称评定、收入、社会地位等原因，我国一半以上科研人员集中在高校、科研院所而不愿意主动向企业流动。此外，政策落地性较差，各项支持政策并不能及时落实到位。近年来，国家和各地制定了一系列鼓励自主创新的政策，如基本覆盖了自主创新的各个环节的国家中长期科技规划的 60 条配套政策。但是，部分支持政策缺少行之有效的实施办法，部分政策存在操作程序复杂、范围限制过窄等问题。另外，一些支持政策宣传力度弱，企业难以及时知晓，政策时效性不强，支持模式不合理等问题，企业不愿意申请。

第三节　我国战略性新兴产业发展的若干建议

目前，我国战略性新兴产业迫切需要以结构调整和转型升级促进发展，优化产业结构调整对发展战略性新兴产业至关重要。针对目前我国战略性新兴产业发展现状和面临的问题，提出以下几点建议：

一、完善顶层设计

在各级政府和国有企业改革政策不断出台、新兴产业试验园区不断扩大的情况下，重视顶层设计，完善国家层面的战略性新兴产业科学规划，明确战略性新兴产业的战略目标、指定产业发展重点，指导产业发展。建议推动组建由企业、协会、科研院所、金融机构组成的产业联盟，促进政产学研结合，促进技术、产业、金融融合发展。2016 年是"十三五"规划的第一年，"十三五"规划中应继续加强优势战略性新兴产业发展，重点支持尚处培育期新兴产业项目，制定并出台新一轮的战略性新兴产业规划。此外，顶层设计需要依托稳定而强有力的领导班子，政府制定任何政策均要吸纳金融机构、高校学者、科研院所专家、企业代表等的意见，确保新兴产业政策的稳步推进。

二、增加财政投入和加大税收减免政策

坚持制定合理科学的财政规划，集中财力干大事，增加战略性新兴产业的财政投入。设立各级战略性新兴产业专项支持资金，重点扶持影响战略全局的新兴产业，特别是战略性新兴产业中的中小企业，促进创业风险投资机构，商业银行支持战略性新兴产业发展。同时，加大对新兴产业的税收减免政策，减轻企业负担，盘活企业资金流，引导企业健康发展。如通过减轻或免除战略性新兴产业的企业所得税、营业税和印花税，对风险投资机构给予税收补贴等方式，支持战略性新兴产业发展。对于战略性新兴产业，特别是对于起步发展阶段的中小型企业，增加财政投入和加大税收减免政策可以使新兴产业资金相对宽裕，从而提高新兴产业的存活率。

三、完善多层次融资市场

建立多层次相结合的融资体系。2016 年，建议继续推广 PPP 投融资（政府和社会资本合作机制）。PPP 被誉为制度供给的伟大创新，是当下和未来非常有效的投资和融资模式，这种投融模式的创新可以上升到管理模式、治理模式创新高度。PPP 投融资把雄厚的民间资本拉入到公共工程的投资中，可以化解城镇化人口老龄化背景下政府面临的资金支出压力，从而为更多资金和精力投入到战略性新兴产业提供了基础。另外 PPP 模式在控制风险的情形下也可以拉动政府和民间资本投入到高科技型、创新型企业。此外，划拨财政专项资金设立战略性新兴产业投资基金、完善金融机构考核体制等方式，引导多渠道资金支持战略性新兴产业发展，鼓励商业银行对战略性新兴产业加大支持，在控制风险的基础上，扩大新兴产业信用担保资金规模，发展适合创新型企业特点的信贷产品，将一定比例的信贷资金用于支持新兴产业发展。金融机构方面，进一步规范和完善互联网金融体系建设，建立合理的项目评级授信体系，考虑企业和项目的成长性，信贷重点向成长性和紧缺型新兴产业领域倾斜，尽早建立信用担保贷款奖励机制。

四、优化产业布局，加强园区建设

当前我国战略性新兴产业已经初具规模，战略型新兴产业在各省、市、区形成了激烈的竞争格局。必须结合动态变化和产业聚集特征，科学规划、合理推进战略性新兴产业的空间布局。统筹全国战略性新兴产业空间布局行动，主要要避免重复建设和产业资源的过度集中，避免战略性新兴产业潜在的产能过剩。推进战略性新兴产业的适时转移，避免产业同构，适时适度的向其他地区推广和扩张新兴产业。鼓励民企参与竞争布局，避免国有资本过度投资，提升战略性新兴产业发展的活力。在合理区域布局的同时，还要鼓励有条件的地区建设战略性新兴产业园区，特别是对于中西部地区，结合劳动资源密集的特点，集聚国内外优势资源，重点加强共性技术平台和公共服务平台建设，推进战略性新兴产业的集聚式发展。鼓励企业更好地利用全局资源，加强合作交流，在国内中心城市和国外建立研发中心。

五、鼓励核心技术研发与创新

战略性新兴产业离不开核心技术的支撑，核心技术是一个战略性新兴产业的灵魂。当前我国发展战略性新兴产业必须立足国内外资源和瞄准国际科技前沿，加大研发力度，加快建立以企业为主体、市场为导向的创新体系建设，建立自己的创新研发团队，完善创新支撑体系建设，争取在关键技术、高端共性技术的研发上取得重要突破。这是新兴产业可持续发展的基石。全面推进《中国制造2025》战略规划，为我国高端装备制造业的核心技术攻坚保驾护航，继续推动以工业4.0、互联网＋等为载体的智能设备制造，同时在节能环保、新能源、新能源汽车等领域逐步形成自己的核心技术研发团队，拥有自主创新的核心技术专利。

六、加强人才引进培育机制建设

人才资源是第一资源，是新兴产业发展的重要战略资源。要加大战略性新兴产业人才的培养工作，提升人才的综合素质和专业技术。在着力建设世界一流的高水平大学，培养更多综合型、复合型人才的同时加快发展现代职业教育，为战略性新兴产业提供更多的专业技术型人才，提升企业的创新能力。要健全人才管理制度，激发专业效能。最后，努力做好人才服务工作，建立人才服务平台。注重专业岗位动态管理，坚持完善战略性新兴产业人才的聘用制度，根据新兴产业发展动态科学设岗。多措并举，搭建人才服务平台，充分利用广播、电视、报刊、杂志等多种媒体资源宣传优秀人才的先进事迹、宣传战略新兴企业的优势与特色，为企业和人才之间搭建互联互通的服务平台，推荐优秀人才从事新兴产业事业，同时也为新兴产业寻求合适的人才。

七、开放企业交流合作

要结合产业实际情况、优化产业发展模式和结构调整，鼓励有条件的战略性新兴产业"走出去"，充分利用国内和国际两个资源和市场，借鉴国外新兴产业发展模式和特点，提升产业发展核心竞争力，形成一批具有较强国际竞争力的新兴产业企业集团。国家和各省、市、区等建立长效机制，鼓励中央企业、国有控股企业、国内知名非公企业相互合作，结合实际情况采取多种形式的联合重组、吸收兼并，进一步吸引技术、人才、科技成果等创新资源。鼓励新兴产业间人才，特别是高技术创新型人才的交流与合作，支持新兴企业利用资本市场再融资，增强产业抗风险能力，为企业发展和壮大提供资本保障。

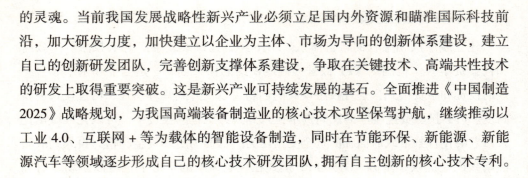

产业 篇

第三章　节能环保产业

第一节　国内外节能环保产业发展动态

一、整体概况

（一）产业增速较为稳定，市场需求空间不断释放

从总体规模上看，节能环保产业 2011–2015 年间投资总额逐年增长，占 GDP 的比重平均约为 1.5%，产业增速较稳定，预计到 2020 年，占 GDP 的比重将达到 2%。加强生态文明建设首度成为"十三五"规划建议十大目标之一，彰显政府实现美丽中国的决心。截止 2015 年 11 月，我国财政支出中用于节能环保的公共财政支出累计同比增加 35%，这极大地催生了环保行业高景气度。2016 年是"十三五"的开局之年，国内经济进入中高速增长的新常态，频发的大面积雾霾天气、食品安全问题、水污染、土壤污染等环境问题倒逼产业升级，为节能环保产业提供广阔的市场空间。随着"大气十条"、"水十条"以及将要出台的"土壤十条"等政策的落地实施，有力推动政策法规对节能环保产业的市场需求。钢铁、电力、化工、建材、有色金属等细分行业的节能减排成为了重点，部分行业污染治理已制定明确的推进时间及相关收费试点办法。如 2015 年 6 月，财政部发布《挥发性有机物（VOCs）排污收费试点办法》，在石油化工行业和包装印刷行业试点征收 VOCs 排污费，为这类企业提供节能环保技术和服务的企业将从中受益。

（二）产业投融资日益多元化，PPP 等投融资新模式引领产业快速增长

一系列的环保政策措施需要大量的资金投入，作为具有公共产品特性的环保产品，资金来源主要为政府财政资金。近几年，环保领域的投融资模式不断增多，

资金来源也日趋多元化。随着《关于创新重点领域投融资机制鼓励社会投资的指导意见》《关于开展政府和社会资本合作的指导意见》《关于加强地方政府性债务管理的意见》等政策措施的推动，政府与社会资本合作的 PPP 模式（包括 BT、BOT、TOT 等模式）不断取得新进展。社会资本更多地参与到污水治理、垃圾处理、碳排放交易、环境绩效合同服务等重点领域中。在财政部公布的《关于政府和社会资本合作示范项目》第一批确定了 30 个 PPP 示范项目，总投资金额约为 1800 亿元，其中污水处理、环境治理、供水等项目数约为 15 个。2015 年财政部公布的第二批名单共有 206 个项目，总投资金额 6589 亿元。北京、浙江、河南等各省市也积极探索 PPP 合作模式，大量社会资本的参与有效解决节能环保领域大量资金需求问题，使产业获得快速发展。

（三）关键共性技术不断取得新突破，推广应用逐步形成规模效应

技术创新是节能环保产业的主要推动力，也是带动其他产业转型升级的关键制约因素。节能环保产业具有公共产品的外部性特征，目前我国节能环保关键技术主要依靠并掌握在大型国有企业手中，大型国有企业在资金和技术上占据绝对优势地位，未来仍将是技术的引领者和产业的骨干支撑力量。在工业领域，已突破超高效电机、烧结烟气脱硫脱硝、稀土永磁无铁芯电机、工业生物废物转化与燃气化利用等众多关键共性技术，以及新能源装备与可再生能源装备的关键部件和新材料的关键技术，推出了高光效半导体照明材料、器件和光源产品等，拥有一批工业固废处理与资源再利用的技术及装备。此外，节能减排相关技术标准与规范体系逐步建立和完善，初步形成节能减排科技创新与服务体系。在先进节能工业锅炉、高效电机及电机系统、低温余热发电等节能领域，还有高效内燃机及排放控制技术、复合污染物脱除技术及装备等减排领域，先进技术不断得到应用推广，并已逐步形成应用示范的规模效应。

二、存在问题

（一）产业投融资市场化机制尚未形成，对社会资本吸引力不强

现阶段我国环境污染治理进入全面治理时期，节能环保产业需要投入大量的资金。目前，我国节能环保产业市场化机制仍有待完善，很多领域还需要放开对社会资本的限制。现阶段在多种公私合营（PPP）模式下，社会资本虽能进入到部分环境基础设施的建设与运营领域，但市场化程度依然不足。有关法律法规不完善，制定的法规政策执行力不强，企业污染违法成本低，调查显示，很多企业选择高耗能的设备产品接受少量的处罚的综合成本小于更换节能环保设备后的成本，市场价格机制的调节作用未得到有效发挥，使得社会资本投入环境污染治理领域没有得到一定的投资回报。现有的投融资体系和政策也尚不完善，企业上市融资、企业债、地方债进入环境治理领域受到限制。根据数据显示，虽然城镇污水处理设施的社会化运营比例已达到50%左右，但目前工业污染治理的社会化运营比例只有5%左右，而工业污染已占到总污染的70%以上。

（二）亟须培育一批大企业大集团提升产业技术水平

"十二五"以来，在政策和市场需求的推动下，节能环保产业技术水平、产品品质和服务水平获得快速的发展和提高，在工业除尘、烟气脱硫、城镇污水处理等领域装备供给能力已具备相当的国际竞争力，部分领域技术已达到国际先进水平。但是在新能源装备、固体废弃物回收处理、环保服务等领域与国外差距较大，特别是资源再利用产业，资源综合利用的深度远远不够，只能提供初级产品，中高端产品的大规模生产能力尚未形成。加之节能环保产业进入门槛较低，中小企业众多，低端化、同质化竞争较严重。因此亟须培育一批大企业大集团在核心技术领域引领产业高端化发展，集中力量突破节能环保装备的前沿技术，抢占国际竞争的话语权，形成既有高端技术储备、又有众多中小企业做配套、还有广阔应用市场的产业发展良好局面。

（三）创新要素供给不足成为制约产业健康发展的重要因素

目前我国节能环保产业聚集了大量的中小企业，自身自主创新动力不足，技术投入产出效率、科技成果转化率不高。创新投入有限，依靠政府财政资金对节能环保领域的投资远远不够。根据财政部公布的数据显示，截至11月，全国一般公共财政支出中节能环保领域的支出为3692亿元，占GDP的比重非常小，资金缺口很大。产业创新体系尚不完善，节能环保产业依然处于快速发展的成长阶段，相关技能人才较缺乏，特别是污染治理、节能减排的优秀人才比较紧缺。产学研体系资源配置不均，创新资源更多地被高校和科研机构拥有，科研成果向市场化应用和推广的不多，更多的科研成果停留在实验室阶段，企业在实际中受惠较少。此外，工业领域很多绿色制造工艺和绿色产品标准制定方面我国没有主动权，美国标准、欧盟标准等提高了我国产品进入这些国家的门槛。大量节能环保的核心技术和装备依靠进口，形成我国制造业成本高和国内发展低附加值产品的不良局面。

三、政策动态

节能环保产业的行业政策环境持续向好。自 2015 年 1 月 1 日正式实施"新环保法"以来，国务院又陆续发布了《水污染防治行动计划》《中华人民共和国大气污染防治法》《生态文明体制改革总体方案》等环保政策，《土壤污染防治行动计划》也将于 2016 年出炉。"新环保法"、"水十条"、"大气十条"、"土壤十条"等政策从顶层设计层面，为环保产业"十三五"时期提供了宏观的行业发展方向。在其他重点领域，国务院法制办发布财政部、税务总局、环境保护部起草的《中华人民共和国环境保护税法（征求意见稿）》，为"费改税"提供了重要的突破口，是将环境污染和生态破坏的外部性社会成本内化到企业的生产成本中去的重大尝试；财政部、环境保护部两部门印发了《关于推进水污染防治领域政府和社会资本合作 (PPP) 的实施意见》，对推动社会资本参与环境治理有积极促进作用；《关于推进海绵城市建设的指导意见》，在城市公用基础设施、城镇污水处理等节能环保细分领域提供市场空间。具体相关政策法规如表 3-1 所示。

表 3-1　2015 年中国节能环保领域相关文件

序号	发布时间	文件名称	发布单位
1	2015.1	《中华人民共和国环境保护法》（修订案）	国务院
2	2015.2	《关于推进环境监测服务社会化的指导意见》	环保部
3	2015.4	《水污染防治行动计划》	国务院
4	2015.5	《节能减排补助资金管理暂行办法》	财政部
5	2015.6	《挥发性有机物排污收费试点办法》	财政部、国家发改委、环保部
6	2015.6	《城镇污水处理设施配套管网建设以奖代补专项资金管理办法》	财政部
7	2015.6	《中华人民共和国环境保护税法（征求意见稿）》	国务院法制办
8	2015.7	《水污染防治专项资金管理办法》	财政部
9	2015.7	《排污权出让收入管理暂行办法》	财政部、国家发改委、环保部
10	2015.8	《城市黑臭水体整治工作指南》	住建部、环保部

（续表）

序号	发布时间	文件名称	发布单位
11	2015.10	《关于推进海绵城市建设的指导意见》	国务院
12	2015.11	《中共中央关于制定国民经济和社会发展第十三个五年规划的建设》	国务院

数据来源：赛迪智库整理，2016年1月。

第二节　中国节能环保产业重点领域分析

一、大气污染治理领域

（一）发展概况

一是重视大气污染治理行业的大环境已经形成。近年来，我国大部分地区在冬季饱受雾霾肆虐，特别是华北地区频繁出现雾霾天气，PM2.5指标多次爆表，公众对良好生态环境的渴望愈加强烈，对大气污染持续关注。业内对大气污染治理行业更加关注，国家和地方层面对该行业的重视程度不断增加，推进力度不断增大，全社会重视大气污染治理行业的环境已经形成，进一步加快了该行业的发展步伐，为该行业带来新的机遇。

二是行业投资额持续快速增长。从过去十几年来看，我国大气污染治理行业的投资额总体呈增长趋势，特别是近几年，在我国对大气污染治理行业关注持续增强的背景下，该行业保持着10%以上的高速增长，2013年我国大气污染治理投资额约为293.5亿元，同比增长13.89%，2014年约为337.5亿元，同比增长14.99%，2015年我国大气污染治理产业投资额进一步上升。

三是细分领域市场不断壮大。在"大气十条"等政策落实和推动下，大气污染治理行业发展保持较高增速，2014年及2015年1季度的行业净利润同比分别增加74.0%和58.4%，为2015全年业绩实现较快增长奠定了良好的基础。从污染源控制和行业治理可行性的角度，工业脱硫脱硝仍是大气污染治理的主要途径，其他还包括针对一次颗粒物的除尘以及VOC治理等方面。因此从细分领域来看，脱硫脱硝仍是大气污染治理行业的主要市场，由于国家发布的最新标准将设备运行效率从90%提升到95%，在工厂设备的升级改造领域市场较大，如国内多个电力集团从2014年已经集中开展对旗下燃煤机组超低排放的改造工作，在2015

年底已经有多家电厂的改造工程已经收尾。VOCs 治理领域也蓬勃发展，在源头控制领域推进了对产品、产业的升级改造，在末端治理领域对有价值有机物的回收以及对其他产物的处理。2015 年 6 月发布的《挥发性有机物排污收费试点办法》中规定对石油化工和包装印刷等个别行业的总 VOCs 试点收费，也带动了 VOCs 在线监测行业的发展。

（二）技术进展

2015 年，环保部组织专家对依托浙江大学的国家环境保护燃煤大气污染控制工程技术中心等 4 家工程技术中心进行了验收，这些工程技术中心根据国家环保工作的技术要求，通过加强产学研结合等方式，加强新技术的研发与产业化应用，对国家环境管理和大气环境治理起到了很大的技术支撑作用。

科技部会同有关部门启动了国家重点研发计划"大气污染防治"重点专项试点工作，并于 3 月份形成了《国家重点研发计划"大气污染防治"重点专项实施方案（征求意见稿）》。该方案中提出了统筹空气质量监测预报预警研究，完善空气质量监测技术及质控标准，建立统一科技信息发布平台。加强对重点地区雾霾二次细颗粒物形成机理及扩散规律、影响雾霾和光化学烟雾形成因素、污染源解析方法等研究，为大气污染治理提供科学依据。此外，还加强了对污染治理高效技术的研发，从而支撑大气污染源头治理，强化了大气环境标准及治理技术标准研究，开展了重点地区大气污染来源识别及区域联防联控技术集成研究，也开展了大气污染防治国际科技合作 [1]。

二、水污染治理领域

（一）发展概况

一是国家政策和措施推动行业发展。水污染治理行业具有投入大等特征，社会、生态效益往往大于短期经济效益，该产业的发展方向、规模、速度等都与国家的法律和政策、地方的措施、行业的标准密切相关，各项政策推动着水污染治理产业结构的调整以及市场的需求。如 2015 年 4 月国务院发布的《水污染防治行动计划》，提出了对水环境质量的工作目标和主要指标，从产业角度推动了水污染处理工艺和技术的进步以及行业的发展。

---

[1] 新华网：《我国将实施"大气污染防治"重点研究项目》，2015年3月3日，见http://news.xinhuanet.com/2015–03/03/c_1114503374.htm。

二是行业市场化发展环境不断改善。2015年推动水污染治理行业市场化的各项政策纷纷出台,如10月国务院发布的《关于推进价格机制改革的若干意见》以及11月环保部发布的《城镇污水处理厂污染物排放标准》等,在这些文件中涉及了诸如提高减排标准并将收费标准与治理成本挂钩,将政府补贴费用与治理效果挂钩,通过推行排污权交易量化减排的价值,通过第三方治理和第三方监测等途径提高环境产业的效率和市场化程度等重要内容,旨在培育和建立良好、有序、良性竞争的市场环境,助推水污染治理行业市场化发展。

三是地下水监测领域成为新的增长点。《全国地下水污染防治规划(2011–2020年)》中提出到2015年要基本掌握地下水污染状况,全面建立地下水环境监管体系;到2020年,全面监控典型地下水污染源,地下水环境监管能力全面提升,重点地区地下水水质明显改善,地下水污染风险得到有效防范,建成地下水污染防治体系。为实现该目标,2015年4月,水利部、国土资源部联合制定的《国家地下水监测工程可行性研究报告》获得国家发改委审批并进入实施阶段。在该报告中,国土资源部将建设10103个地下水监测站点,31个省级地下水监测中心和信息节点,改建2个地下水均衡试验场、1个地下水与海平面综合监测站。其中新建监测站点7235个,改建监测站点2868个。按照单个站点建设成本平均100万元,改建成本平均50万元,省级地下水检测中心建设成本平均500万元计算,带来的地下水监测市场空间将达86亿元。

(二)技术进展

为加快环保先进污染防治技术示范、应用和推广,环保部组织有关单位筛选出一批先进水污染治理技术,编写形成了《2015年国家先进污染防治示范技术名录(水污染治理领域)》和《2015年国家鼓励发展的环境保护技术目录(水污染治理领域)》。前者包括的空气提升交替循环流滤床技术、电磁切变场强化臭氧氧化污水深度处理技术、臭氧催化氧化法制药废水深度处理技术、高氨氮有机废水短程-厌氧氨氧化脱氮处理技术等18项先进技术,具有创新性,技术指标先进、治理效果好,基本达到实际工程应用水平,具有工程示范价值;后者包括的增强型膜生活污水膜生物反应器处理技术、兼氧膜生物反应器技术、污水不锈钢编织网滤布过滤技术、低氧高效一体化生物倍增污水处理技术、连续流间歇生物反应一体化装置等23项技术已经通过工程实践证明了其成熟性,治理效果的稳定性、经济的合理可行性，鼓励推广应用[1]。

第三节　中国节能环保产业布局及重点企业

一、空间布局

（一）总体空间布局

目前，我国节能环保产业在空间上由分散逐步走向集中，逐步形成"东部沿海集聚，中西部快速发展"的空间格局。东部沿海地区的节能环保产业基础较为雄厚，在长三角、珠三角、环渤海等地形成了多个产业集聚区，其中江苏、浙江、广东、山东、北京、天津等省、市在技术创新、产品、标准、服务等方面处于领先地位，占据着产业制高点，引领和带动全国节能环保行业的发展。这些地区产业规模大、增速高，十分重视加大研发投入，通过产业升级促进产业向中高端迈进，大力发展下游高附加值的环保服务业。有些地区明确提出要将节能环保产业培育成新的支柱产业，着力提升该产业增加值占地区生产总值的比重。因此，东部沿海地区不仅牢牢抓住了本地市场，更力图满足全国市场需求并参与国内外竞争，促进节能环保产业做大做强。中西部地区的节能环保产业总体处于起步阶段，主要立足于满足本地市场需求。四川、湖南、湖北、河南、安徽等地的节能环保产业发展较快、逐步集聚并形成一定的规模。此外，环境问题较为突出的河北、山西等地，节能环保产业更是受到各方重视，通过政府推动、市场拉动等多种途径实现快速发展。中西部地区根据已有产业基础，突出自身特色，主要发展节能环保的装备和产品制造领域，打造节能环保装备生产基地，但节能环保服务业发展总体还处于萌芽时期。

在发展思路上，大多地区采取促进节能环保产业集聚化、规模化的策略，但各地根据其发展目标，采取了不同的途径，体现了各自的特色。如产业基础较好的东部沿海地区，多倾向于采用全面推进，多点发展的模式，重点推进多个产业园区建设，打造节能环保领域综合型产业集群。在产业基础较为薄弱的中西部地区，产业发展处于成长阶段，多运用点轴理论，通过强化核心并向轴线逐步辐射

---

[1]　环境保护部：《关于发布2015年〈国家先进污染防治示范技术名录（水污染治理领域）和国家鼓励发展的环境保护技术目录（水污染治理领域）〉的公告》，2015年12月7日，见http://www.zhb.gov.cn/gkml/hbb/bgg/201512/t20151214_319076.htm。

延伸的模式。特别在地市层面上节能环保产业发展的过程中，更为紧密的结合了本地实际发展现状、潜力和需求，体现出较强的区域特色，在培育和促进产业发展优惠政策的制定中更加详细并具有针对性，如通过制定优惠的招商引资政策、建立节能环保产业发展基金等举措打造良好的营商环境，具体如表3-2所示。

表3-2　部分城市节能环保产业领域的发展定位和策略

城市	城市定位	发展策略
宜兴、盐城等	节能环保产业传统集聚城市	促进优势产业进一步做大做强，加大研发创新投入，注重高端技术研发与成果转化，向价值链高端攀升，优化产业布局。
杭州、成都、宁波等	中心城市	依托城市较强的经济实力和规模较大的市场，促使节能环保产业在本区内全面发展，逐步将其培育为新的支柱产业。
洛阳、泰州、济宁、宿迁等	中型城市	结合地方特点、依托产业基础，选取适合本区域发展实际的节能环保产业重点领域，拓展上下游产业链，着力打造节能环保装备和产品的生产基地，将该产业培育为本地经济新的增长点。

数据来源：赛迪智库整理，2016年1月。

（二）节能环保重点园区布局

产业园区是节能环保产业发展的最重要载体，不仅促进了相关企业在空间上的集聚，更是作为增长极带动了各地节能环保产业的发展。各产业园区的发展主要集中在技术研发、成果应用、设备和产品制造以及服务提供等方面，主要是结合自身条件和已有产业基础，在立足地方市场、辐射周边区域的基础上确定产业发展重点领域，并通过招商行业内龙头企业以及培育本地企业，不断实现产业集聚和产业链延伸，形成自身核心竞争力。如苏州国家环保高新技术产业园就具有清晰的产业发展方向，主要集中在大气和水污染防治、废弃物处置、节能和绿色能源等领域。目前，节能环保产业引起全社会的广泛关注，相关产业园区也在全国各地相继建立，东部沿海地区较多，以长三角地区最为密集，中西部地区也有分布，主要集中在大中城市。

表 3-3　我国主要环保产业园区情况简介

序号	园区名称	园区简介
1	苏州国家环保高新技术产业园	首家国家级环保高新技术产业园。以"环保综合服务商"为战略定位，形成环保产业集群。国内首个集环保载体建设和环保科技创新、公共服务为一体的新型特色园区，配套服务完善，国家政策扶持力度大。主要发展水污染治理设备、空气污染治理设备、固体废物处理设备、风能设备与技术、太阳能技术与设备、电池修复等7大领域。
2	常州国家环保产业园	规划面积10平方公里，目前已有三立环保、维尔利环境工程、高科环保、河海水环境、弘驰环保、爱思特净化水环境、高化环保等20多家国内外企业入驻。
3	西安国家环保科技产业园	采用一园三区的形式建设，其中示范区承载现有环保企业，以培育环保企业和园区的品牌形象为主，发展区主要发展包括环境友好型产品和环保设备材料生产在内的环保科技服务产业。
4	大连国家环保产业园区	采用国际环保生态园区一流规划手法，遵循国际环保产业发展趋势，园区充分体现循环经济、生态和环保理念，成为一个既开放又相对独立的生态园区。
5	济南国家环保科技产业园	2003年批准为国家级环保科技产业园，是我国开发环保、治水、泊气、节能、新材料、新能源等高新技术产品的研发和产业化基地。
6	青岛国际环保产业园	我国第一家定位"国际"的国家级环保产业园区，也是第一家企业主导、高校参与，以循环经济概念为开发理念的环保产业园。该园区作为中德、中日、中韩环保产业合作的主体平台，在信息服务、产业合作、技术交流等方面发挥核心作用，并成为中日韩三国环保产业合作中心。
7	哈尔滨国家环保科技产业园	园区总规划面积10平方公里，按照循环经济理念打造环保清洁能源产品、环保新材料、洁净类产品、国际履约项目、废旧物资综合利用、绿色有机食品加工等6个产业集群。
8	南海国家生态工业示范园区	我国第一个以循环经济和生态工业理念为指导的国家级生态工业园。面向珠三角、辐射华南，体现循环经济的第三代工业园，成为集环保科技产业研发、孵化、生产、教育等诸多功能于一体的国家环保产业基地。
9	盐城环保产业园	我国规划面积最大、领军企业聚集最多、产业发展层次最高的环保专业化园区。已吸引全国环保装备企业前五强投资设厂。我国唯一的雾霾治理研发与产业化基地和唯一的环保类产学研合作示范区。
10	宜兴环保科技工业园	我国唯一以发展环保产业为特色的国家级高新技术产业开发区，为国家科技部和国家环保部"共同管理和支持"的单位。主要产业领域为水处理、废弃处理、噪声控制、固体废弃物处理及相关配套产品。

数据来源：赛迪智库整理，2016年1月。

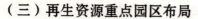

（三）再生资源重点园区布局

为再生资源产业能够更好地实现资源利用、无害化处理、集聚化发展、科技化支撑，达到避免二次污染、资源循环利用的目标，园区化发展是必由之路。以循环产业链为纽带，建设环保集中处理、资源规模化、高值化利用的再生资源产业园区不仅已成为各界共识和行业发展的主要形态，也是给地方承接产业、利用相关政策和措施的主要手段。由于再生资源产业原料分布的广泛性，我国再生资源－循环经济园区在全国的分布总体较为均匀，在东部沿海地区分布相对集中。

二、重点企业

2015 年，国家及各地方对环保方面的重视程度不断增大，在各类政策和措施不断制定出台、多地将节能环保产业作为新的支柱产业进行打造等大背景下，环保行业迎来重大历史发展机遇，市场规模和潜力不断扩大，带动了相关企业的快速成长。该年 8 月，在中国企业联合会、中国企业家协会联合发布的中国企业500 强名单中，杭州锦江集团有限公司、双良集团有限公司等节能环保企业上榜。此外，在 2015 中国民营企业 500 强中，更是有海亮集团有限公司、亿利资源集团有限公司、盾安控股集团有限公司、双良集团有限公司、中浪环保股份有限公司等入围。

（一）节能环保上市企业

随着社会各界对环境保护的关注度持续提升，国家和各地方对环保工作支持力度的持续加大，为我国环保行业的发展营造了良好的外部环境。2015 年上半年，在上市的 69 家环保公司中，营业收入持续增长，其中亿利能源、龙净环保、桑德环境、格林美、三聚环保等企业处于领先位置；然而，这些公司在净利润方面则出现分化，利润最高的超过 9 亿元，最低的仅为 300 多万元，甚至还有三家企业出现负增长。

表 3-4　2015 年上半年环保上市公司主营业收入及净利润排名（前 20 位）

排名	企业名称	主营收入（万元）	企业名称	净利润（万元）
1	内蒙古亿利能源股份有限公司	382679.1	中航公用事业集团股份有限公司	93928.4
2	福建龙净环保股份有限公司	246661.6	重庆水务集团股份有限公司	87697.0

（续表）

排名	企业名称	主营收入（万元）	企业名称	净利润（万元）
3	桑德环境资源股份有限公司	244858.0	成都市兴蓉环境股份有限公司	43591.2
4	格林美股份有限公司	225446.9	北京三聚环保新材料股份有限公司	40285.8
5	北京三聚环保新材料股份有限公司	221393.6	桑德环境资源股份有限公司	37943.1
6	广东科达洁能股份有限公司	211236.4	广东科达洁能股份有限公司	26935.4
7	重庆水务集团股份有限公司	197947.5	中电投远达环保（集团）股份有限公司	23042.5
8	北京首创股份有限公司	183774.4	北京首创股份有限公司	20862.3
9	中电投远达环保（集团）股份有限公司	173596.7	北京清新环境技术股份有限公司	20752.1
10	华西能源工业股份有限公司	170122.7	瀚蓝环境股份有限公司	18921.8
11	瀚蓝环境股份有限公司	166470.5	武汉三镇实业控股股份有限公司	18469.7
12	无锡华光锅炉股份有限公司	163874.6	天津创业环保集团股份有限公司	18143.5
13	上海同济科技实业股份有限公司	152137.9	东江环保股份有限公司	17364.3
14	浙江菲达环保科技股份有限公司	149823.4	福建龙净环保股份有限公司	17218.8
15	成都市兴蓉环境股份有限公司	149394.1	北京万邦达环保技术股份有限公司	16853.2
16	苏州新区高新技术产业股份有限公司	125311.4	北京碧水源科技股份有限公司	15326.3
17	杭州锅炉集团股份有限公司	121745.3	浙江伟明环保股份有限公司	15170.9
18	东江环保股份有限公司	111886.7	广西绿城水务股份有限公司	14282.9
19	深圳市铁汉生态环境股份有限公司	110227.1	格林美股份有限公司	13200.4
20	北京碧水源科技股份有限公司	105379.4	安徽盛运环保（集团）股份有限公司	12558.6

数据来源：国际能源网，2015年8月。

（二）节能服务类企业

2015 年 12 月，中国工业节能与清洁生产协会发布了《2015 年度节能服务公司百强榜单》，旨在进一步引导和培育节能服务公司健康发展，并在完善工业节能市场机制、壮大节能服务产业、推动工业绿色发展等方面发挥积极作用。榜单中前 30 强企业详见表 3-5。据统计，本年度，节能服务百强企业共节约能量 11535475 吨标准煤，其中节约能量最高的中节能工业节能有限公司、双良节能系统股份有限公司、北京仟亿达科技股份有限公司等排名前十的企业实现节能量几乎占百强企业的一半，达到 49.91%。

表 3-5 2015 年度节能服务公司百强榜单（前 30 位）

排名	企业名称	节能量（吨标煤）
1	中节能工业节能有限公司	794885
2	双良节能系统股份有限公司	777248
3	北京仟亿达科技股份有限公司	755840
4	广州智光节能有限公司	622881
5	北京志能祥赢节能环保科技股份有限公司	618104
6	北京思能达节能电气股份有限公司	495355
7	北京动力源科技股份有限公司	491550
8	上海宝钢节能环保技术有限公司	425984
9	深圳市康普斯节能科技有限公司	418790
10	浙江科维节能技术股份有限公司	356743
11	九源天能（北京）科技有限公司	300431
12	思安新能源股份有限公司	280177
13	四川点石能源股份有限公司	250298
14	深圳市富能新能源科技有限公司	248817
15	上海优华系统集成技术股份有限公司	245343
16	深圳万城节能股份有限公司	235879
17	青岛楚天节能技术有限公司	223877
18	东方绿源节能环保工程有限公司	215745
19	广东洲明节能科技有限公司	214500
20	江西华电电力有限责任公司	213076
21	陕西康晋投资节能环保技术咨询服务有限公司	193337

排名	企业名称	节能量（吨标煤）
22	北京神华中机能源环保科技有限公司	172197
23	河北汉尧环保科技股份有限公司	151577
24	北京格林吉能源科技有限公司	140493
25	北京华泰焦化工程技术有限公司	139425
26	北京和隆优化科技股份有限公司	138163
27	北京乐普四方方圆科技股份有限公司	129703
28	苏州太谷电力股份有限公司	119105
29	西门子工厂自动化工程有限公司	117156
30	宁夏耀诚文节能科技有限公司	115542

数据来源：工信部网站，2015 年 12 月。

（三）资源再生类企业

2015 年 5 月，中国再生资源回收利用协会公布了《2014 年中国再生资源百强企业排行榜单》，具体前 30 强企业详见表 3-6 所示。据统计，2014 年再生资源百强企业的经营规模总量为 1691 亿元，同比增长 11.7%，经营额占全行业经营额的 26.23%，回收量占全行业回收总量的 14.1%。其中，有四家企业销售额过百亿，比往年增加一家，宁波金田铜业（集团）股份有限公司继续蝉联百强企业榜首并遥遥领先，2014 年销售额达到 459.1 亿元，同比增长 12.69%，按照这个趋势，在 2015 年销售额也达到新高。

表 3-6　2014 年中国再生资源百强企业排行榜（前 30 位）

排名	企业名称	销售额（亿元）
1	宁波金田投资控股有限公司	459.1
2	清远华清再生资源投资开发有限公司	211.5
3	山东金升有色集团有限公司	177.4
4	安徽双赢再生资源集团	108.1
5	环嘉集团有限公司	52.5
6	深圳市格林美高进技术股份有限公司	45.7
7	哈尔滨亚泰矿产再生资源有限公司	45.7
8	广东新供销天保再生资源发展有限公司	40.7

（续表）

排名	企业名称	销售额（亿元）
9	重庆中钢投资（集团）有限公司	40.5
10	潍坊大环再生资源有限公司	40.3
11	上海再生资源科技发展有限公司	34.4
12	湖北金洋冶金股份有限公司	33.3
13	石家庄市物资回收有限责任公司	25.4
14	浙江省再生资源集团有限公司	25.3
15	江苏省纸联再生资源有限公司	22.0
16	重庆市湘龙废旧物资回收有限公司	21
17	浙江巨东股份有限公司	20.0
18	江苏省物联再生资源利用产业集团有限公司	15.8
19	永康市物华回收有限公司	15.1
20	重庆市再生资源（集团）有限公司	10.4
21	大连金凯旋再生资源收购连锁有限公司	10
22	常州中再钢铁炉料有限公司	9.9
23	山东永平再生资源有限公司	8.9
24	辽宁胜达化纤有限公司	8.5
25	恩施州广汇再生资源有限公司	8.1
26	江苏悦达卡特新能源有限公司	8.1
27	北京博坤再生资源开发有限公司	7.8
28	现实物资回收利用总公司	6.7
29	江苏中再生投资开发有限公司	6.3
30	新疆金业报废汽车回收〔拆解〕有限公司	6.2

数据来源：再生资源信息网，2015年7月。

（四）"互联网+"节能环保企业

随着"互联网+"概念的提出和实施，物联网、云计算、大数据、移动互联网等新一代信息技术与传统及新兴产业不断进行深度融合。随着"互联网+"应用的不断深入，节能环保产业开始迎合互联网思维，不仅培育了很多新业态、新模式，也促进了产业的升级。2015年10月，《互联网周刊》对我国节能行业中以节能产品、废能利用、节能服务等三大领域为主营业务的企业，从营收状况、业务规模、技术创新等数据指标，对我国环保行业中以材料设备与污染处理为主营业务的企业，从营收状况、业务规模、日平均污染处理情况等数据指标，以及企业使命、社会责任、品牌美誉度等软实力指标等众多方面对我国节能和环保企业在"互联网＋"背景下的综合实力进行考评，发布了《2015互联网＋节能服务企业排行榜Top100》及《2015互联网＋环保企业排行榜Top100》，其中前20强企业如表3-7及表3-8所示。

表3-7　2015年我国互联网＋节能服务企业排行榜（前20强）

排名	企业名称
1	中国节能环保集团公司
2	飞利浦（中国）投资有限公司
3	欧司朗（中国）照明有限公司
4	南方电网综合能源有限公司
5	雷士照明控股有限公司
6	格林美股份有限公司
7	北京神雾环境能源科技集团股份有限公司
8	佛山电器照明股份有限公司
9	北京仟亿达科技有限公司
10	辽宁塞沃斯节能技术有限公司
11	中山市欧普照明有限公司
12	北京华通热力集团
13	浙江阳光照明电器集团股份有限公司
14	广东三雄极光照明股份有限公司
15	广东雪莱特光电科技股份有限公司
16	能发伟业能源科技有限公司
17	天壕节能科技股份有限公司
18	山东融世华租赁有限公司
19	贵州汇通华城股份有限公司
20	昆明阳光基业股份有限公司

数据来源：节能环保网，2015年10月。

推动产业高速增长，推动材料、组件等上游产业配套发展。

计算机领域，消费智能终端方面，智能手机、平板电脑、可穿戴设备等移动互联网产品不断发力增长，服务器方面，开放POWER产业生态圈逐渐形成，自主定义的POWER服务器进入我国，云计算的快速推进促使服务器向高端定制化、集成化、融合化方向发展。数字视听领域，行业竞争合作深化，不断实现一体化发展，长虹、东方视界、康得新共同布局裸眼3D产业，风行、海尔等5家企业联合开发智能电视，芒果TV、国广东方等4家厂商完善智能电视内容的广告标准，智能电视的终端、内容服务、盈利模式等各个环节不断竞争合作，共同寻求产业发展突破的路径。

网络通信设备领域逐渐向服务和应用为主导的创新驱动转变，5G研发和产业化规划推进产业创新发展，宽带、泛在、移动和融合成为网络通信设备发展趋势，睿智光传输网络、新型IP网络等技术成为创新驱动的主要发力点。

（四）互联网向经济各领域渗透对软件提出新要求

随着互联网，特别是移动互联网从生活工具向生产要素转变，互联网成为推动经济社会转型升级新驱动力，软件是互联网的重要组成部分和支撑，2015年，互联网的发展对软件提出新需求。一当面软件加强创新发展，互联网在向传统产业渗透中，对软件功能提出新的要求，推进其加快自身创新突破，例如软件产业逐渐向网络化转型，软件产业不断适应大量并发数据相应需求。另一方面，软件逐渐超出信息技术产业范畴，与硬件配合使用，进一步与制造业、交通、物流等领域的技术融合，改善其他行业业务流程、生产模式、组织模式，推动其他行业向数字化、网络化、智能化发展。

（五）智能制造带动新一代信息技术产业市场快速发展

2015年，《中国制造2025》及重点行业技术路线图的发布和实施，各地密集出台相关落实方案和政策，全国范围智能制造的推广拉动相关硬件产品、工业软件和服务市场增长。由于国内高端装备制造、能源电力、新材料、生物医药等重点产业转型升级步伐加快，工业向智能化、服务化方向发展，带动国内工业软件发展。同时，各地开展机器换人、自动化技术改造，工业控制类产品和软件市场取得较快发展，作为实现智能制造支撑的工业互联网、工业大数据产品和解决方案也得到了较快发展。

（六）开源成为信息技术创新的主流模式

随着云计算、移动互联网等新模式、新技术的突破发展，少数单一企业难于主导产业发展，而依靠全球智慧多元力量的开源模式迅速兴起，全球各大企业积极参与开源项目，加快争夺优势技术、资金、人才、控制力等资源，Docker、Rocket、OpenStack 等主流平台得到爆发式增长。2015 年，我国企业也积极参加开源项目和社区，如华为加入 Cloud Foundry 基金会，加大对 OpenStack 影响力，升级成为 Linux 基金高级会员。又如，阿里巴巴集团加入 Linux 基金。

二、存在问题

（一）核心基础领域技术创新有待进一步突破

我国新一代信息技术产业核心基础领域创新能力较弱，呈现应用强、基础弱小的倒三角格局，与巨大的产业和市场规模不匹配。我国在电感器、大尺寸硅片等关键基础产品方面依然落后世界先进水平，在云计算、大数据等新兴领域仍处于落后地位，而集成电路、新型显示等核心领域，以及贴片机等专用设备则长期依赖进口。

（二）国家战略的贯彻落实亟待明确路径

2015 年，我国出台了一系列与新一代信息技术产业相关的国家战略，《中国制造 2025》将智能制造作为发展重点，提出要加快推动两化融合发展；《关于积极推进"互联网＋"行动的指导意见》，进一步确定了新一代信息技术产业对经济转型升级的引领作用。但与此同时，一些地方对国家战略内容和精神理解尚不到位，在培育新一代信息技术产业、加快融合创新、推动国民经济社会转型升级等方面缺乏经验和成功案例，难以有效贯彻落实国家战略部署。

（三）企业面临劳动力成本上升和人才不足困境

调研数据显示，由于最低工资标准年均增长 12%，基于此的社会保险缴纳额大幅提升，导致部分企业缴纳额、员工缴纳额上升幅度超过 70%。同时，企业发展所急需的高级专业技术人才极度缺乏。而另一方面，随着我国新一代信息技术产业巨大产值拉动，产业对高端人才需求剧增，对人才市场造成一定压力。

（四）地方投资热情高涨可能导致发展效益下降

新一代信息技术的快速发展使其成为地方政府的投资热点，但在引进项目时，各地的竞争导致不断给予优惠条件，有些条件将导致降低行业利润，产业发展的质量效益受到影响。例如，2015年1—9月，全国已经有北京、江苏、广东、安徽等先行地区，以及四川、河南、福建、重庆、内蒙古、湖北、陕西等中西部地区重点投资平板显示生产线，过多产线建设可能导致效益下降。

（五）龙头大企业仍需进一步增强产业链控制力

我国大企业在制造方面具有全球竞争优势，但在基础材料、核心部件、整机生产、软件、应用和信息服务等方面仍缺乏对产业链的整合能力和产业生态群的话语权，无法成为行业发展的领导和引导者。随着产业的融合创新，制造环节的影响作用逐渐被软件和信息服务所代替，因此，新一代信息技术产业的竞争已经不局限在制造环节，而逐渐向软件等下游环节转移。

（六）信息安全保障能力有待提升

云计算、移动互联网等模式和技术创新变革在带来使用便捷的同时，也带来了巨大的网络安全问题隐患，2015年，阿里、网易等知名互联网企业出现网络安全事故，网络安全引起社会广泛关注。我国信息安全企业虽然有了长足进步，但一是创新能力较弱，产品大多处于中低端，核心技术和产品仍需要进口；二是企业整体规模小，产业影响力和竞争力较弱；三是网络安全人才培养和引进机制不能满足需求，网络安全专业人才，尤其是实战人才严重缺乏，以上三方面原因导致我国企业仍不能有效保障网络安全。

三、政策动态

2015年，国家相继出台诸多利好政策，大力推进新一代信息技术产业发展（具体信息见表4-1）。例如，国务院发布了《关于促进云计算创新发展培育信息产业新业态的意见》，第一次以国务院的名义提出了部署加快发展云计算，《意见》提出"打造信息产业新业态，推动传统产业升级和新兴产业成长，培育形成新的增长点，促进国民经济提质增效升级"。提出到2020年，云计算成为我国信息化重要形态和建设网络强国的重要支撑。又如，国务院发布了《促进大数据发展行动纲要》，第一次以国务院的名义提出了部署加快发展大数据，《纲要》提出"推动大数据与云计算、物联网、移动互联网等新一代信息技术融合发展，探索大数据与传统产业协同发展的新业态、新模式，促进传统产业转型升级和新兴产业发展，培育新的经济增长点。形成一批满足大数据重大应用需求的产品、系统和解

产业篇

决方案，建立安全可信的大数据技术体系，大数据产品和服务达到国际先进水平，国内市场占有率显著提高。培育一批面向全球的骨干企业和特色鲜明的创新型中小企业。构建形成政产学研用多方联动、协调发展的大数据产业生态体系"。

表4-1　2015年国家出台的促进新一代信息技术产业发展的政策

时间	政策文件	发布机关	主要目标
1月	关于促进云计算创新发展培育信息产业新业态的意见（国发〔2015〕5号）	国务院	——到2017年，云计算在重点领域的应用得到深化，政府自建数据中心数量减少5%以上。新建大型云计算数据中心能源利用效率（PUE）值优于1.5。 ——到2020年，云计算应用基本普及，云计算服务能力达到国际先进水平，掌握云计算关键技术，形成若干具有较强国际竞争力的云计算骨干企业。
5月	关于加强公共安全视频监控建设联网应用工作的若干意见（发改高技〔2015〕996号）	国家发改委	到2020年，基本实现"全域覆盖、全网共享、全时可用、全程可控"的公共安全视频监控建设联网应用，在加强治安防控、优化交通出行、服务城市管理、创新社会治理等方面取得显著成效。 ——全域覆盖。重点公共区域视频监控覆盖率达到100%，新建、改建高清摄像机比例达到100%；重点行业、领域的重要部位视频监控覆盖率达到100%，逐步增加高清摄像机的新建、改建数量。 ——全网共享。重点公共区域视频监控联网率达到100%；重点行业、领域涉及公共区域的视频图像资源联网率达到100%。 ——全时可用。重点公共区域安装的视频监控摄像机完好率达到98%，重点行业、领域安装的涉及公共区域的视频监控摄像机完好率达到95%，实现视频图像信息的全天候应用。 ——全程可控。公共安全视频监控系统联网应用的分层安全体系基本建成，实现重要视频图像信息不失控，敏感视频图像信息不泄露。
6月	关于实施新兴产业重大工程包的通知（发改高技〔2015〕1303号）——高性能集成电路工程	国家发改委	面向重大信息化应用、战略性新兴产业发展和国家信息安全保障等重大需求，着力提升先进工艺水平、设计业集中度和产业链配套能力，选择技术较为成熟、产业基础好，应用潜力大的领域，加快高性能集成电路产品产业化。通过工程实施，推动重点集成电路产品的产业化水平进一步提升，移动智能终端、网络通信、云计算、物联网、大数据等重点领域集成电路设计技术达到国际领先水平，设计业的产业集中度显著提升；32/28纳米制造工艺实现规模量产，16/14纳米工艺技术取得突破；产业链互动发展格局逐步形成，关键设备和材料在生产线上得到应用。培育出一批具有国际竞争力的集成电路龙头企业。

（续表）

时间	政策文件	发布机关	主要目标
7月	关于积极推进"互联网+"行动的指导意见（国发〔2015〕40号）	国务院	到2018年，互联网与经济社会各领域的融合发展进一步深化，基于互联网的新业态成为新的经济增长动力，互联网支撑大众创业、万众创新的作用进一步增强，互联网成为提供公共服务的重要手段，网络经济与实体经济协同互动的发展格局基本形成。 ——经济发展进一步提质增效。互联网在促进制造业、农业、能源、环保等产业转型升级方面取得积极成效，劳动生产率进一步提高。基于互联网的新兴业态不断涌现，电子商务、互联网金融快速发展，对经济提质增效的促进作用更加凸显。 ——社会服务进一步便捷普惠。健康医疗、教育、交通等民生领域互联网应用更加丰富，公共服务更加多元，线上线下结合更加紧密。社会服务资源配置不断优化，公众享受到更加公平、高效、优质、便捷的服务。 ——基础支撑进一步夯实提升。网络设施和产业基础得到有效巩固加强，应用支撑和安全保障能力明显增强。固定宽带网络、新一代移动通信网和下一代互联网加快发展，物联网、云计算等新型基础设施更加完备。人工智能等技术及其产业化能力显著增强。 ——发展环境进一步开放包容。全社会对互联网融合创新的认识不断深入，互联网融合发展面临的体制机制障碍有效破除，公共数据资源开放取得实质性进展，相关标准规范、信用体系和法律法规逐步完善。 到2025年，网络化、智能化、服务化、协同化的"互联网+"产业生态体系基本完善，"互联网+"新经济形态初步形成，"互联网+"成为经济社会创新发展的重要驱动力量。
8月	促进大数据发展行动纲要（国发〔2015〕50号）	国务院	打造精准治理、多方协作的社会治理新模式。将大数据作为提升政府治理能力的重要手段，通过高效采集、有效整合、深化应用政府数据和社会数据，提升政府决策和风险防范水平，提高社会治理的精准性和有效性，增强乡村社会治理能力；助力简政放权，支持从事前审批向事中事后监管转变，推动商事制度改革；促进政府监管和社会监督有机结合，有效调动社会力量参与社会治理的积极性。2017年底前形成跨部门数据资源共享共用格局。 建立运行平稳、安全高效的经济运行新机制。充分运用大数据，不断提升信用、财政、金融、税收、农业、统计、进出口、资源环境、产品质量、企业登记监管等领域数据资源的获取和利用能力，丰富经济统计数据来源，实现对经济运行更为准确的监测、分析、预测、预警，提高决策的针对性、科学性和时效性，提升宏观调控以及产业发展、信用体系、市场监管等方面管理效能，保障供需平衡，促进经济平稳运行。

（续表）

时间	政策文件	发布机关	主要目标
			构建以人为本、惠及全民的民生服务新体系。围绕服务型政府建设，在公用事业、市政管理、城乡环境、农村生活、健康医疗、减灾救灾、社会救助、养老服务、劳动就业、社会保障、文化教育、交通旅游、质量安全、消费维权、社区服务等领域全面推广大数据应用，利用大数据洞察民生需求，优化资源配置，丰富服务内容，拓展服务渠道，扩大服务范围，提高服务质量，提升城市辐射能力，推动公共服务向基层延伸，缩小城乡、区域差距，促进形成公平普惠、便捷高效的民生服务体系，不断满足人民群众日益增长的个性化、多样化需求。 开启大众创业、万众创新的创新驱动新格局。形成公共数据资源合理适度开放共享的法规制度和政策体系，2018年底前建成国家政府数据统一开放平台，率先在信用、交通、医疗、卫生、就业、社保、地理、文化、教育、科技、资源、农业、环境、安监、金融、质量、统计、气象、海洋、企业登记监管等重要领域实现公共数据资源合理适度向社会开放，带动社会公众开展大数据增值性、公益性开发和创新应用，充分释放数据红利，激发大众创业、万众创新活力。 培育高端智能、新兴繁荣的产业发展新生态。推动大数据与云计算、物联网、移动互联网等新一代信息技术融合发展，探索大数据与传统产业协同发展的新业态、新模式，促进传统产业转型升级和新兴产业发展，培育新的经济增长点。形成一批满足大数据重大应用需求的产品、系统和解决方案，建立安全可信的大数据技术体系，大数据产品和服务达到国际先进水平，国内市场占有率显著提高。培育一批面向全球的骨干企业和特色鲜明的创新型中小企业。构建形成政产学研用多方联动、协调发展的大数据产业生态体系。
10月	国家民用空间基础设施中长期发展规划（2015-2025年）（发改高技〔2015〕2429号）	国家发改委，财政部，国防科工局	分阶段逐步建成技术先进、自主可控、布局合理、全球覆盖、由卫星遥感、卫星通信广播、卫星导航定位三大系统构成的国家民用空间基础设施，满足行业和区域重大应用需求，支撑我国现代化建设、国家安全和民生改善的发展要求。 "十二五"期间或稍后，基本形成国家民用空间基础设施骨干框架，建立业务卫星发展模式和服务机制，制定数据共享政策。 "十三五"期间，构建形成卫星遥感、卫星通信广播、卫星导航定位三大系统，基本建成国家民用空间基础设施体系，提供连续稳定的业务服务。数据共享服务机制基本完善，标准规范体系基本配套，商业化发展模式基本形成，具备国际服务能力。 "十四五"期间，建成技术先进、全球覆盖、高效运行的国家民用空间基础设施体系，业务化、市场化、产业化发展达到国际先进水平。创新驱动、需求牵引、市场配置的持续发展机制不断完善，有力支撑经济社会发展，有效参与国际化发展。

（续表）

时间	政策文件	发布机关	主要目标
12月	贯彻落实《国务院关于积极推进"互联网＋"行动的指导意见》行动计划（2015-2018年）（工信部信软〔2015〕440号）	工信部	互联网与制造业融合进一步深化，制造业数字化、网络化、智能化水平显著提高。两化融合管理体系成为引领企业管理组织变革、培育新型能力的重要途径；新一代信息技术与制造技术融合步伐进一步加快，工业产品和成套装备智能化水平显著提升；跨界融合的新模式、新业态成为经济增长的新动力培育一批互联网与制造业融合示范企业；信息物理系统（CPS）初步成为支撑智能制造发展的关键基础设施，形成一批可推广的行业系统解决方案；小微企业信息化水平明显提高，互联网成为大众创业、万众创新的重要支撑平台；基本建成宽带、融合、泛在、安全的下一代国家信息基础设施；初步形成自主可控的新一代信息技术产业体系。

数据来源：赛迪智库根据相关文件整理年，2016年1月。

第二节　中国新一代信息技术产业重点领域分析

一、集成电路

（一）发展概况

2015年，《国家集成电路产业发展推进纲要》深入系统实施，国家集成电路产业投资基金启动发展，杠杆撬动作用逐步显现，产业政策、投融资环境进一步完善。在政策、金融资本和市场多重带动下，产业实现平稳较快的发展。

1. 外部市场需求疲软，我国产业稳步发展

2015年，全球经济仍在受到金融危机影响，经济增长不确定性加大。1—9月，PC出货量同比下降11%，智能手机出货量同比增长7.1%，但增速同比下降近13个百分点，增速明显回落。在大企业发展方面，联发科、英特尔、高通等大企业销售收入也出现了不同程度的下滑。传统电子市场需求低迷，智能硬件需求放缓，而移动互联网、云计算、大数据、等新兴市场需求尚未完全释放，据WSTS（世界半导体贸易统计组织）预计，2015年和2016年世界集成电路行业增长率分别为3.4%和3.1%，增速相比2014年下降了近6个百分点。

与全球情况相反，在产业政策、金融资本和市场需求带动下，我国集成电路产业仍保持平稳较快增长。中国半导体行业协会统计数据显示，2015年1—

9月中国集成电路产业销售额为2540.5亿元，同比增长19.5%。其中，设计业继续保持快速增长态势，销售额为941.3亿元，同比增长26.1%；制造业同比增长24.6%，销售额605.7亿元；封装测试业销售额993.5亿元，同比增长11.2%。根据海关统计，2015年1—9月，我国进口集成电路2266.3亿块，同比增长9%；进口金额1629.2亿美元，同比增长3.7%。出口集成电路1305.1亿块，同比增长18.6%；出口金额473亿美元，同比增长3.8%。但也应该看到，尽管目前我国集成电路行业产业平稳较快发展，由于处于产业体系上游，经济增长发展放缓对产业影响有一定的滞后。

2. 发展格局面临重新洗牌的机遇

随着技术演化及跨国经营进程的加速，国际大企业在加快产品转型提升，以资本为手段，通过构建产业生态体系，整合各方资源，加强巩固主导权，提高竞争能力。2015年，世界半导体领域并购金额超过1000亿美元，是过去三年并购金额总和的2倍。如，英特尔收购阿尔特拉（167亿美元）、恩智浦收购飞思卡尔（118亿美元）、安华高科技收购博通（370亿美元）。此外，英飞凌对国际整流器、Global Foudries对IBM半导体业务、日月光对矽品也有整合倾向。半导体领域跨国并购仍是趋势，强强联合成为主要方式。

国际龙头企业不断调整与中国大陆的合作战略，由独立直接投资向战略投资、技术授权等方式转变。继IBM、英特尔与中国合作后，2015年，我国台湾地区大企业深入与大陆开展合作，如联电公司在厦门建设12英寸生产线，台积电、力晶也具有在大陆建设12英寸生产线倾向。

3. 我国企业跨国资本并购仍在继续

在《推进纲要》、国家基金的推动，以及企业自身发展需要驱动下，国内集成电路企业纷纷开展兼并重组。一是整机厂商企业并购集成电路厂商，加速向上游布局，获取核心竞争优势。二是企业积极"走出去"，并购国外制造厂商。三是资本金融市场积极参与，数家投资公司、基金参与并购，如紫光对华三科技的收购、邀约收购美光。虽然并购美光仍具有不确定性，但这反映出资本金融对产业发展的撬动作用日益明显。

（二）技术进展

2015年，我国在多个技术领域取得突破。芯片设计领域，16纳米级别设计技术取得突破，海思麒麟950芯片成为首款商用台积电16纳米技术的片上系统级芯片。晶圆制造领域,中芯国际28纳米工艺制程的处理器已经应用在主流手机。共性技术研发领域，由华为、中芯国际等共同投资成立了新技术研发公司，研发下一代CMOS逻辑工艺,努力打造先进集成电路研发创新平台。在重点产品方面，过去存储器是国内短板，几乎完全依赖进口。2015年，我国计划在武汉建设国家存储器基地，基地以武汉新芯公司为主体，成立存储公司，计划实现30万片/月存储芯片生产。

二、平板显示

（一）发展概况

2015年，我国平板显示产业技术水平不断提高，面板产能和配套能力稳步提升，产业规模不断扩大，世界市场份额不断提高，自给率不断提高，贸易逆差缩小，技术水平和管理能力与世界先进差距逐渐缩小。

1. 产业快速增长，全球影响力不断扩大

一是高世代线加速建设。2015年我国大陆共有3条8.5代面板生产线建成投产，面板出货量突破5千万平方米，占全球比重超过20%。二是新增固定资产投资拉动作用明显。2015年1-9月，我国大陆新增固定资产投资960亿元，占全球比重70%以上。三是智能硬件发展加大需求，我国大陆智能手机渗透率为86%，对面板产业具有巨大的拉动作用。在多条生产线投资和巨大的下游应用市场拉动下，我国大陆显示产业对全球平板显示产业发展的影响力不断扩大。

2. 上游专用设备、材料配套体系逐渐完善

上游核心材料、组件处于价值链高端，是整个平板显示产业发展的关键环节。近几年来，国家扶持政策出台支持专用材料、零组件和设备的国产化，同时高世代产线建设为我国显示产业上游配套提供了千载难逢的发展契机。旭硝子、电气硝子、康宁等玻璃基板国外配套企业在中国大陆投资设厂，奇美材料、三利谱、LG化学、三星SDI等外资偏光片企业在我国大陆设厂；DIC、默克等液晶材料企业在中国设厂。本土配套企业发展速度较快，清溢光电、中电彩虹和东旭光电粉白纷纷取得8.5代线配套突破，光学薄膜、液晶材料、彩色滤光片、等相关材料、零组件生产体系不断优化。

3. 金融支持产业运作方式逐渐完善

一方面，投融资渠道不断丰富，市场活力发挥较为充分，平板显示产业是典型技术、资金密集型产业，资金是上项目遇到的主要问题，企业牵头、地方政府以灵活的方式进行资本参与，解决了资金问题，还创新了政府支持产业发展方式，2015 年，新开工高世代平板显示线 6 条。另一方面，产业倾向创新驱动，企业纷纷选择 AMOLED、氧化物和 LTPS 作为生产项目建设的重点，更加注重技术水平提升，建设的高世代项目中高新技术占比例将近 80%。

4. 新兴应用电子产品为平板显示产业发展提供强大动力

汽车电子、公共显示、可穿戴产品等新兴应用电子产品驱动产业发展，许多新产品不断涌现。一是随着 HMS、车载导航、行车记录仪等软硬件驾驶辅助工具发展，车载平板显示器市场快速增长，2015 年车载面板市场规模超过了平板电脑市场规模，是继手机之后第二大市场。二是随着显示屏成本下降，以公共媒体、交通、娱乐、广告等领域应用大屏面板呈现爆发式增长，我国处于城镇化加速发展期，使得公共应用显示屏市场发展较快。三是可穿戴设备市场的发展不但增加了中小面板需求，还对面板性能和功能也产生重要作用，要求可穿戴设备显示屏具有柔性、轻薄、个性设计和界面友好等功能。

（二）技术进展

从技术发展看，我国大陆骨干企业在高分辨率、低功耗和曲面等新技术上加大投入，多种具有新功能的新型显示产品不断出现。一是量子点、传感芯片等新技术不断应用，提升了 TFT-LCD 色彩表现能力，TFT-LCD 显示屏技术"扩大色彩表现范围"方向发展。二是曲面显示给消费者带来全新体验和视觉优势、助力企业摆脱同质化竞争劣势，成为平板显示重要发展方向。

三、新兴信息技术服务

2015 年，国务院发布"互联网＋"战略，各地"互联网＋"落实政策纷纷出台，软件和信息服务企业纷纷抓住机遇，实施"互联网＋"战略，以互联网为基础的新兴信息服务业快速发展。

（一）国家政策陆续出台，推动产业快速发展

2015 年，国家大力支持云计算、大数据、电子商务等新型信息技术服务业。

云计算产业方面，国务院发布了《关于促进云计算创新发展培育信息产业新业态的意见》，工信部发布《云计算综合标准化体系建设指南》，为推动云计算产业快速发展提供了优越环境。大数据产业领域，国务院发布了《促进大数据发展行动纲要》，提出大数据产业发展重点方向和路线图。电子商务产业领域，国务院发布了《关于大力发展电子商务加快培育经济新动力的意见》，提出了电子商务产业发展重点、应用方向和培育路径。

（二）产业增长速度不断加快，新兴领域探索发展取得积极成效

互联网应用带动各个行业信息技术服务需求增强，智能制造、智慧城市、数字内容、智能交通等领域的应用不断涌现。新兴业态、新模式推进电子商务产业与跨领域业务的增长，电子商务平台服务业务高达24.7%。云计算、大数据商业模式不断成熟，阿里云2015年1—9月营收增速达到128%，2015年中国软件百强企业涌现了以阿里云、京东为代表的新兴技术服务厂商，厂商大力培育和发展大数据、云计算服务，快速向价值链高端环节迈进。

（三）企业业务向网络化智能化方向发展

互联网业务流程优化和效率提升，围绕行业需求的网络平台建设和服务改造创新不断加速，服务交付逐渐实现网络化，基于网络化海量数据的大数据挖掘、人工智能等技术不断得到突破，推进信息技术服务向智能化方向发展。2015年，用友网络推出O2O模式服务，助力客户完成内部绩效管理、服务流程优化等科学管理，帮助企业实现优化信息系统，助推客户向互联网转型。东软集团拓展汽车电子技术服务，重点发展图像识别、传感器技术，开发驾驶辅助系统、无人驾驶系统。阿里加大对云计算、大数据基础和前瞻技术研发。

（四）产业生态系统培育成为大企业竞争焦点

2015年，信息技术向融合化方向发展，生态系统建设作用凸显，开放平台是产业生态系统建设的核心。阿里云打造云计算生态圈，其战略进一步明确为，制定云计算标准、资源整合平台、商务网络管理。甲骨文与腾讯云合作，依托腾讯云平台引入其云计算解决方案，推动两大企业的产品服务创新。亚信科技收购趋势科技，建立独立云安全技术公司，融合原有的安全技术。

第三节　中国新一代信息技术产业布局及重点企业

一、空间布局

我国已形成珠江三角洲、长江三角洲、环渤海湾地区、部分中西部地区四大新一代信息技术产业带。长江三角洲、珠江三角洲和环渤海三大区域在劳动力、销售收入、工业增加值和利润占全行业比重均超过 80%。这些新一代信息技术产业集聚区在空间上呈现出分工的雏形，在产业空间和价值链空间上各有特点。

珠江三角洲地区主要承担制造职能，形成了多级零部件供应企业分工高度细化的产业方式，是全国乃至全球重要的通信设备、平板显示、计算机及外部设备、电子元器件、家用视听和软件的研发、生产、出口基地，新一代信息技术产业发展全国领先，并持续加大发展力度，例如，2015 年广东省积极推进集成电路、移动互联、云计算、智能穿戴等领域发展，努力实现产业的健康持续高端化发展。

长江三角洲兼具制造和研发职能，其中上海是国内新一代信息技术发展高地，2015 年，上海 IC 产业整体超过 12% 增速增长，设计、制造、封装测试产业链呈现均衡发展的态势，另外，上海市成立"集成电路产业发展领导小组"，计划设立约 500 亿元规模的产业基金；上海物联网产业规模在国内率先达到千亿级，企业总数量已超过 700 家。浙江省已成为全国电子商务产业链较为完整、产业集聚度最高的地区之一，涌现出以阿里巴巴为代表的具有全球影响力的电商企业。江苏在大项目引进，特别是外资项目引进方面持续推进，已经形成了制造配套体系。

环渤海地区研发职能凸显，具有很强的国际竞争力，特别是北京市成为全国新一代信息技术产品的研发和集散中心，2015 年，北京特别顺应中国制造由大变强发展趋势，发布了《〈中国制造 2025〉北京行动纲要》，行动纲要提出重点发展集成电路、智能制造系统和服务、自主可控信息系统、云计算与大数据、新一代移动互联网等八大新产业生态专项，北京还顺应京津冀协同发展契机，在张北布局云计算产业基地。龙头企业百度还在北京发布了智能汽车、人工智能等创新性产品。

西部"金三角"新一代信息技术产业聚集区迅速崛起，2015 年 1—10 月，陕西省新一代信息技术产业规模达到 600 亿元，同比增长 38.2%，形成了电子材料、芯片制造、电子元器件、通信业和软件服务业等完整产业链。四川省软件与信息服务业、集成电路、北斗导航等领域实力全国领先,成为中国第三大网络游戏研发运营中心、软件产业基地和计算机生产基地。重庆已构建起智能终端产业集群,智能终端年产量达 2.7 亿台件,笔记本电脑产量占世界的三分之一。

二、重点企业

新一代重点信息技术产业企业以新一代信息技术百强企业(以下简称"百强企业")为代表。百强企业以企业规模、效益、研发投入等多项指标进行综合评价。2015 年的百强中,华为技术有限公司位居榜首,海尔集团列第二名。2015 年百强企业呈现六大特征:一是发展能级迈上新台阶,百强企业规模达到 2.3 万亿元,同比增长 13.3%,入选门槛达到 36 亿元,同比提高 12 亿元;二是效益质量提高,平均销售利润率比上届提高 0.9 个百分点;三是创新取得新突破,研发投入强度达到 5.5%,同比提高了 0.5 个百分点;四是国际化发展再上新水平,积极参与跨国并购、国际标准制定与技术合作,实现了技术、标准、品牌"走出去";五是融合发展取得新突破,制造型企业逐渐进入智能硬件、电子商务、数字内容等多个融合性领域;六是承担更突出社会责任,上缴税金比上年增长 10%,超过一半企业发布了社会责任报告。

第五章　生物产业

第一节　国内外生物产业发展动态

作为 21 世纪最重要的科技创新集群之一，现阶段生物技术和生命科学的创新模式有了新的变化，具体表现为：多学科间的相互交叉和渗透日渐紧密；科技创新和产业化链条各阶段间的界限划分逐渐模糊化；技术创新和金融资本、商业模式的融合进一步加强。2014 年全球生命科学相关论文发表达 593398 篇，占自然科学论文总量的 43.9%，环球科学评选的 2015 年十大科技新闻中，生物科技多达 4 项；就技术专利而言，2014 年生物技术新申请和授予专利数分别同比增长 0.94% 和 2.67%，达 77060 和 48191 件；就投资和产业发展而言，2015 年金融资本对全球生物医药领域技术创新的推动作用越来越明显，风险投资、上市融资、并购重组总额将创历史新高。

生命科学和生物技术正在成为我国新的经济增长点和吸纳就业、承载创业的重要平台。自 2012 年国务院印发《生物产业发展规划》以来，我国政府的生物技术研发投入年均增长率为 28%，生物科技产出水平不断提高，产业规模不断壮大。论文发表量和技术授权专利数均居世界第二，生物产业对结构调整、经济发展的支撑和引领作用日益突出。

一、整体概况

（一）全球生物产业发展概况

随着生命科学和生物技术研究的重大突破和持续发展，全球生物产业总体进入了持续增长阶段,并将成为信息产业之后引领世界经济发展的又一个主导产业,带来世界经济格局和国家综合实力的调整与变化。经济合作和发展组织(OECD)的《面向2030年的生物经济》报告预测显示,全球范围内生物经济到2030年将初具规模,并对经济社会发展带来重大影响。

现阶段生命科学和生物技术对应用领域的渗透速度越来越快。如果将DNA双螺旋结构的发现和"人类基因组"的完成作为生命科学的前两次革命,当前发生的生物学与信息学、物理学、工程学等多学科的交叉与汇聚,则是生命科学领域的第三次革命。多学科的汇聚和交叉使得定量、精确和可视化成为生命科学研究的新方向。技术进步加快了人们对生命的认知和理解。以生命过程的变化为例,研究人员借助超高分辨率、深层次的活体成像技术可以对其进行高效、精准和实时观察;虚拟现实成像技术使现实体验成为可能。生命科学依然以测序技术和组学研究为发展推动力,基于组学分析的海量数据,"生命数字化"助推生命科学进入大数据时代,并对人类生活影响深远。光遗传学、单细胞分析和成像技术领域2015年取得的一些重大进展和技术突破,使人类对生命的认知更加丰富和深入。生物产业在生物技术和生命科学进步和突破下,步入了高成长阶段。安永公司统计显示,2015年生物产业在收入、盈利能力和融资规模等指标上,均打破纪录。美国、欧洲、加拿大、澳大利亚等生物技术成熟地区,产业创收达到1500亿美元左右,连续6年保持增长。

作为生物产业的重要组成部分,生物医药2015年销售总额达到1900亿美元,同比增长8%左右,预计2020年将增长到2780亿美元,在全球药物市场销售额中占比预计将在从2014年的23%上升至27%。2015年,全球CRO市场规模达到700亿美元,未来市场规模发展前景广阔。农业和工业领域也是生物技术渗透的重要方向。2015年全球转基因作物种植面积连续保持19年显著增长,总面积达1.88亿公顷左右;全球生物基材料和化学品产能2018年将达到740万吨以上。

(二)我国生物产业发展概况

生物产业契合了我国新常态下经济发展要素驱动型向创新驱动型的转变,将生物产业作为引领经济发展的着力点,对于我国结构调整、经济转型、产业升级具有强大的支撑作用。2015年,我国生物技术研究和应用均取得了一系列突破性成果,屠呦呦获得诺贝尔生理学或医学奖。技术研究领域,我国生命科学与生物技术类论文和专利数量连续5年位居全球第二,在基因组学、代谢组学、转录组学、蛋白质组学、结构生物学、传染病与免疫学、干细胞、神经科学等领域成果丰硕，包括肝病肠道菌群基因集建立、人类早期胚胎 DNA 甲基化调控网络解析、真核生物合成不同蛋白质亚型、PPM1D 基因突变的功能等多个世界首次。

医药生物技术是生命科学和生物技术应用的重要领域。2014 年国家食品药品监督管理局共批准上市新药 12 个，包括全球首个治疗胃癌晚期的小分子靶向药物——甲磺酸阿帕替尼片，填补我国在脊椎灰质炎灭活疫苗生产领域空白的 Sabin 株脊髓灰质炎灭活疫苗，达到国际先进水平的融血栓生物新药"铭复乐"等药物。高性能医疗器械被列入《中国制造 2025》十大重点发展领域，达安基因的第二代基因测序诊断产品已经获批上市，可对胎儿染色体非整倍体疾病进行无创产前检查和辅助诊断。微生物肥料是我国生物技术进入农业领域的重要载体，农业部新登记产品 225 个，其中"海神丰"海藻生物肥产品成功打入美国、日本市场。

2015 年，我国医药市场规模不断扩大，包括医药工业、生物药品制造、农业、生物发酵、燃料替代等诸多领域，一批可以和国外大型跨国公司同台竞争的行业龙头企业迅速发展，并在相关产业技术关键领域也取得了多项重大突破。2015 年 1–10 月，中国医药工业总产值 22931 亿元，同比增长 11.6%，利润总额实现 2130 亿元，同比增长 13.9%，比 2014 年末的 12.3% 略有提升。1–10 月医药工业销售利润率达到 10.0%，比上年同期增长 0.4 个百分点，增长速度、主营业务收入和利润总额等主要指标均居各工业大类前列。农业方面，掌握了抗病虫、优质抗逆等功能基因及核心技术，抗虫水稻、玉米等成果具有国际领先水平，截至 2015 年 11 月，正式登记微生物肥料产品 1398 个。生物发酵产业规模不断扩大，2015 年主要发酵产品产量突破 2500 万吨，居世界首位。替代燃料方面，燃料乙醇、混配 E10 乙醇汽油和纤维素非粮乙醇产量非别达 233.2 万吨、2140 万吨和 3.2 万吨。就产业投资而言，我国对生物技术的研发投入持续增加，年均增长率达到 28%。

二、存在问题

（一）专利制度不完善

现行专利制度无法完全适应基因专利的保护，且缺乏专门的基因专利立法。主要表现为：我国《专利法》尚未规范专利惠益制度，与国际《生物多样性公约》的规定不匹配；专利权限制度不够详尽，《专利法》豁免科学实验的规定无法有效保护尚未实现产业化的基因研究成果；基因研究的反垄断领域尚未法律涉入，《反垄断法》只在第八章附则中由原则性规定。专利制度的不完善造成我国生物制药产业低水平重复建设现象严重，一方面所申报基因药物多属于体外培养技术生产的抗体，来源简单；另一方面新药申报单位扎堆立项，重复建设对研发资源浪费严重。国外实施了一系列基因保护，加之国内研究单位对"重磅炸弹"型专利的片面追求，造成我国基因研究缺乏基础性专利，限制了生物产业的可持续发展。基因专利技术集中于高校和科研单位，且过度依赖国家资助，造成基因专利脱离于疗效，科研机构脱节于企业，专利成果商品化转化效率低，甚至存在以结题为目的的专利申请现象。

（二）管理多头化、创新投入政府化、产业布局分散化

我国生物产业发展的主管部门包括科技部、国家发改委、工信部、农业部、卫生部、教育部，多头管理导致基础条件平台、科技立项、扶持政策等产业发展资源各自为政，不能形成合力。科技创新和产业发展投入主体过度依赖政府，造成"科技、经济两张皮，投入、资源两张皮"在我国科技创新发展中长期存在，不利于生物产业自主创新能力的做大做强。这也是我国生物产业，特别是生物制药行业的发明多是在国外药物专利过期后，进行仿制、改造为主的重要原因。生物产业被纳入国家战略性新兴产业之后，各地方相继出台了各自的生物产业发展规划，且相互之间缺乏结合与互补，各自发展、重复建设现象严重，无法形成规模化优势。我国生物企业多是年销售额 1000 万以下的小公司，缺乏规模化的生物产业集团，企业的自主研发能力、获利能力和市场竞争力均有所欠缺。

（三）人才队伍建设与需求适配度低，无法有效支撑生物产业发展

作为技术密集型产业——生物产业的持续、健康发展对人才队伍建设要求较高。高级管理人才、生命科学家、工程化开发人才、工程技术人才是生物产业人才队伍的构成主体，而总量储备不足、结构不合理的人才队伍现状已经成为我国生物产业成熟度提升和竞争力打造的主要瓶颈之一。就我国生物产业人才培养的现状而言，一方面以理论讲授和验证性实验为主导，而对于工程化开发实践环节，特别是结合企业实践而进行的综合性试验缺乏且不愿投入。作为人才培养主体的高校和科研机构，对学生能力的培养以单一问题的解决为导向，忽视了系统生物学知识的教育，导致学生实践应用能力、复杂问题的解决能力和实际操作能力较弱，需要工作单位二次培养。另一方面，生物技术和生命科学学科分支较多，涉及领域较广，生物产业企业更偏好与具有系统知识和实践能力的已成型人才，不愿在高校学生的培养上花费过多的人财物力。

（四）资金需求与传统融资方式不匹配带来融资难、融资贵等问题

生物产业具有技术要求高、资金投入大、风险性大、收益高等特点，融资方式更适合于直接融资而非传统的间接融资。处于不同发展阶段的生物产业企业具有不同的资金需求特点，这就决定了生物产业发展需要由多层次的资本市场作支撑，特别是发展初期对风险投资的需求，是解决"融资难、融资贵"的重要手段。当前我国生物产业融资过程面临的问题具体表现为：政府资金投入未能起到杠杆作用，对社会资金撬动能力不足；融资方式以银行等间接资本市场为主，且缺乏完善的信用担保体系和法律保障体系，导致融资难、融资贵；多层次的资本市场体系尚不完善，特别是直接资本市场和风险投资体系不健全且发展缓慢。

（五）产业结构和产业链布局不合理

就产业结构而言，各地均将生物医药和生物医学工程作为生物产业发展的重点。2015 年，我国医药工业主营业务收入和利润总额等主要经济指标的增长速度虽有所放缓，但仍显著高于工业整体增长水平。作为生物产业重要组成部分的生物农业却没有得到足够重视，发展缓慢。虽然我国是全球第二大种业市场，但国内良种商品化率一直偏低，且种子企业规模"多、小、散"，研发投入不足的局面并未改善。基于收益和潜在风险的顾虑，我国转基因育种的商业化进展一直较为缓慢，且研发主动权多为跨国集团所掌握。生物饲料和生物农药虽有所发展，但整体研发水平和产业化水平和国外相比，依然存在较大差距，且缺乏自主知识产权。就产业链布局而言，当前我国的资源配置集中配置于研发、生产、销售等中下游环节，而对于原材料基地建设、特色生物资源保护等产业链的上游环节重视不够。一方面对珍稀濒危生物资源的保护力度不够，自然生态系统退化、偷捕滥猎、乱挖乱采现象严重，加之国外基因专利保护的加强，生物产业原料储备不足的问题日益凸显；另一方面，我国特色动植物人工种养规模偏小，基地建设缺乏统一布局，规范化程度低，不利于生物资源的恢复和保持。

三、政策动态

（一）国外政策动态

生物技术和生物产业话语权与制高点的争夺，与国家国际竞争力息息相关。众多发达国家和新兴经济体纷纷将生物产业作为金融危机之后新的经济增长点，出台多种政策措施用以支持其发展。为了适应生命科学发展的新变化，德国于2014年批准并实施的新版《高科技战略》，重点关注了生命科学和生物技术对于解决当前人类发展面临的挑战所带来的帮助，并将其作为未来任务研究领域和关键技术的重要内容。日本将"推进健康医疗战略"计划列为《科技与创新综合战略2014》的五大行动计划之一；印度分析了2007年以后生物技术和生物产业发展的新态势，在一期战略的基础之上，推出了《国家生物技术发展战略》Ⅱ期（2014–2020年）；南非的《生物经济战略》制定了指导生物科学研究和创新投资的总体框架，并将发展生物经济作为未来国家生物技术的重心。

（二）国内政策动态

宏观政策上，一是建立部际协调机制和专家咨询委员会，用以统筹管理支持、咨询研究、国际交流与合作、行业自律等影响生物产业发展的一系列问题；二是中央预算加大对转基因生物新品种培育、重大新药创制、重大传染病防治等生物产业重大专项进行扶持。此外，还要积极引导社会资金的投入，包括：设立生物产业创业投资机构和投资基金，引导金融机构提供信贷支持、鼓励信用担保机构提供贷款担保。积极支持中小生物企业境内外上市融资，包括进入中小企业板和创业板，发行企业债券、公司债券、短期融资券等。2010年《国务院关于加快培育和发展战略性新兴产业的决定》将生物产业列入七大战略性新兴产业以来，我国又陆续出台了《国民经济和社会发展第十二个五年规划纲要》《生物产业发展规划》等推动生物产业发展的政策，以及监管、审批、市场准入、创新支持等配套措施。2015年出台的《中国制造2025》将医疗器械确定为重点发展领域之一。

专项政策上，国家先后出台《国务院关于促进健康服务业发展的若干意见》《生物类似要研发与评价技术指导原则》（征求意见稿）等文件，并在《生物产业发展规划》中提出培育一批高端化发展的生物医学工程制造企业，推动一批自主知识产权的新药投放市场。在生物医药方面，2014年药品审评中心发布《生物类似药研发与评价技术指导原则》，用以规范生物制药的科学开发与后续评价，并在政策上给予更大支持。在此之后，科技部于 2015 年启动旨在加强干细胞基础与转化投入与布局的"干细胞与转化医学"重点专项试点工作，将干细胞转化与应用作为研究的重点任务之一，为干细胞治疗带来新的希望。为了解决融资问题，2015 年 4 月国务院批准实施的《外商投资产业指导目录（2015 年修订）》将生物医药列入"鼓励外商投资产业"的范畴，从而降低了外资准入门槛，有助于企业国际化水平和开放创新能力的提升。2015 年国家食品药品监督管理总局在诊疗、药品审批制度、互联网＋医疗等领域分别发布了《中药新药临床研究一般原则等 4 个技术指导原则》《医疗器械检验机构资质认定条件》等一系列政策。在生物质能源方面，2015 年国家能源局通过并印发《生物柴油产业发展政策》，将生物质柴油原料供应体系、微藻养殖生物柴油技术作为发展重点。在生物农业方面，2014 年将分子育种作为工作重点，2015 年则要求加强农业转基因生物技术研究、安全管理和科学普及。

第二节　中国生物产业重点领域分析

一、生物医药

（一）发展概况

生物医药是生物产业的重要组成部分，可划分为五大类，包括基因工程药物、抗体药物、血液制品、诊断试剂以及疫苗，其在国民经济中占有重要地位。从行业规模来看，根据国家统计局公布数据显示，2015 年 1–10 月，中国医药工业总产值 22931 亿元，同比增长 11.6%，利润总额实现 2130 亿元，同比增长 13.9%，比 2014 年末的 12.3% 略有提升。1–10 月医药工业销售利润率达到 10.0%，比上年同期增长 0.4 个百分点，增长速度、主营业务收入和利润总额等主要指标均居各工业大类前列。

从外贸出口来看，2015 年 10 月中国生物药品制造出口交货值 2304 亿元人民币，同比增长 8.32%；2015 年 1–10 月中国生物药品制造出口交货值 2223 亿元人民币，同比增长 11.24%。从产品方面来看，中药出口增长缓慢，进口小幅下降，前 10 个月中药类产品进出口总额分别为 39.26 亿美元和 30.83 亿美元，同比增长 4.99% 和 6.75%。化学药类，进出口都有所增长，但增幅较小，前十个月，化学药进出口额 485.52 亿元，同比增长 2.1%。大宗原料药仍是我国医药外贸出口的主要品种，1–10 月，出口额为 214.05 亿美元。器械类，出口增速平稳，1–10 月，出口总额 313.07 亿美元，同比增长 7.63%。

从创新能力看，2014 年医药研发投入总额 390.3 亿元，投入强度约为 1.67%。2015 上半年 CDE 共承办新的药品注册受理 4565 个，与过去四年同期相比，药品受理数量持续增加，但与 2014 上半年持平。具体看来，化学药申报数量与 2014 年相比有所下降，中药申报数量降幅为 16.7%，只有生物制品申报数量与同期相比有所增加，且涨幅达 35.3%。2015 年 3 月出台的《生物类似药研发与评价技术指导原则》填补了国内空白，生物药市场也越来越被看重，申报数量增加也在预料之中。

从企业发展形势来看，依据最新一期中国医药工业企业百强名单来看，入围百强企业的门槛不断提升，显示了中国整个医药行业正在稳步提升。其中浙江、山东、上海、北京、深圳等地涌现出了一大批创新型的医药企业，恒瑞医药、齐鲁制药、罗欣药业、正大天晴、新时代药业入选了 2015 年中国医药研发产品线中最佳工业企业的榜单前五名。

从发展区域来看，2015 年主营业务收入排名前三位的地区分别是山东、江苏和河南，合计占到全行业主营业务收入的 35% 左右。利润总额排名前三位的地区是山东、江苏和广东，合计占到全行业利润的 37% 左右。

（二）技术进展

现代生命科学理论以及其他学科相关技术的蓬勃发展，使得生物医药的技术研究得到颠覆式创新。随着药占比的持续降低，药品创收功能弱化，医院、医生把更多精力转向基因测序、细胞免疫治疗、干细胞技术等新型医疗技术上，为生物医药的发展提供了强劲的发展动力。我国医药生物技术的创新大幅提升，在基因测序、疫苗研发、干细胞等重点领域取得新进展。从政策角度来看，2015 年医药行业政策频出，包括分级诊疗、药品审批制度、互联网＋医疗等，CFDA 发布了《中药新药临床研究一般原则等 4 个技术指导原则》《医疗器械检验机构资质认定条件》等一系列政策。在国家有关部门的推出的重大新药创制、战略性新兴产业专项等支持措施下，医药企业创新发展研发投入不断加大，创新积极性不断增强。

从技术突破角度来看，2015 年，中国科学院植物研究所种康研究员和中国水稻研究所钱前教授的水稻感受和抵御低温的机制研究，在国际上首次发现了植物低温感受器，揭示了人工驯化赋予粳稻耐寒性的分子细胞学机制，有可能为全球的粮食匮乏找到新的出路；武汉大学宋宝亮研究团队揭示细胞内胆固醇运输的新机制，为治疗过氧化物酶体紊乱疾病提供新的可能；北京大学邓宏魁教授化学重编程中间状态的鉴定和化学重编程新体系的建立揭示小分子化合物诱导体细胞重编程的新机制，为再生医学提供新的可能；第三军医大学邹全明、中国食品药品检定研究院曾明和江苏省疾病预防控制中心朱凤才三位教授经过 10 多年的不懈努力开发出口服重组幽门螺杆菌疫苗，为慢性胃炎和胃癌的防治提供新的手段；清华大学施一公教授剪接体的三维结构以及 RNA 剪接的分子结构基础研究，阐述了剪切体工作原理，为进一步了解 RNA 剪接过程提供了基础；北京大学谢灿教授有关磁受体蛋白 MagR 的发现，揭示生物体感受磁场变化的分子机理，可为促进磁场控制生物大分子的性质提供可能，并有助于揭示生物迁徙之谜；浙江大学张传溪教授发现的昆虫稻飞虱长、短翅可塑性发育的分子"开关"，在害虫防治中具有极为重要的价值。

从产品突破来看，2015 年生物制药领域最大的事件莫过于是中国女科学家屠呦呦获得诺贝尔生理学或医学奖，世界卫生组织已经将青蒿素和相关药剂列入其基本药品目录，使得以青蒿素为基础的复方药物成为疟疾的标准治疗药物。奇都药业研发的匹伐他汀钙片正式上市，该药是最新一代他汀类调脂药物，具有肝细胞选择性，治疗效果良好，市场前景广阔，为高脂血症患者的治疗提供了新选择。重大新药创制科技重大专项支持的预防用生物制品 1 类新药——肠道病毒 71 型灭活疫苗获得国家食品药品监管总局生产注册批准，该疫苗由中国医学科学院医学生物学研究所自主创新研发，是继 Sabin 株脊髓灰质灭活疫苗后，新药专项取得的又一重大科技成果。

二、生物医学工程

（一）发展概况

近年来，我国医疗器械市场规模增长较快，个别年份复合增长率高达 20%，2014 年总市场规模为 2760 亿元，2015 年突破 3000 亿元。医学影像诊疗设备、体外诊断及检验产品、高值医用耗材及植入物是我国医疗器械市场的主要产品。随着经济水平、健康意识的提高，人口老龄化的加剧，医疗器械的更新换代频率加快，未来几年我国医疗器械市场将会产生更大的增长空间。但是目前国内中高端医疗器械主要依靠进口，进口金额占全部市场的 40%，国内中高端市场的七成都是进口品牌占据。我国在该领域进行研发的企业有迈瑞、宝莱特、理邦仪器、戴维医疗、新华医疗、华润万东等公司。另外体外诊断市场发展空间巨大。体外诊断在人类预防、诊断、治疗疾病等方面的作用越来越大，目前临床诊断信息的 80% 左右来自体外诊断，但其费用占总体医疗费用的比例不到 20%，未来发展空间巨大。预计到 2020 年，全球 IVD 市场将达到 716 亿美元，年复合增长率为 6.1%。我国已成为全球最大的体外诊断新兴市场。从研发能力看，我国医疗器械技术研发能力持续提升，2014 年 6 月起开始实施新修订的《医疗器械监督管理条例》，对鼓励技术创新，激发市场活力，推动医疗器械产品的升级换代和创新具有重要的推动作用。同时国家在资金上也加大支持力度，由国家发改委、工信部、科技部等部委联手制定的加快医疗器械产业发展"产业振兴和技术改造专项"将投入 15 亿元资金用于促进医疗器械领域新产品产业化和新技术应用。从企业发展看，国产医疗器械提高性能和升级换代的需求巨大，我国医疗器械产业将迎来更快发展的机会。我国心脑血管类医疗器械产业面临新的发展机遇，我国可降解心脏支架技术水平与国际水平差距较小，有机会参与国际竞争，走向世界。美敦力于 2015 年，先后并购了 Aircraft、Lazarus Effect 两家机械企业，从美敦力等医疗机械巨头的发展路径看，不断做大做强主要就是走重组并购的路线，目前中国的医疗器械产业也在复制外资巨头的成长路线。

（二）技术进展

医疗器械产业已经成为全球性的技术和经济生长点，成为一些国家和地区的支柱产业，我国的生物医学工程技术是跟踪发达国家而发展起来的，尤其是近 10 年来平均每年以 20% 以上的速度增长，市场需求不断增加，使得我国容量也快速扩大。《中国制造 2025》明确把生物医药及高性能医疗器械作为重点发展的十大领域之一，无疑令医疗器械行业无比振奋，中国医疗器械产业迎来发展黄金期。

近年来，全球的研究与应用热点主要集中于提高组织相容性、可降解化、生物功能化和智能化、纳米控释技术、治疗特性等研究。2014 年，我国在新型血管支架、骨修复材料研制等方面取得了较大进展。新型血管支架产品方面，北京美中双和公司研发的三氧化二砷缓释冠脉支架获得 CE 认证受理，目前已在全国部分临床医院开展使用，价格优势明显，打破了进口支架产品长期占据国内市场的局面。骨修复材料方面，四川大学研发的磷酸钙陶瓷骨诱导人工骨具有优良的生物相容性和骨诱导性，抗压强度和弹性模量等力学性能得到大幅提高。另外在医学检测领域，2015 年 4 月，国家食品药品监督管理总局批准博奥生物集团有限公司的恒温扩增微流控芯片核酸分析仪医疗器械注册。该产品在临床上仅限于与国家食品药品监督管理总局批准的体外诊断试剂配合使用。在生物材料领域，2015 年深圳艾尼尔角膜工程有限公司的脱细胞角膜基质医疗器械注册。该产品取材于猪眼角膜，经病毒灭活与脱细胞等工艺制备而成，在临床上适用于用药无效的尚未穿孔角膜控氧的治疗以及角膜穿孔的临时性覆盖。在医学设备领域，上海联影医疗科技有限公司 uMR770 磁共振成像系统医疗器械获得批准注册。在疾病治疗设备领域，哈尔滨奥博医疗器械有限公司的孙作东团队历时八年，研制出的"奥博阿尔茨海默治疗仪"通过了黑龙江省科技厅组织的专家鉴定。

三、生物农业

（一）发展概况

2015 年我国农业形势发展较好，全国全年粮食总产量比上年增长 2.4%。同时，我们也面临着人口数量逐渐增加，耕地总面积日趋减少，土地质量逐渐下降等粮食安全问题，生物农业的发展迫在眉睫。近年来，通过生物农业技术研制新农业产品，不仅大幅度提升了农产品的品质和产量，而且对保护农业生态平衡也有重大意义。

生物农业依靠各种生物过程使土壤保持肥力，作物得到营养，并建立有效的生物防治杂草和病虫害的体系。它包括生物育种、微生物肥料、生物饲料和生物农药等几大领域。

生物育种方面。目前我国已成为全球第二大种业市场，每年种子总用量在125 亿公斤左右，约占世界种子市场规模的 20%。从中国种业 50 强企业的经营额来看，已经从 2000 年的 30 亿元左右，增长到 2015 年的超过了 200 亿元。我国从政策上大力支持转基因研究，2015 年初的中央一号文件提出，"加强农业转基因生物技术研究、安全管理、科学普及"，2014 年中国转基因作物种植面积390 万公顷，位列全球第六。

微生物肥料方面。目前，我国农业面临的最大危机便是土壤问题，据有关机构预计，土壤污染修复潜在市场规模达万亿级别。2015 年农业部制定《2015-2020

年化肥使用量零增长行动方案》，提出"推进有机肥资源化利用"，为微生物肥料的发展提供了政策支持。2000年以来，微生物肥料产业蓬勃发展。截至2015年，全国各类新型肥料年产量突破3500万吨，年推广利用近9亿亩，促进粮食增产200亿公斤，为全国粮食增产作出了巨大贡献。当前，我国已形成微生物肥料登记企业1000余家、产能1000万吨、产值近200亿元的市场规模。

生物饲料方面。目前全球生物饲料的产值达到年均30亿美元，并在以每年20%的速度增长。国内有1000余家饲料企业专门从事益生素、生物酶制剂、植物提取物类饲料添加剂的生产。

生物农药方面。在我国生物农药产业品种结构不断调整下，组织方式持续创新，防治技术不断进步，生物农药发展迅速。我国生物农药有效成分约100个，占整个农药有效成分数量15%。2014年共登记3374个农药，生物农药占436个。我国从政策上大力支持生物农药的研究，2015年，农业部先后出台《2015年高毒农药定点经营示范项目实施指导方案》《2015年低毒生物农药示范补助试点项目实施指导方案》和《到2020年农药使用量零增长行动方案》，提出"大力推广应用生物农药、高效低毒低残留农药，替代高毒高残留农药"，为生物农药的发展指明了方向。

（二）技术进展

生物农业技术是生物技术在农业领域应用的统称，它通过借鉴自然科学及工程学的原理，利用微生物、动物、植物体等反应器，对物料进行加工，从而提供产品来为社会服务。随着世界人口不断增长和经济全球化的发展，世界各国陆续出现人口激增、耕地锐减、环境恶化等诸多问题，农业的基础和保障支撑作用显得越来越迫切，生物农业技术的作用也愈加重要。

近年来，我国生物农业技术得到了很好的发展，农业产业化的程度不断提高，已经形成了比较完善的产业体系。例如，我国的转基因水稻技术目前处于世界领先的技术水平，是全世界第二个拥有自主独立研制抗虫棉技术的国家；在细胞工程领域，我国已将常规育种技术和细胞工程技术相结合，产生了抗病毒性强的小麦品种；在微生物肥料方面，我国的"海神丰"海藻生物肥产品目前已成功打入日本及美国市场。我国生物农业技术的主要成就如5-1表所示：

表 5-1   我国生物农业技术的主要成就

领域	主要成就
生物育种	2014年10月，中国农业科学院以组学手段高通量鉴定并获得了多个新颖的玉米胚特异性启动子，为多基因转化奠定了重要的理论和双向启动子资源，为我国农业生物技术研究提供了可贵的自主知识产权的启动子资源。
	2014年11月11日，宁夏首次应用基因编辑生物育种技术培育滩羊新品系。
	2015年3月，国内首个籼型杂交旱直播稻在安徽合肥问世。
	2015年11月16-18日，第二届国际农业基因组学大会在深圳召开，不仅展示我国在农业生物遗传学与基因组学领域的最新研究进展，还将实现农业基因组学的最新成果和农业育种实践进行有效对接，提升我国种业的竞争力。
	海南将划定南繁永久保护区扶持发展种业龙头企业，希望用5-10年时间，将其打造成服务全国的现代科研育种大平台。
微生物肥料	2014年11月，由威海市世代海洋生物科技有限公司与中国农业科学院土壤肥料研究中心历时三年科研攻关研制的"海神丰"海藻生物肥产品上市销售，目前已成功打入日本及美国市场。
	2015年1月，南京工业大学徐虹教授项目组"功能性高分子聚氨基酸生物制备关键技术与产业化应用"项目，获得2014年度国家科学技术进步二等奖。该方法有效地将氮肥利用率平均提高7%-12%，为土地资源高效利用做出了重要贡献。
	2015年1月，中国科学院遗传与发育生物学研究所揭示了豆科植物根瘤发育及共生固氮的表观遗传学调控机制，从而为解析豆科植物根系结瘤途径与根瘤自调控信号途径互作维持最适根瘤数量和固氮效率的遗传机理提供了证据。
	山东农业大学专家王开运研制功能微生物菌群，具有固氮、解磷、解钾和抗病的功能，在番茄、黄瓜、西葫芦、辣椒、茄子、芸豆等多种作物上试验都取得了不错的效果，目前已在泰安市、聊城市、潍坊市等地得到运用，日后有望在全国推广。
生物饲料	山东泰田农业科技开发有限公司提交的"一种生态循环种养阴阳温室大棚"实用新型专利申请获得国家知识产权局受理，有望得到专利授权。它将喜阳作物种植、喜阴作物种植、生物饲料、禽畜养殖、沼气池、生物有机肥和沼气能源利用综合一体、互补共生，提高了土地、水肥等资源利用率，促进了农业的良性循环和生态化建设。
	在天津市蓟县，由生物饲料开发国家工程研究中心建立研发转化产业化基地。该基地将依据国家和产业发展需求，研究生物饲料关键共性技术，并建设成为面向全行业的生物饲料研发平台。

（续表）

领域	主要成就
生物农药	中哈治蝗合作第七次联合工作组会议和第五次专家技术研讨会在西安召开，双方农业部认真履行《关于防治蝗虫及其它农作物病虫害合作的协议》，有效遏制了边境地区蝗虫暴发成灾的势头，保护了边境地区农牧业生产安全和粮食安全。同时，中方在边境地区大力推广生物防治技术，推进了边境地区蝗虫可持续治理，保护了蝗区生态环境安全。
	2015年11月22–24日，由全国农技中心主办的第31届中国植保信息交流暨农药械交易会在合肥市滨湖国际会展中心隆重举行。倡导以科学安全用药的理念推进农药使用量零增长行动，集中展示了绿色环保农药和新型高效植保机械等一批新产品，生物农药、高效低毒低用量的农药品种受到广泛欢迎。

数据来源：赛迪智库根据公开资料整理，2016年1月。

四、生物制造

（一）发展概况

目前，生物制造主要包括生物发酵产业、生物基化学品、生物基材料等领域。

生物发酵产业方面。我国发酵行业经过几十年的发展，已经积累了相当丰富的经验，特别是在进入21世纪后，生物发酵逐渐渗透到医药、保健、农业、食品、能源、环保等各个领域。随着我国发酵工业的迅猛发展，年产值也逐年攀升，主要生物发酵产品产量从2011年的2230万吨增长到2014年的2420万吨，年总产值接近3000亿元。目前我国生物发酵产品产量总量居于世界第一位，成为名副其实的发酵大国。

生物基化学品方面。生物基化学品的优势是价格低廉，加工技术绿色低碳且加工流程短、成本低，不污染环境。目前，1，3–丙二醇和乳酸是最为成功的生物基化学品，其原料几乎全部来自生物基物质。随着生物基聚合物新领域的开拓，以及生物基琥珀酸项目的投产，未来几年生物基琥珀酸将得到突飞猛进的发展，其需求量在未来5年中将快速增长。

生物基材料方面。生物基材料具有低毒、价廉、生物降解、对环境友好等特点，在绿色化学中已经得到愈来愈多的关注。目前，生物质功能高分子材料和蛋白质材料等是较为常见的生物基材料，其产品已广泛应用于中草药加工、有机化工、纺织、能源、造纸等行业。在我国生物质产业和战略性新兴材料产业发展历程中，生物基材料作为重要领域之一，可以大范围地替代塑料、水泥和钢材，对于发展循环经济具有重要意义。2015 年，我国聚乳酸市场规模徘徊在 2 万吨左右，大多用于出口，而全球聚乳酸市场年均以 20%-30% 的速度增长，在聚乳酸方面，我国的中粮、海正等公司大有可为。

（二）技术进展

目前，我国各地方对生物制造产业进行了一些探索，取得了一些阶段性成果。例如，密云首家规模化生物有机肥厂在大城子镇启动建设。该项目采用生物发酵方法对畜禽粪便及废秸秆进行无害化处理，建成后预计每年可处理畜禽粪便和农业废弃秸秆 7 万吨，可年产生物有机肥 3 万吨，年产值可达 1800 万元。

锡林郭勒盟阿巴嘎旗高度重视有机肥产业的发展，通过招商引资，宝鑫生物有机肥加工有限公司年产 5 万吨有机肥项目近期落户阿巴嘎旗。该项目以牛羊粪为原料，采用 EM 技术对牛羊粪进行三次生物发酵，再经加工处理，合成一种有机的植物肥料，这种肥料不仅本身含有 N、P、K 微量元素和有机质，还能完全活化土壤中存留的 N、P、K，适用于任何土壤和作物。项目投产后，年可实现销售收入 6000 万元，利税 449.5 万元，可有效推动地方经济的快速发展，促进有机肥产业的发展，最终实现产业结构优化升级。

上海泽福食用菌种植专业合作社自 2009 年以来，率先开创了新型林地食用菌种植模式，经过生物发酵专利技术，林地废弃菌棒处理后可制成有机肥，生产出美味、营养、健康的芽苗菜，变废为宝；同时解决每年因毁烧或丢弃农产品下脚料造成的环境污染。废菌棒制成优质的有机肥回田，可以有效地改良林地土壤。在整个生产过程中不产生污染环境的废物，而且实现资源循环利用，改善和保护环境，促进农业健康发展。

吉林省大力支持生物制造产业发展，目前已掌握聚乳酸制品、生物天然气、秸秆制糖、纤维素丁醇等拥有自主知识产权的核心技术，在生物制造很多领域，都在国内处于领先水平。这些成就的取得，为吉林省发展生物制造经济打下了坚实的基础。

另外，在全国其他一些地区，也在积极探索生物制造新模式，生物制造对于产业转型升级的重要意义将更多地得到体现。

第三节　中国生物产业布局及重点企业

一、空间布局

（一）我国生物产业空间布局现状和特点

生物技术作为投入高、收益高的一个产业，研发周期较长，具有知识经济、技术密集和规模经济等特点。因此，同国外生物产业布局相似，我国生物产业在空间布局上也呈现出向经济发达地区、生物产业园区和专业知识和科研机构密集地区集聚的特点，其空间布局主要呈现以下。

集聚效应凸显。随着"十二五"时期我国生物产业的快速发展，我国生物产业在空间上主要集聚在东南沿海经济发达地区，特别是京津冀、长三角和珠三角三大区域经济增长极和科研密集区。少数地区，如西安、兰州等中心城市和东北地区生物产业基地的发展也十分迅速。这些地区生物产业的集聚发展，对优化我国生物产业结构和空间布局，建立具有国内外竞争优势的生物产业增长极起到了重要的推动作用，使得我国生物产业集聚化、特色化发展效应进一步凸显。

地域分工较为明显。不同的地域之间，因为资源优势、发展环境和发展阶段的不同，产业分工方面也存在较为明显的差异。从更细化的角度来看，我国生物产业在研发方面，大多数生物产业研发机构都集聚在北京和上海两地。众多高质量的科技研发中心和技术人才，使得两地在生物技术研发、信息和专业化服务方面具有独特的优势。而在生物产业制造方面，江苏和山东两地依托自身雄厚的基础和龙头企业的带动，成为国内重要的生物产业集聚基地。而在相关生物产业的推动下，生物产业发展热点不断涌现。以深圳和武汉为代表的生物产业发展基地正在成为我国生物产业发展的新的增长极。以太原、厦门、昆明、西安和兰州为代表的新兴热点城市，在生物产业的集聚发展中的地位也越来越突出。但是这些区域资源优势和发展阶段的不同，使得各区域在职能分工，科技创新能力方面存在差别。

在 2015 年《Nature Review Drug Discovery》中一篇对我国生物产业空间布局的研究文章中，我国生物科技集聚区被分为八大园区，它们分别是上海生物科技园区、北京 – 天津生物科技园区、苏州 – 南京生物科技园区、深圳 – 广州生物科技园区、武汉生物科技园区、成都生物科技园区、昆明生物科技园区、长春 – 哈尔滨生物科技园区。通过对这八个园区的创业指数和学术指数的对比分析，不仅可以看出我国生物产业发展的空间布局，也可以看出各大生物科技园区研发和制造方面处于不同发展水平。

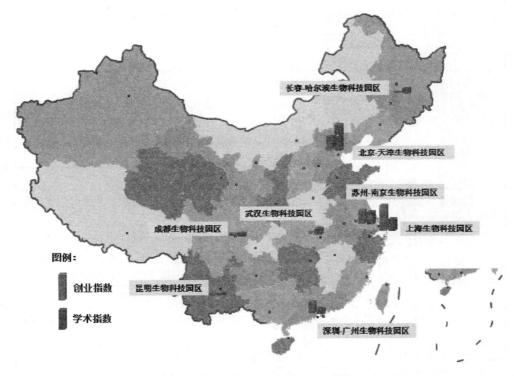

图5-1　八大生物产业科技园区创新和学术指数分布图

数据来源：Nature Review Drug Discovery，赛迪智库整理，2016 年 1 月。

基地和示范区建设快速发展。为了推动生物产业的集聚发展，发挥各地资源优势，避免资源重复建设和浪费，截至 2015 年，国家发改委已批准设立了 22个国家生物产业基地，分为国家生物产业基地（12 个）和国家高技术产业基地（10 个）两类。在工信部审批的全部六批的国家新型工业化产业示范基地中，就有 15 个示范基地属于生物产业领域。这些国家生物产业基地和新型工业化产业示范基地主要集聚在环渤海、长三角、珠三角和东北地区。生物产业基地和示范区的建设对集聚国内外优势生物产业资源，优化我国生物产业结构和空间布局起到了非常重要的作用。例如，北京已经形成了以中关村生命科学园为创新研发基地，山东德州以中国最大的生物制造基地著称，上海基地重点发展基因工程、中药等药物，郑州基地则以生物农业为特色。

表 5-2　国家级生物产业基地主导产业

基地批次	基地名称	主要领域
首批国家生物产业基地（2005年6月）	石家庄基地	化学制药、生物制药、现代中药领域、公共配套领域
	长春基地	疫苗和基因药物、生物制造、生物能源
	深圳基地	生物医药，生物制造
第二批国家生物产业基地（2006年10月）	长沙基地	生物医药、电子信息和健康食品
	广州基地	基因工程药物、现代中药、化学合成创新药物、海洋药物
	上海基地	基因工程、现代中药、化学合成创新药物、生物医学工程
	北京基地	基因工程药物和生物医学工程
第三批国家生物产业基地（2007年6月）	青岛基地	生物医药、农业生物技术和工业生物技术及传统生物技术
	武汉基地	生物制剂、诊断试剂及芯片产品、生物疫苗位和生物农业
	成都基地	现代中药、生物医药、生物农业和生物能源。
	昆明基地	生物技术服务、生物医药、生物农业
	重庆基地	生物医药、生物农业而、生物质工程、生物技术服务业
第四批国家生物产业基地（2008年2月）	哈尔滨基地	生物医药产业、生物农业
	德州基地	生物制造、生物农业、生物能源、生物制药和生物环保
	泰州基地	生物医药、生物能源和生物农药
	郑州基地	生物农业，生物制药、中药
	通化基地	生物医药
	南宁基地	生物能源、生物制药、生物制造和生物农业
	西安基地	基因工程、生物医药、生物芯片和生物农业和生物材料
	天津基地	生物医药
	南昌基地	生物医药、生物制造、生物农业
	杭州基地	生物医药、生物制造和生物农业

数据来源：赛迪智库根据公开资料整理，2016年1月。

生物医药布局进一步强化。通过国家生物产业基地的主要产业布局现状可以看出，生物医药是目前我国生物产业发展的主力，其占有重要的地位。为此，研究生物医药产业的发展对我国生物产业的空间布局具有十分重要的作用。截至2015年，生物医药领域在上证和深证上市企业为31家，在地域分布上，其中华北、华东地区各为9家，华东地区为8家，西南地区为3家，西北和东北地区各为1家。从各省市医药工业企业数看，2014年全国医药工业企业法人单位企业数共有2048家，排名前10位的省市企业数占总数的比例达61%，分别是浙江、上海、吉林、山东、北京、辽宁、江西、云南、广东、湖南，其中浙江排名第一（289家）。通过对工信部发布的医药行业工业企业快报中公布的2015年中国医药企业百强名单可以看出，绝大多数企业分布在环渤海、长三角和珠三角区域，江西、陕西、湖南、云南在部分城市也形成了一定的生物医药产业规模。

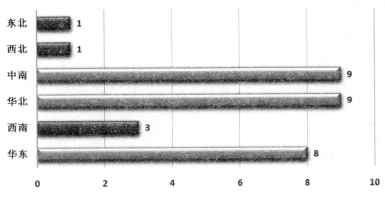

图5-2　国内上市生物医药科技企业地域分布

数据来源：万得资讯，赛迪智库整理，2016年1月。

表5-3　我国生物医药产业主要集聚区

所属地区	主要集聚区
吉林	长春高新区、经开区
北京	中关村生命科学园、大兴生物医药基地、北京经济技术开发区
天津	滨海新区生物医药产业基地、天津开发区
山东	青岛蓝色生物医药产业园、济南医药生产基地
江苏	泰州国家级生物医药高新区、常州生物医药产业园、大丰海洋生物产业园

（续表）

所属地区	主要集聚区
上海	以浦东张江-周康、闵行和徐汇为中心的生物医药研发、临床服务外包和产业基地，以奉贤、金山、青浦为重点的生物医药药物制造基地
浙江	余杭生物医药高新区、杭州经济技术开发区、南太湖生物医药产业园
广东	南澳、光明片区药物生产制造，深圳高新区
湖北	武汉东湖国际生物医药研发基地，吴家山、沌口、庙山药物生产制造园区、光谷生物城
湖南	长沙国家生物产业基地

数据来源：赛迪智库根据公开资料整理，2016年1月。

总体来看，我国生物产业已初步形成了一定的集聚发展效应，显现出东部沿海城市代表的京津冀、长三角和珠三角三大产业发展集群和以中西部多个城市迅速崛起的空间布局特征。

（二）我国生物产业空间布局发展趋势

"十三五"时期，随着第三次科技产业革命变革的到来和人们对生物医药、生物农业和生物能源的广泛需求，我国生物产业将迎来更加快速发展的时期。我国生物产业空间布局在目前空间布局的基础上，将呈现出以下趋势。

首先是区域不平衡发展将进一步凸显。东部沿海地区，特别是京津冀、长三角和珠三角地区将依托丰富的科研和人才资源，完备的市场条件继续推动生物产业的集聚发展，东部沿海地区与中西部差距将进一步拉大。例如，北京拥有许多科研中心以及大量的生物医药人才，在生物医药的技术研发、信息和技术服务等方面有着举足轻重的作用。上海的生物医药产业基础雄厚，拥有众多跨国生物医药企业与国际金融机构，是生物医药跨国公司在中国研发、制造、投资和营销的中心，未来较长时期内仍将引领中国生物医药产业发展。

其次是地域分工更加明显。上海、北京将进一步吸引和聚集更多的生物产业研发要素成为全国生物产业技术研发引领中心。江苏、浙江、山东等省市在生物制造领域依托龙头企业的带动，发展将更为迅速。随着中国国家基因库在深圳的建立，深圳市生命科学研发水平快速提高。武汉市高度重视生物医药产业，计划将武汉国家生物产业基地打造成为生物产业新城。随着山西生物医药物流配送体系的建立，将形成生物医药产业集群。甘肃省利用丰富的中医药资源，发展一大批具有民族特色的生物医药企业。此外，昆明、西安等区域中心城市也将发挥本地环境、原料、市场等优势，成为生物医药的新兴热点城市。

二、重点企业

我国生物产业按照细分领域分类，主要包括生物医药、生物医学工程、生物制造、生物农业和生物质能等五大重点领域。各大领域也已经形成了一大批成长迅速、规模不断扩大的大中小型企业，其中主要企业分布如下：

表 5-4　31 家生物科技上市企业一览

序号	股票代码	企业简称	总资产（亿元）	序号	股票代码	企业简称	总资产（亿元）
1	002252	上海莱士	111.7	17	300289	利德曼	15.5
2	300142	沃森生物	66.3	18	002693	双成药业	14.0
3	600161	天坛生物	58.1	19	300347	泰格医药	14.0
4	600195	中牧股份	46.0	20	000403	ST生化	12.3
5	002007	华兰生物	39.1	21	300406	九强生物	11.9
6	000661	长春高新	36.0	22	300294	博雅生物	11.3
7	300199	翰宇药业	32.0	23	300009	安科生物	9.6
8	300122	智飞生物	26.0	24	000518	四环生物	8.6
9	600645	中源协和	25.7	25	300313	天山生物	8.3
10	600201	金宇集团	23.7	26	300401	花园生物	7.5
11	300463	迈克生物	23.0	27	300238	冠昊生物	7.14
12	002030	达安基因	22.9	28	300239	东宝生物	5.3
13	300204	舒泰神	19.4	29	300404	博济医药	5.1
14	002022	科华生物	17.83	30	000004	国农科技	3.6
15	002166	莱茵生物	16.5	31	000504	南华生物	1.1
16	603108	润达医疗	15.6				

数据来源：万得资讯，赛迪智库整理，2016 年 1 月。

表 5-5 生物产业主要细分领域和重点企业

主要领域	重点企业
生物医药	天坛生物、安科生物、信立泰、复星实业、海王生物、北生药业、东阿阿胶、通化东宝、云南白药、丰原药业、四环生物、华神集团、科华生物、华兰生物、舒泰神、千金药业、广州药业、力生制药、智飞生物等
生物医学工程	通化东宝、西藏药业、益佰制药、天目药业、长春高新、达安基因、中新药业、海正药业等、中源协和等
生物制造	万东医疗、新华医疗、鱼跃医疗、乐普医疗、阳普医疗、九安医疗等
生物农业	凯迪生态、民和股份、中粮生化、神农基因、登海种业、隆平高科等
生物质能	凯迪生态、韶能股份、中粮生化、龙力生物、华西能源、科迪股份、迪森股份等

数据来源：赛迪智库根据公开资料整理，2015 年 12 月。

通过以上分析看出，在生物产业的几大领域中，生物医药企业无论在规模上还是数量上都远超其他领域。为此，我们需要重点分析下生物医药领域的企业。如中国生物技术股份有限公司，简称中生股份，其前身是我国最早的生物制品研究机构北洋政府中央防疫处。作为一个已有上百年发展历史的大型生物制品研究和生产集团，该公司目前下辖北京、长春、成都、兰州、上海、武汉六个生物制品研究所，拥有北京天坛生物制品股份有限公司（上市公司）、北京微谷生物医药有限公司、北京中生国健医药有限公司、吉林博德医学免疫制品四家子公司。安徽安科生物工程（集团）股份有限公司简称安科生物，是国家火炬计划重点高新技术企业，首批中国创业板上市公司。该公司的细胞工程产品、基因工程产品等生物药品的研发技术能力在国内外处于前列，多项产品获得国家科技进步奖和安徽省重大科技成就奖。

表 5-6 生物医药重点企业介绍

企业名称	主要领域	行业地位
中国生物技术股份有限公司	疫苗及血液制品研究及生产	截至2015年，公司总资产达到200亿以上。作为我国最大的血液制品生产和供应商，其采浆量位列行业第一。公司疫苗批签发数量占到我国疫苗批签发的总量的一半以上，是我国最早的天花、霍乱、伤寒、狂犬疫苗等生物制品的研发和生产者。其下属成都生物制品研究所有限责任公司生产的乙型脑炎减毒活疫苗通过WHO预认证，是全球首个通过WHO预认证的乙脑疫苗。

（续表）

企业名称	主要领域	行业地位
深圳信立泰药业股份有限公司	心血管、头孢类抗生素、骨吸收抑制剂等	截至2015年第三季度，公司总资产达到51.9亿元。公司主营为心血管类、头孢类抗生素、骨吸收抑制剂类等药物的研发、生产和销售业务。2015年12月份，公司以3715万元增资成都金凯，持股比例由80%提升至90%，已具备生物药物设计，细胞株开发到新药注册的全流程的药物研发生产能力。同时具备抗体药物和蛋白药物优化创新的FC嵌合技术平台和CTP嵌合技术平台，生物制药开发平台国内领先。
中源协和细胞基因工程股份有限公司	生命科学技术、干细胞基因工程产业、生物医疗和基因制药	截至2015年第三季度，公司总资产达到25.7亿元。公司拥有我国唯一的干细胞产业化基地和全国仅两张的干细胞库许可证，同时公司作为亚洲脐血库组织的首批成员拥有亚洲最大的脐带血造血干细胞库。
安徽安科生物工程(集团)股份有限公司	基因重组制品、凝胶剂及其原料、药物、诊断试剂、生物技术和生化工程	截至2015年第三季度，公司总资产达到9.5亿元。作为一家医药高新技术企业，主导产品包括重组人干扰素α2b（安达芬）系列制剂、重组人生长激素（安苏萌）、抗精子抗体检测（MAR）法试剂盒（安思宝），产品远销十多个国家和地区。其中（安达芬）是我国第一个国产化干扰素α2b，国家"863"计划成果"安思宝"是国际上第一个商业化的MAR法抗精子抗体检测试剂。

数据来源：赛迪智库根据公开资料整理，2015年12月。

表5-7 生物质能重点企业介绍

企业名称	主要领域	行业地位
迪森股份	燃料(BMF、BGF、EGC-F)和热力(蒸汽、热量)	截至2015年第三季度，公司总资产达到11.8亿元。作为一家利用生物质燃料为客户提供清洁能源服务的高新技术企业，业务覆盖了生物质能源产品的固态、液态、气态等三种形态。具体分别为生物质成型燃料（BMF）、生态油（BOF）、生物质可燃气（BGF）。根据预测，该公司生物质能供热供气项目到2020年项目全部达产后可实现净利润1.27亿元。
中粮生化	燃料乙醇、柠檬酸、L-乳酸、环氧乙烷、氨基酸等	截至2015年第三季度，公司总资产达到69.1亿元。公司是生化领域涉足农产品深加工的大型骨干企业，连续五次获得"农业产业化国家重点龙头企业"称号。作为国内最大的燃料乙醇和柠檬酸生产和研发企业，目前拥有44万吨的燃料乙醇生产能力。非粮生物能源和生物化工品是未来公司重点发展的方向。

数据来源：赛迪智库根据公开资料整理，2015年12月。

　　近年来，虽然我国生物医药产业发展非常迅速，但我国生物医药企业与欧美等发达国家相比，在投资资金、研发能力以及市场的控制和占有率等众多方面仍有较大差距。2015年世界生物医药百强名单中，我国没有一家企业上榜，推动生产科技企业的规模壮大、提升自身创新竞争力的道路依然漫长。

第六章 高端装备制造产业

高端装备制造产业是《"十二五"国家战略性新兴产业发展规划》（国发〔2012〕28号）明确发展的七大重点领域之一，主要包括航空装备、卫星及其应用、轨道交通装备、海洋工程装备和智能制造装备五大类。

第一节 国内外高端装备制造产业发展动态

一、整体概况

（一）从国际看，全球化合作成为装备制造产业发展的主流趋势

装备制造业具有投资体量大、技术含量高、包含领域多、应用范围广的特点，在产业发展过程中往往涉及多个国家、多个领域、多个企业的共同合作，且这种趋势呈现出跨领域、跨国界、全球化的特点。例如在航空装备、卫星及其应用领域，欧洲各国依托欧洲航天局和欧洲气象卫星应用组织等机构，在全球环境与安全检测计划、伽利略全球卫星导航系统等领域进行合作开发。在轨道交通装备领域，超过30个国家与我国签订高铁合作协议，实施高铁线路合作建设和高铁装备的进口。在海洋工程装备领域，中国和新加坡等国的海洋工程装备企业加速向墨西哥、巴西等国家布局企业。例如，中国泰富重装集团有限公司与巴西Galaxia公司签署逾4亿美元的海工装备合作建造协议，并提供海工支持船（OSV）服务[1]。

---

[1] 中国船舶网：《泰富重装获得巴西海工装备大单》。2014年11月21日。见http://www.chinaship.cn/topnews/1762.html。

（二）从我国看，《中国制造2025》助推装备制造业迎来快速发展

一是产业规模不断扩张。《中国制造2025》提出的十大重点领域，其中7个为高端装备制造行业，这为我国高端装备制造业创造了良机。据商务部发言人沈丹阳[1]透露，2015年前七月，工业自动控制系统装置制造、通信设备制造和计算机整机制造等产业实际使用外资同比分别增长405.4%、366.4%和149.9%，远高于同期制造业−5.4%的平均增速。利用外资规模的高速增长，从侧面反映了高端装备制造业的快速发展势头。

二是涌现出一批特色优势产品。经过多年的发展，装备制造业部分领域形成了一批具有国内外竞争力和影响力的特色优势产品。如航空航天领域，C919大型飞机在上海总装下线，我国自行研制的ARJ21−700新支线客机正式交付给首家客户——成都航空公司，高分二号卫星和高分四号卫星相继发射成功；轨道交通装备领域，"中国标准"动车组正式下线，中低速磁悬浮在浏阳河以西段进行了试车运行。

三是"走出去"步伐不断加快。借助"一带一路"战略的实施，我国高端装备制造产业"走出去"步伐加快。据统计，我国装备制造业总规模占到世界的三分之一。其中，电力装备约占全球的61%，造船工业占到41%，高铁拥有量位居世界首位。核电领域，我国与阿根廷、南非、法国、巴基斯坦等多个国家或地区签署合作协议，共同开展项目建设。

二、存在问题

一是产业分化较为突出。轨道交通装备凭借过硬的技术实力，呈现良好发展态势，成为我国装备制造业发展的排头兵。2015年前三季度，我国轨道交通装备出口额达到256.4亿元，比2014年同期增长25%；其中，铁道及电车道机车、车辆出口额达到145.8亿元，增长20.2%，占轨道交通装备出口总值的56.9%；铁道及电车道机车、车辆零部件出口额为64.7亿元，增长34.9%，占比达到25.2%[2]。而数控机床、航空装备等，相对产业规模较小，国内市场培育不足，产业规模效应尚未充分体现。

二是研发创新能力不强。以海洋工程装备为例，在浅水油气装备领域，我国

---

[1] 《前7月我国高端装备业实际使用外资猛增》。2015年08月19日。见http://www.hkkn.com/hkknr1x50819n419233562.html.

[2] 《2015年前三季度中国出口轨道交通装备256.4亿元同比增长25%》。2015年11月06日。见http://www.askci.com/news/chanye/2015/11/06/172923dcjb.shtml。

基本实现了自主设计和制造，深海装备取得较大突破，并形成了若干知名品牌。但总体来看，我国海洋工程装备产业较发达国家仍处于初始阶段，产业规模较小，市场份额偏低，创新能力薄弱，核心技术和装备严重依赖进口，产业低端锁定特征突出。这些问题的存在，制约了我国海洋工程装备产业的进一步发展壮大。

三是关键部件和工艺仍然不强。例如，在数控机床领域，关键功能部件，尤其是技术含量较高的关键功能部件研发和产业化速度较慢，市场大多被国外产品占据；关键数控系统的适应性和性能指标无法满足用户需求；工艺验证方面也是一大短板。

三、政策动态

2015年，中央和地方在高端装备制造产业领域继续完善相关政策体系，推动高端装备制造业实现快速发展。

中央发布的主要政策如下：

工信部、国家标准化管理委员会发布《国家智能制造标准体系建设指南（2015年版）》（以下简称《指南》）。《指南》从总体要求、建设思路、建设内容和组织实施方式等四个方面明确了智能制造标准体系的框架要求。《指南》提出，要"建成覆盖5大类基础共性标准、5大类关键技术标准及10大领域重点行业应用标准的国家智能制造标准体系"。5大类基础共性标准包括基础、安全、管理、检测评价和可靠性等五个部分，5大类关键技术标准包括智能装备、智能工厂、智能服务、工业软件与大数据、工业互联网等五个部分，10大领域即《中国制造2025》中提出的重点领域，同时兼顾传统制造业转型升级。《指南》采取滚动修订制度，每2-3年修订一次[1]。

工信部印发《2015年智能制造试点示范专项行动实施方案》（以下简称《方案》）。《方案》提出连续3年实施试点行动，其中：2015年启动首批30个以上智能制造试点示范项目；2016年一边示范、一边总结、一边推广；2017年在全国大范围推广。具体行动方面分6类实施，一是以智能工厂为代表的流程制造试点示范，二是以数字化车间为代表的离散制造试点示范，三是以信息技术深度潜入为代表的智能装备和产品试点示范，四是以个性化定制、网络协同开发、电子商务为代表的智能制造新业态新模式试点示范，五是以物流信息化、能源管理智

---

[1] 资料来源：《国家智能制造标准体系建设指南（2015年版）》。

慧化为代表的智能化管理试点示范，六是以在线监测、远程诊断与云服务为代表的智能服务试点示范[1]。

工信部、国家发改委、财政部三部门印发《国家增材制造产业发展推进计划（2015-2016年）》（以下简称《计划》）。《计划》提出，"到2016年初步建立较为完善的增材制造产业体系，整体技术水平保持与国际同步，在航空航天等直接制造领域达到国际先进水平，在国际市场上占有较大的市场份额"。围绕这一目标，《计划》提出了5项推进计划；一是着力突破增材制造专用材料，二是加快提升增材制造工艺技术水平，三是加速发展增材制造装备及核心器件，四是建立和完善产业标准体系，五是大力推进应用示范。此外，从组织协调、财税政策、投融资、人才培养和引进、以及国际交流与合作等5个方面提出了相应保障措施[2]。

国家标准委办公室、工信部办公厅发布《关于组织开展高端装备制造业标准化试点工作的通知》（以下简称《通知》）。《通知》提出，"通过强化高端装备制造业标准的实施，加快技术标准的研制，完善技术标准体系，加速创新成果应用和产业化，促进装备制造业由大变强"。为实现这一目标，《通知》提出了5项任务，一是促进标准化与科技创新、产业发展的有机衔接，二是建立健全标准体系，三是推动标准实施，四是推动装备标准"走出去"，五是强化标准化服务。此外，《通知》对申报条件、申报程序和要求进行了明确[3]。

此外，各地方也结合自身产业基础，发布了具有地方特色的产业政策。如：

浙江省发展和改革委员会、浙江省经济和信息化委员会发布《浙江省高端装备制造业发展规划（2014-2020年）》（以下简称《规划》）。《规划》提出，"到2020年，高端装备制造业成为全省重要的支柱产业，建成以创新引领、智能高效、绿色低碳、结构优化为核心特征的高端装备制造业体系，高端装备制造业发展水平位于全国前列，成为我国重要的高端装备制造基地"。并提出了10大重点领域，包括：新能源汽车及轨道交通装备、高端船舶装备、光伏及新能源装备、高效节能环保装备、智能纺织印染装备、现代物流装备、现代农业装备、现代医疗设备与器械、机器人与智能制造装备以及关键基础件等。最后提出了7个方面的任务与举措，包括培育一批"名企"、推进一批项目、开发一批新产品、做强一批产业链、

---

[1] 资料来源：《2015年智能制造试点示范专项行动实施方案》。
[2] 资料来源：《国家增材制造产业发展推进计划（2015-2016年）》。
[3] 资料来源：《关于组织开展高端装备制造业标准化试点工作的通知》。

打造一批产业平台、发展现代制造模式、优化发展环境等[1]。

广东省质监局、广东省经济和信息化委员会《广东省高端装备制造产业标准体系规划与路线图 (2015–2025 年)》。早在 2010 年，广东省就确定了高端新型电子信息、新能源汽车、LED 照明、生物、高端装备制造、节能环保、新能源、新材料，以及电子商务等 9 个战略性新兴产业。其中，高端新型电子信息、LED 照明、电动汽车的标准体系规划与路线图已经发布。此次发布的高端装备制造产业标准体系规划与路线图，对智能制造装备、通用航空装备、城市轨道交通装备、海洋工程装备及船舶制造四个产业的标准体系进行了规划，明确了推进进程和目标，是国内首个区域性高端装备制造产业标准体系规划与路线图[2]。

广东省人民政府办公厅发布《珠江西岸先进装备制造产业带布局和项目规划》(以下简称《规划》)。《规划》提出，"重点建设珠江西岸先进装备制造产业带，到 2020 年，力争建设成国内领先、具有国际竞争力的先进装备制造产业基地"。发展的重点领域包括：智能制造装备、船舶与海洋工程装备、节能环保装备、轨道交通装备、通用航空装备、新能源装备、汽车制造、卫星及应用、重要基础件和生产服务业共 10 个领域。此外，明确了重点发展的产品和重大项目情况[3]。

第二节　中国高端装备制造产业重点领域分析

一、航空装备产业

（一）发展概况

航空航天是技术密集型先进制造业，占领着高端制造业的制高点。最近几年，我国航空装备产业稳步推进，逐步向大飞机研制发展。经济危机之后，国外对航空航天产业的技术研发投入急剧下降，导致国外航空航天产业基本处于停滞状态。全球航空航天产业受到欧债危机的影响，发展疲软，增速极为缓慢。而我国的航空航天产业在相关政策刺激和大飞机等重大项目的支持下，稳步发展，取得了良好的成绩。随着我国的经济发展，民用航空制造业在国家的战略地位上处于越来越重要的地位，推动了航空装备产业的全面发展，未来几十年将是航空装备产业

---

[1] 资料来源：《浙江省高端装备制造业发展规划（2014–2020年）》。
[2] 资料来源：《广东省高端装备制造产业标准体系规划与路线图(2015–2025年)》。
[3] 资料来源：《珠江西岸先进装备制造产业带布局和项目规划》。

发展的黄金十年，会涌现出一系列重大成果。随着社会的发展，对民用运输飞机的需求将会逐年增多，会带动相关装备制造行业的发展，机身结构设计、航空用新材料、动力系统、导航系统、电子雷达系统和一些关键零部件会有很好的发展空间。整个行业的发展增加速度应该达到 20% 到 30% 之间。航空装备领域的融资非常充足，以中国进出口银行为代表的金融投资机构，对航空装备产业进行了接近 2000 亿元人民币的融资规模，这对航空装备产业的发展意义重大。在这些资金的支持下，研发机构可以投入更多的资金到航空装备相关的研究中去。

（二）技术进展

1. 大飞机制造

我国航空装备产业最近几年的重点也一直专注在大飞机的制造上面。习近平主席曾经说过："大型客机研发和生产制造能力是一个国家航空水平的重要标志，也是一个国家整体实力的重要标志。制造大飞机承载着几代中国人的航空梦。" C919 大型客机、ARJ21 涡扇支线飞机、"歼十五"舰载战斗机和中型直升机是我国大飞机制造的一部分发展成果。2015 年 11 月 2 日，在上海举行的大飞机 C919 总装下线仪式，标志着我国的航空装备制造业迈入了一个新的台阶。这是一个历史性的时刻，中国开启了自主航空装备制造行业的新起点。C919 飞机属于国产的中程干线客机，在 2008 年立项，计划在 2016 年交付用户。总体来说 C919 具有巡航气动效率高、维护成本和油耗低、噪声小等特点，从基本数据来看，C919 是一款十分出众的干线客机。C919 大型客机的 C 就代表了中国，19 则表示最大载客量 190 人，而它的最大航程是 5555 公里。之所以选择 190 座作为我国大飞机研制的起点，是因为从这一个级别的飞机开始的研发技术风险较低，而且根据民航市场的数据显示，这一级别的飞机的需求量是最大的。国内的航空公司这一级别的飞机大多用的是波音 737 和空客的 A320，因此，C919 的竞争对手也就主要是这两款飞机。

除了在民航领域有重大的应用以外，在军事领域，大型的客机是不可或缺的飞行平台，例如美国利用波音 737-800 作为 P-8 反潜巡逻机，还有用作空中加油机，这些都需要在大型客机的技术基础上才能完成研发，所以研发大型客机是关乎国计民生的大事。关于国产的大飞机 C919，大飞机机舱的座位环境是决定乘客舒适度和健康的重要条件，利用天津大学完成的空气分配系统技术，通过数

值模拟仿真和优化设计，使得机舱内的空气比传统的飞机更为新鲜，提升了 20%
以上。这项技术在国内还属于空白领域，大飞机使用这项技术在提高旅客舒适度
上面处于国际领先水平。虽然这架飞机的技术和国外相比还有很大的差距，但是
它完全是我国自主研发的技术，这也仅仅是一个开端，一个向世界宣告中国航空
事业崛起的开始。11 月 2 日 C919 大型客机总装下线后，11 月 29 日，我国自行
研制的 ARJ21-700 成功首飞。尽管我国大飞机的制造很多关键性零部件还是依
赖于从国外的经销商进口，但是这是一个从无到有的质变的过程，不管是军事国
防领域还是民用商用客机领域，之前因为我国没有这方面的技术，常常受制于人，
现在有了大飞机的成功下线，标志着我国航空工业的新起点。在不久的将来，我
国的大飞机制造领域会像中国的高铁领域一样，消化吸收完国外的技术后，发展
成为国际领先的技术，这一天指日可待。

2. 航空发动机

航空发动机技术是高新技术最集中的领域之一，材料、加工工艺和测试等都
具有严格的要求，航空发动机领域需要国家大量的投资，需要长期的数据累计，
主要有以下几个特点（见表 6-1）。

表 6-1　航空发动机特点

特点	说明
工况复杂	涡轮驱动压气机每秒转速达上千转，涡轮线温度达 1500℃甚至更高；压力约 20-40 个大气压，1-2 吨自重要产生推力几千到几万公斤
制造要求高	零件加工精度到微米级别；零件数量几千到上万个
研制费用高	研制一台需要 15 亿-30 亿美元
研制周期长	一般需要 15 年以上
试验、改进多	整台发动机的实验时间需要 2-4 万小时

数据来源：赛迪智库整理，2015 年 12 月。

我国的航空发动机与国外的发动机相比较而言，有很大的差距，首先就表现
在研制水平上，如下表 6-2 所示可以看出国内外水平的差距。

表 6-2 航空发动机国内外的差距

国内	国外
配套第三代飞机的发动机2005年设计定型，典型型号：太行	美国配套第三代飞机的发动机分别在1974年、1985年服役，典型型号：F100、F110
大涵道比涡扇发动机刚刚立项开始研制	美国70年代初投入使用。典型型号：TF39-GE-1A、TJ9D-3
通过引进国产的WZ8发动机90年代投入使用	70年代法国海豚直升机的发动机阿赫耶1C投入使用

数据来源：赛迪智库整理，2015年12月。

我国的航空发动机在过去的50年取得了较大的进展，表6-3是我国主要军机和发动机的配套情况，我国中航发动机公司的发动机在国内市场上占有很大的比例。

表 6-3 我国主要军机和发动机配套情况

军机机型	军机制造商	发动机型号	发动机制造商
轰6	西飞	WP8	中航发动机公司
强5	洪都	WP6	中航发动机公司
歼7系列	中航下属单位	WP7、13	中航发动机公司
歼8系列	中航下属单位	WP7、13	中航发动机公司
飞豹	西飞	斯贝/秦岭	英国RR/中航发动机公司
枭龙	中航下属单位	RD93	俄罗斯
歼10	中航下属单位	AL-31太行	俄罗斯/中航发动机公司
歼11	中航下属单位	AL-31太行	俄罗斯/中航发动机公司
运7	西飞	WJ5A-1	中航发动机公司
运8	陕飞	WJ6	中航发动机公司
直8、直11、直9	昌飞、哈飞	WZ	中航发动机公司
JL9	洪都	WS8	中航发动机公司

数据来源：赛迪智库整理，2015年12月。

二、卫星及应用产业

（一）发展概况

我国卫星产业处于加速发展阶段。根据2015年10月29日发布的《国家民用空间基础设施中长期发展规划（2015-2025年）》，在未来的十年内，我国的卫星产业将迎来发展的黄金时代。在技术水平提高和消费者需求力度强化的共同作用下，卫星应用产业的市场空间正在变得越来越巨大。卫星应用产业主要包括卫星导航系统、遥感卫星等。我国在卫星及应用上有着很高的技术积累，长征系列火箭是发射卫星的最佳手段。目前我国的卫星导航系统推出了完全自主的北斗导航系统，虽然目前还没有推广开，但是有很大的前景。遥感领域近些年一直处于高速发展阶段，技术发展趋势是朝着高精度、高分辨率的方向发展，我国相继发射了高分系列的卫星，开启我国高分辨率遥感领域的新纪元。

（二）技术进展

1. 卫星导航系统

卫星导航系统主要应用于交通运输等行业。应用于交通运输行业所包括的公路、铁路、内河运输、远洋运输、应急救援和交通物流等多个领域，具有分布广、距离远、跨度大等特点，卫星导航系统在交通运输业的应用十分重要。根据相关统计数据显示，目前 90% 以上的卫星导航系统应用在交通领域。由于美国 GPS 发展较早，技术较为成熟，因此占据了市场的主导地位，我国的交通运输行业卫星导航应用目前仍然被 GPS 压倒性的垄断着。随着北斗卫星导航系统的发展，我国交通运输行业卫星导航技术正在逐步用北斗来取代 GPS，摆脱对 GPS 的依赖。交通运输行业是北斗系统的最大客户，为了推广北斗系统的应用，我国出台了相关的政策来推动交通运输行业对北斗系统的应用，近年来卓有成效。2011 年 10 月启动了重点运输过程监控管理服务示范系统工程，是我国第二代卫星导航系统科技重大专项启动的首个示范工程，是由交通运输部和总装备部共同组织实施的，其目的是为了促进北斗卫星导航系统在交通运输行业的应用。在交通运输行业广泛应用北斗卫星系统，对我国保障道路运输安全和规范道路运输经营行为并且提升服务水平有很重要的意义，同时可以降低对国外 GPS 等导航系统的依赖性，对提高自主卫星导航系统的研发和推广有着战略性的意义。除此之外，北斗卫星还可以在海上搜救系统开发上大有作为。目前的智慧城市、物联网等新概念的出现，都需要卫星系统的参与，我国的卫星产业需要抓住这一机遇，推动卫星及应用产业发展，提升我国的技术实力。

2. 高分辨率遥感卫星

从 2013 年开始，我国开始投入使用高分一号卫星，开启了我国遥感卫星应用的新时代。随着科技的进步，航空航天遥感正在朝着更高分辨率的方向发展，多极化、多角度是其主要发展方向。所谓的空间分辨率是指卫星能够看到地面的精度，时间分辨率指的是重复观察同一地点的时间，我国的高分一号卫星观察整个地球的时间仅为 4 天。2014 年 8 月，高分二号成功发射升空；接着，2015 年 12 月 29 日 0 时 04 分，我国在西昌发射中心成功将高分四号卫星送入太空；预计在 2016 年会相继发射高分三号和五号卫星。

3. 卫星技术产业化

卫星的产业化势在必行。卫星就代表了数据，并且是大量的实时数据，随着大数据、物联网、云计算、智慧城市和车联网等相关概念的提出，卫星产业的地位变得越来越重要。所有卫星产业最大的特点是供给创造需求，先有了大量的数据，再来服务于相关的行业。就目前的现状来看，各行各业都需要大量的卫星数据。随着下游产业的辐射面积越来越大，卫星产业与商业产业的合作变得有更多的交叉性，这也很大程度上的改变了卫星产业的格局。

中国十分重视新型卫星的研制。中国航天科技集团正在与法国的一个公司一起研制中法海洋卫星。中法海洋卫星是为了监测海洋风浪情况，利用了中国航天东方红卫星的 CAST2000 小卫星平台，该平台已经成功服务了十余颗卫星，技术相当成熟。

三、轨道交通装备产业

（一）发展概况

轨道交通装备产业是我国当代制造业发展的排头兵。随着中国高铁走向世界和国内城市化建设的进行，我国轨道交通装备行业近几年一直处于加速增长的态势。全球轨道交通装备行业有很大的需求，美国、日本、德国等在轨道交通装备行业里有很强的实力，中国要想在强国如林的世界环境下占有一席之地，需要保证轨道交通装备质量的前提下降低成本。目前，随着"一带一路"战略的推动，我国轨道交通装备制造业将出现非常可观的市场。与发达国家相比，我国的轨道交通装备产业已经拥有了足够的竞争优势。例如，我国高铁技术有很高的性价比，据有关报道，德国已经和中国敲定了相关项目合作。中国高铁的建造成本较低，建设周期短，质量有保证，是需要建设高铁国家的首选。在消化吸收了法国高铁技术的基础上，我国高铁技术青出于蓝而胜于蓝，已经发展成为了世界的领先水平。随着未来化石燃料的枯竭和对环境生态越来越重视，用高铁来取代飞机，不仅清洁无污染，满足绿色发展的要求，并且高铁的准时性和舒适性提高了人们出行的便捷程度。虽然我国的轨道交通技术在世界已经处于优势地位，但是仍然面临着很多挑战。我们需要加强前瞻性的研发设计，用不断的技术创新来稳住市场的领先主导地位。国家发改委提出要加快推进轨道交通装备产业化，相关的轨道交通装备企业应该抓住这一契机，用智能制造、互联网思维来定位企业的发展方向。

（二）技术进展

1. 低地板现代有轨电车

低地板现代有轨电车是长客股份承担的国家科技部"十一五"重点科技支撑项目，2010 年 8 月通过科技部专家验收，具有完全的自主知识产权，填补了我国有轨电车与地铁车辆间的运载技术空白，也为现代城市轨道交通提供了全新的选择。"100% 低地板"现代有轨电车造价低，并且节能环保，轨道可直接在现有的马路上铺设，车辆在地面停靠，建造成本是地铁的 30% 左右。用这种车辆建立客运系统，载客量、稳定性、乘坐舒适感均高于公共汽车，且具有城市观光功能。低地板轻轨车车辆地板距轨道面低于 40 厘米，其中技术难度最大的是"100% 低地板"轻轨车。

2. 中低速磁悬浮系统

磁悬浮技术是轨道交通行业里目前为止最新的技术。高速磁悬浮适用于长途运输，而中低速磁悬浮则适用于城市里的轨道交通运输，磁悬浮的造价要比地铁和轻轨低，而且运行速度要更快。目前，北京门头沟的 S1 中低速磁悬浮已经开工建设。长沙磁悬浮是长沙南站与雨花机场之间的线路，最高运营速度为 100 公里每小时，建成以后将是国内首条低速磁悬浮线路。长沙机场线的中低速磁悬浮已经于 2015 年 10 月份在浏阳河以西段进行了试车运行，运行结果良好，具有行车状况平稳、无噪声、无振动等优点。中低速磁悬浮列车的成本低、运行稳定等特点是未来推广的主要动力。

四、海洋工程装备产业

（一）发展概况

在国家建设海洋强国战略指导之下，近年来我国的海洋工程装备取得了较快的发展。随着陆上资源的匮乏，油气开发正在不断地向深海领域扩展，油气开发平台正由半潜式平台向海底式转移，逐渐开始用水下生产技术来建设深海和超深海油田。深海空间站具有不受风浪影响的特点，可以大幅度提高工作效率，并且能延长工作时间和提高有效作业负载。经过近些年的发展，我国已经基本具备了部分深海海洋工程装备的设计建造能力。

（二）技术进展

1. 深海探测装备

深海探测装备方面，我国发展迅速，取得了很大进展。传感器是海洋探测装备的重要组成部分，是监测海洋动态的关键技术所在，我国已经研制出了多种海洋观测仪器，主要有高精度 CTD、重力仪、海流剖面仪等，极大地促进了我国海洋监测的发展。在海底观测与样品采集上，我国已经研制出多款设备，呈现出多样化的特征，主要有从卫星遥感到水下观测平台的观测方式，有浮标、潜标等被动观测技术，同时也有 AUVROV、载人潜器等自主观测技术；关于深海取样上主要有深海电视抓斗、多管取样装置等。除了上述具体的仪器和技术，我国的深海探测装备正在准备建立海洋观测网系统，该系统目前正处于探索阶段，正在进行小规模的示范区建设，但在供电技术、海底观测组网等技术方面已经有了突破。

2. 高技术船舶

我国已经开始设计并建造全球首艘真正意义上的智能船舶。智能船舶是指以大数据为基础，利用实时的数据传输与分析，对船舶进行远程的控制，并让船舶能够智能化的感知、决策和控制，从而更好地保证船舶的安全航行。对于航运行业来说，智能船舶能够降低航运成本，提高运输效率，可以解决很多航运企业面临的船员不足的困境。

五、智能制造装备产业

（一）发展概况

随着新兴技术的不断发展，制造业向智能化转型是《中国制造2025》的核心问题，智能制造成为我国制造业转型的关键所在。智能制造装备是利用智能机器人和人类专家共同组成的人机一体化的智能系统，智能制造装备在工作中能够进行智能分析、推理、判断和决策等。工业机器人是未来一段时间的发展重点，中国具有广阔的市场空间和需求。机器人正处于发展初级阶段，关键核心部件大多被日本企业所掌握，诸如减速器、传感器和控制器等，国内自主的知识产权太少，技术实力远不及国外。目前机器人核心技术基本处于被日本企业垄断的局面。鉴于中国具有广袤的市场空间，国内急需要在机器人关键零部件方面的核心技术上有所突破，只有这样才能使我国的机器人产业更为健康的发展。

（二）技术进展

1. 工业机器人

机器人"十三五"规划已经完成初稿，服务机器人是未来的发展趋势，例如助老助残、公共安全、医疗卫生、家政娱乐领域的机器人应用是未来的发展方向。2015年，江苏杰瑞科技集团成功研发了自主知识产权的工业机器人。目前杰瑞机器人已经广泛应用于弧焊、装配、上下料、搬运、码垛等生产加工领域，并且可以为医疗、药品、电子等清洁度较高的特殊行业定制各款机器人。该机器人已经在大型重工企业得到了成功的试用，并且好评不断。

传统的工业机器人使用起来很危险，因为它们的力量太大，并且速度很快，很容易伤害到周围的操作人员，所以在过去都是关在笼子里使用。现在提出的智能机器人是要给机器人装上一系列传感器，并且赋予伺服反馈机制让电脑更好的控制机器人，利用减速器控制住机器人的力量和速度。在加强与人的信息传递后，实现人机的交互工作，从而增加产线面积和工作效率，让工业机器人更好的服务于人类。现代智能化机器人应该具有通用性，并且可以编程，支持多个自由度的运动，方便各行各业的人来使用。根据工信部的规划，我国到2020年要实现机器人的系统化，所以最近几年，机器人的发展在关键零部件技术上和产业规模上都会有一个很大提高，这会极大地影响人们的生活，也会改变一些行业的产业格局。

减速器是机器人最为关键的零部件之一，目前市场主要由几家日本公司垄断，国内大多数机器人生产厂家的减速器均来自日本。近年来，在谐波减速机方面，国内已经有了可以替代的产品，例如北京谐波振动所就可以生产一定精度的机器人谐波减速器，但是生产的产品在扭转高度、传动精度和产品质量上和日本的产品还存在很大的差距，在工业机器人的应用上也只处于起步阶段。在伺服电机和驱动方面，国内近年来也开始了部分基础性的研究和产业化，有一些相关的企业出现，但是在开放性和可靠性上面还有待于实践的检验。在机器人控制器方面，国外主流厂商均在通用多轴运动控制器平台的基础上进行自主研发，国内在运动控制卡的技术上面，固高公司已经开发出相对而言比较成熟的产品，但是实际的应用几乎没有。

2. 高档数控机床

根据相关数据，高档数控机床的需求增加速度持续高于机床行业的整体增加速度，并且由于国家宏观政策的调整，机床行业的整体订单增速环比出现了一定程度的回落，机床行业整体面临着严峻的挑战。机床企业向高端数控机床制造转型，并且提高附加值的服务是机床企业的最好出路。随着国家制造业的转型升级和《中国制造2025》的实施，我国高端数控机床未来的需求会持续走高，加大高档数控机床的研发和生产是国内机床企业未来的发展方向。目前国内高档数控机床整体还有质量低成本高的缺点，这是近期急需解决的问题。造成这种现象的原因是我国高档数控机床的关键功能性零部件进口依赖性太大，另外我国在机床深层次研发方面的掌握程度不够，没有技术创新就只能跟随着国外的脚步发展，极大地制约了我国高档数控机床的进步。一台高档的数控机床，基本是大量的高档功能部件的集成，但是就算给了零部件，国内的企业还是很难生产出和国外一样的高档数控机床，这说明国内的二次研发能力远远落后于国外。因此，需要在机床数控系统的开发和关键零部件的研制上共同突破，才能使我国的高档数控机床上升一个层次。

随着近几年的发展，国内高档数控机床的技术有了一定的进步，有一些企业也有了自己的专利和技术研发团队，但是距离国外的水平还很有差距。所以我国高档数控机床的发展还有很多路要走，开始阶段可以引进国外技术，在消化吸收国外的整套技术后，分析出他们的技术特点和二次研发的思路，用以指导我国高档机床的研制，相信在不久的将来，我国的高档数控机床一定会在世界范围内占有一席之地。

第三节　中国高端装备制造产业布局及重点企业

一、空间布局

我国高端装备制造产业主要分布在五大区，其中：环渤海和长三角地区是核心圈，东北和珠三角为两翼，中部和西部地区是后起之秀，是制造业的大后方。

环渤海与长三角地区发展起来了一大批新型的制造业产业基地，相比较起来，中西部地区和东北地区以传统的装备制造业产业基地为主，分布有大量的制造业国企。将来，随着重点区域的辐射扩散，区域间分工合作将不断加强，区域性的产业集群也将不断涌现。

（一）航空装备产业

航空装备产业在高端装备制造领域里占有极为重要的位置，历来是发展的重点。环渤海地区由于具有独特的地理、资源和人才优势，成为我国航空装备制造业极其重要的研发设计和生产制造基地。其中：北京凭借高技术人才与科技资源优势，形成了北部研发制造基地、南部高端制造集聚区和顺义航空航天产业园等三个航空装备产业基地，并且成为国内航空制造业当之无愧的研发和成果转化中心。天津凭借A320总装项目的带动，形成了航空装备制造和相关配套产业集聚区。河北依托中航工业原有的布局，通用航空航天产业发展较为突出，拥有轻型飞机、直升机的生产制造基地。辽宁借助其传统的航空航天制造产业优势，重点发展了航空器组装制造和零部件制造，发展形成了多个航空航天产业园区。

（二）卫星及应用产业

经过30多年的发展，我国卫星及应用产业已经初步形成了北斗导航定位卫星、东方红通信广播卫星、风云气象卫星、返回式遥感卫星、实践科学探测与技术试验卫星、地球资源卫星等6个系列，被广泛应用于多个领域。值得一提的是，北斗系统作为我国自行研制的卫星导航定位系统，与美国GPS、俄罗斯格洛纳斯（GLONASS）、欧盟伽利略（GALILEO）并称为全球四大卫星导航系统。我国计划到2020年建成覆盖全球的卫星导航系统。依托北斗卫星导航系统，京津冀、长三角、珠三角等地已初步形成了卫星综合应用类的产业集群。

（三）轨道交通装备产业

我国轨道交通装备制造业经历60多年的发展，已经形成了自主研发、配套完整、设备先进、规模经营的集研发、设计、制造、试验和服务于一体的轨道交通装备制造体系。近十年来，尤其重视在"高速"、"重载"、"便捷"、"环保"技术路线推进，高速动车组和大功率机车取得了巨大的进步。总体说来，中国轨道交通装备制造业的发展是创新驱动、智能转型、强化基础和绿色发展。2015年国家推出"中国制造2025"、"一带一路"等战略，对我国的轨道交通装备产业来说是绝佳的机会,在未来的一段时间内大有可为。

(四)海洋工程装备产业

总体来看,我国海洋工程装备主要分布在沿海几大区域,例如:环渤海海洋工程装备制造基地,长三角船舶制造基地,珠三角海洋工程装备制造基地等。从重点城市来看,大连、天津、青岛、上海、南通、海南、武汉等地在海洋工程装备制造或配套方面形成了明显的集聚优势。

(五)智能制造装备产业

智能装备主要包括智能机床和工业机器人。我国数控机床的发展正处于大步向前的阶段。东北地区的沈阳、大连等城市已经成为全国数控机床最重要的研发生产基地,哈尔滨地区有机床行业最重要的几个公司。长江三角洲地区是磨床(数控磨床)、电加工机床、板材加工设备、工具和机床功能部件(滚珠丝杠和直线导轨副)的主要生产基地。

二、重点企业

在国家相关政策的大力推动下,我国高端装备制造业迎来了有利的发展机遇,催生了一大批高端装备制造企业,成为我国制造业发展的中坚力量。

(一)我国装备制造业重点企业总体情况

2015年9月,中国制造企业协会、中国装备制造行业协会、中央国情调查委员会和焦点中国网联合评选并发布"2015年中国装备制造业100强"。如下表6-4所示:

表6-4　装备制造业百强企业排名

排名	企业名称	地区	排名	企业名称	地区
1	上海汽车集团股份有限公司	上海	51	杭州汽轮动力集团有限公司	浙江
2	江西铜业股份有限公司	江西	52	通威集团有限公司	四川
3	宝山钢铁股份有限公司	上海	53	奥克斯集团有限公司	浙江
4	美的集团股份有限公司	广东	54	隆鑫控股有限公司	重庆
5	中国铝业股份有限公司	北京	55	力帆实业(集团)股份有限公司	重庆
6	珠海格力电器股份有限公司	广东	56	福田雷沃国际重工股份有限公司	山东

（续表）

排名	企业名称	地区	排名	企业名称	地区
7	太原钢铁（集团）有限公司	山西	57	超威电源有限公司	浙江
8	华晨汽车集团控股有限公司	辽宁	58	陕西汽车控股集团有限公司	陕西
9	TCL集团股份有限公司	广东	59	杭州橡胶（集团）公司	浙江
10	本钢集团有限公司	辽宁	60	山东时风（集团）有限责任公司	山东
11	河北钢铁股份有限公司	河北	61	人民电器集团有限公司	浙江
12	中国北方机车车辆工业集团公司	北京	62	德力西集团有限公司	浙江
13	东风汽车集团股份有限公司	湖北	63	河北普阳钢铁有限公司	河北
14	潍柴动力股份有限公司	山东	64	上上集团有限公司	江苏
15	上海电气集团股份有限公司	上海	65	辽宁曙光汽车集团股份有限公司	辽宁
16	长城汽车股份有限公司	河北	66	万丰奥特控股集团有限公司	浙江
17	中国船舶重工股份有限公司	北京	67	上海振华重工（集团）股份有限公司	上海
18	新兴铸管股份有限公司	河北	68	太原重型机械集团有限公司	山西
19	四川长虹电器股份有限公司	四川	69	金鼎重工股份有限公司	河北
20	比亚迪股份有限公司	广东	70	沈阳机床（集团）有限责任公司	辽宁
21	重庆长安汽车股份有限公司	重庆	71	临沂临工机械集团	山东
22	东方电气股份有限公司	四川	72	卧龙控股集团有限公司	浙江
23	特变电工股份有限公司	新疆	73	上海外高桥造船有限公司	上海
24	柳州钢铁股份有限公司	广西	74	山东五征集团	山东
25	安徽江淮汽车股份有限公司	安徽	75	河北前进钢铁集团有限公司	河北
26	一汽轿车股份有限公司	吉林	76	沪东中华造船（集团）有限公司	上海
27	北汽福田汽车股份有限公司	北京	77	庆铃汽车（集团）有限公司	重庆
28	三一重工股份有限公司	湖南	78	江苏大明金属制品有限公司	江苏
29	郑州宇通客车股份有限公司	河南	79	杭州金鱼电器集团有限公司	浙江
30	江铃汽车股份有限公司	江西	80	华通机电集团有限公司	浙江
31	哈尔滨电气股份有限公司	黑龙江	81	武昌船舶重工集团有限公司	湖北

（续表）

排名	企业名称	地区	排名	企业名称	地区
32	徐工集团工程机械股份有限公司	江苏	82	精工控股集团有限公司	浙江
33	广州汽车集团股份有限公司	广东	83	山推工程机械股份有限公司	山东
34	吉利汽车控股有限公司	浙江	84	郑州煤矿机械集团股份有限公司	河南
35	厦门金龙汽车集团股份有限公司	福建	85	沈阳鼓风机集团股份有限公司	辽宁
36	新疆八一钢铁股份有限公司	新疆	86	永兴特种不锈钢股份有限公司	浙江
37	中国忠旺控股有限公司	辽宁	87	万向钱潮股份有限公司	浙江
38	双钱集团股份有限公司	上海	88	邢台钢铁有限责任公司	河北
39	山东南山铝业股份有限公司	山东	89	澳柯玛股份有限公司	山东
40	福耀玻璃工业集团股份有限公司	福建	90	浙江苏泊尔股份有限公司	浙江
41	重庆钢铁股份有限公司	重庆	91	重庆机电股份有限公司	重庆
42	五菱汽车集团控股有限公司	广西	92	铜陵精达特种电磁线股份有限公司	安徽
43	江苏亨通光电股份有限公司	江苏	93	哈尔滨哈锅锅炉工程技术有限公司	黑龙江
44	江苏沙钢股份有限公司	江苏	94	杭叉集团股份有限公司	浙江
45	广西柳工机械股份有限公司	广西	95	第一拖拉机股份有限公司	河南
46	经纬纺织机械股份有限公司	北京	96	太原重工股份有限公司	山西
47	陕西有色金属控股集团有限责任公司	陕西	97	信义玻璃控股有限公司	中国香港
48	北京建龙重工集团有限公司	北京	98	无锡兴达泡塑新材料股份有限公司	江苏
49	包头钢铁（集团）有限责任公司	内蒙古	99	厦门厦工机械股份有限公司	福建
50	天津百利机电控股集团有限公司	天津	100	中国龙工控股有限公司	上海

数据来源：中国制造企业协会，2015年9月。

（二）航空装备领域重点企业

经过多年的发展，我国的航空装备产业发展能力快速提升，形成了以中航通用飞机有限责任公司、中国航空科技工业股份有限公司、哈飞航空工业股份有限公司、西安飞机国际航空制造股份有限公司等一批龙头企业为代表的知名企业。值得一提的是，近年来，我国无人机行业发展十分迅速，前十大无人机企业排名如表6-5。

表6-5 2015年中国十大无人机企业排名

排名	公司名称
1	华科尔广州市华科尔科技有限公司
2	AEE深圳一电航空技术有限公司
3	深圳市大疆创新科技有限公司
4	湖南山河科技股份有限公司
5	派诺特派诺特贸易(深圳)有限公司
6	北京韦加天地通航空科技有限公司
7	湖北易瓦特科技股份有限公司
8	天津三爻航空航天科技发展有限公司
9	湖南金骏农业科技有限公司
10	广州亿航智能技术有限公司

数据来源：机械五金网，2015年12月。

（三）轨道交通装备领域重点企业

我国实施轨道交通战略以来，轨道交通装备行业的发展取得了重大的进步，轨道交通装备自主化水平不断地提高。随着南车和北车合并组建中车，中车作为我国轨道交通领域的龙头地位更加稳固，加速了其发展成为世界级轨道交通装备企业的步伐。轨道交通产业的发展，同时会带动一系列核心零部件企业的发展，形成产业集群化发展，对高端制造业的推进尤为重要。根据国际铁路行业权威战略咨询公司德国SCI Verkehr咨询公司最新发布的研究报告显示，中国中车的合同额稳居世界第一。

（四）海洋工程装备领域重点企业

2015年1月2日，《航运交易公报》发布了《2013年中国港航船企市值排行榜》，列举了所有 74 家在中国大陆、中国香港和台湾地区证券市场上市的主营业务为航运、港口、船舶及相关行业的上市公司，并按照总市值大小进行排名，见表 6-6。

表 6-6　中国港航船企市值排名表

排名	公司名称	市值（亿元）	所在地
1	上海国际港务股份有限公司	1190	上海
2	中海油田服务股份有限公司	942	北京
3	中国船舶重工股份有限公司	862	北京
4	招商局国际有限公司	566	中国香港
5	中国国际海运集装箱股份有限公司	372	广东
6	海洋石油工程股份有限公司	337	天津
7	中国船舶工业股份有限公司	332	上海
8	中国远洋控股股份有限公司	326	北京
9	宁波港股份有限公司	324	江苏
10	中海集装箱运输股份有限公司	256	上海
11	中远太平洋股有限公司	244	中国香港
12	东方海外有限公司	194	中国香港
13	中海发展股份有限公司	166	上海
14	天津港股份有限公司	140	天津
15	上海振华重工股份有限公司	138	上海
16	长荣海运股份有限公司	128	中国台湾
17	深圳盐田港股份有限公司	119	广东
18	招商局能源运输股份有限公司	114	中国香港
19	大连港股份有限公司	103	辽宁
20	广州广船国际股份有限公司	100	广东
21	深圳赤湾港股份有限公司	95	广东
22	裕民航运股份有限公司	94	中国台湾
23	中外运航运有限公司	92	中国香港
24	芜湖港储运股份有限公司	82	安徽
25	太平洋航运集团有限公司	82	中国香港
26	阳名海运股份有限公司	79	中国香港

（续表）

排名	公司名称	市值 （亿元）	所在地
27	日照港股份有限公司	78	山东
28	锦州港股份有限公司	75	辽宁
29	营口港务股份有限公司	73	辽宁
30	万海航运股份有限公司	69	中国台湾
31	中国熔盛重工集团控股有限公司	66	江苏
32	海丰国际控股有限公司	66	上海
33	天津港发展控股有限公司	64	天津
34	唐山港集团股份有限公司	62	河北
35	中远航运股份有限公司	60	广东
36	中船江南重工股份有限公司	59	上海
37	中国长江航运集团南京油运股份有限公司	55	江苏
38	珠海港股份有限公司	43	广东
39	天津市海运股份有限公司	42	天津
40	中国外运股份有限公司	40	浙江
41	渤海轮渡股份有限公司	40	山东
42	海南海峡航运股份有限公司	39	海南
43	中远国际控股有限公司	38	中国香港
44	厦门港务发展股份有限公司	39	福建
45	江苏舜天船舶股份有限公司	35	江苏
46	张家港保税科技股份有限公司	34	江苏
47	新兴航运股份有限公司	33	中国台湾
48	江苏亚星锚链股份有限公司	31	江苏
49	宁波海运股份有限公司	31	江苏
50	江苏连云港港口股份有限公司	30	江苏
51	秦皇岛港股份有限公司	29	河北
52	慧洋海运集团	29	中国台湾
53	台湾国际造船公司	29	中国台湾
54	重庆港九股份有限公司	26	重庆
55	台湾航业股份有限公司	24	中国台湾

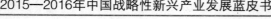

（续表）

排名	公司名称	市值（亿元）	所在地
56	上海佳豪船舶工程设计股份有限公司	23	上海
57	中海海盛船务股份有限公司	22	海南
58	中国航运股份有限公司	21	中国台湾
59	珠海恒基达鑫国际化工仓储股份有限公司	20	广东
60	四维航业股份有限公司	17	中国台湾
61	长航凤凰股份有限公司	17	中国香港
62	北海港股份有限公司	15	广西
63	中昌海运股份有限公司	15	广东
64	益航股份有限公司	15	中国台湾
65	珠江船务发展有限公司	15	广东
66	南京港股份有限公司	13	江苏
67	龙翔集团控股有限公司	9	中国香港
68	金辉集团有限公司	9	中国香港
69	厦门国际港务股份有限公司	8	福建
70	荣丰联合控股有限公司	8	中国香港
71	勇利航业集团有限公司	4	中国香港
72	中国基建港口有限公司	3	中国香港
73	中海船舶重工集团有限公司	3	中国香港
74	任瑞投资控股有限公司	1	中国香港

数据来源：《航运交易公报》，2015 年 8 月。

（五）智能制造装备领域重点企业

粗略统计，我国工业机器人制造企业约有 400 余家，主要分布在沈阳、上海、广州等地。我国排名前十的工业机器人企业如表 6-7 所示：

表 6-7　2015 年中国十大机器人企业排名

排名	公司名称
1	新松机器人自动化股份有限公司
2	安徽埃夫特智能装备有限公司
3	南京埃斯顿机器人工程有限公司

（续表）

排名	公司名称
4	广州数控设备有限公司广州公司
5	深圳拓野机器人
6	广东造裕智能装备机器人有限公司
7	东莞普洛汇森自动化科技有限公司
8	上海新时达电气有限公司
9	成都佳士科技有限公司
10	南京熊猫电子股份有限公司

数据来源：赛迪智库整理，2015 年 12 月。

第七章　新能源产业

第一节　新能源产业发展动态

一、整体概况

（一）新能源的开发利用已成为各国的重要抓手

化石能源的开发与利用推动着人类科技与生活的进步，但是随着环境污染问题的日益凸显，能源发展的进程趋向于清洁化。世界各国都投入大量的资源，推动本国新能源技术的进步，占领战略制高点。2015年12月，195个缔约方正式达成了《巴黎协议》涵盖了全球一致减排的目标、措施、资金补偿、技术援助、透明减排、减排核查等29大类内容，为2020年后全球应对气候变化行动作出安排，被认为是"拯救地球的最好机会"[1]。美国加快了新能源技术的发展，进一步减少了对化石能源的依赖，2015年1-11月，美国已部署总计4.378吉瓦风电和1.495吉瓦的太阳能发电装机容量，使非水电可再生能源容量累计增至104.3吉瓦[2]。欧盟各国也不同程度增加了新能源技术开发投入，根据《欧洲发展报告》，到2020年，欧盟新能源和可再生能源在能源消费中的比重将达到20%[3]。我国也发布了《能源发展战略行动计划》，提出到"十三五"末，非化石能源占一次性能源消费的比重要达到15%，又将新能源产业的战略地位推向了新的高度。

---

[1] 《〈巴黎协定〉有哪些干货？中国坚持"制定切实的路线图"》，人民网，2015年12月14日。
[2] 《美国2015年清洁能源十大事件》，http://www.cec.org.cn/guojidianli/2016-01-20/148238.html。
[3] 周弘：《欧洲发展报告(2013-2014)欧盟东扩10年:成就、意义及影响》，社会科学文献出版社2014年版。

（二）新能源发展规模保持快速增长，太阳能光伏产业发展迅猛

在政策的推动下，全球新能源产业稳定向前发展，化石能源发电占比逐年下降，新能源利用率提高，发电量持续增长。2014年新能源发电量占全球发电量总额的6.2%，同比增加了19%。其中，太阳能光伏产业发展迅猛。截至2014年，太阳能光伏累计装机容量达到188.8MW，新增装机容量为47.0MW[1]。中国和日本是世界新装机容量排名前两名的国家，占新装机容量的50%；新装机容量排名前十的国家占全球新装机容量的81.5%。随着太阳能光伏发电技术的不断完善，2015年至2020年太阳能发电增速将超过风电增速，预计2020年装机容量将达到620GM。同时，2014年全球生物质能行业保持温和增长[2]。

（三）页岩气与能源互联网等新兴领域成为重要发展方向

经过20多年的发展，全球新能源产业技术发展迅猛，应对能源紧张、环境污染问题，合作互联成为了解决问题的新方向，能源互联网应运而生。能源互联网设想通过世界各国的相互协作，逐步构建国内、洲内、洲际互联的能源网络，共同解决能源问题。这一设想为世界各国发展清洁能源，共同发展打开了新的思路。页岩气是从页岩中开采出来的天然气，近年来逐渐受到重视。美国最早开始的对页岩气的开发与利用，掀起了新能源产业一场革命，改变了国际能源格局和各国能源政策，预计到2020年页岩气资源将占美国油气产出的三分之一。继美国、加拿大之后，2015年我国成为第三个实现页岩气商业性开发的国家，目前探明储量已超过5000亿立方米，形成涪陵、长宁、威远、延长四大页岩气产区，年产能超过60亿立方米[3]。

二、存在问题

（一）缺乏长远系统性的能源战略

我国新能源产业起步较晚，相关产业政策比较滞后，未能与产业环境与经济发展相协调。产业政策指引着新能源产业的发展，但目前我国缺乏长远系统性的能源政策。能源结构不合理使得新能源产业发展与原有能源体系冲突，导致了很多问题和矛盾，尤其是新能源弃风、弃光现象。2015年上半年，我国重点地区

[1] 《中国新能源发电继续领跑全球》，中国新闻网，http://www.china5e.com/news/news-903256-1.html，2015-04-16。
[2] 《全球新能源发展报告》，2015。
[3] 《2015年页岩气行业十大新闻》，国际燃气网，http://www.in-en.com/article/html/energy-2243294.shtml，2016-01-05。

弃光限电损失电量达 183471 万千瓦时,其中甘肃省达到 114000 万千瓦时。弃风、弃光现象的产生本质上是能源体系利益分配不均,缺乏长远系统性能源政策协调。政府应推出长远性发展新能源政策,加强新能源产业组织建设,协调新能源产业发展,完善新能源产业链。

(二)缺乏完善的新能源法律法规体系

我国涉及新能源法律主要包括《宪法》《环境保护法》《电力法》《煤炭法》《可再生能源法》及政府相关行政政策。与西方发达相比,我国新能源产业法律体系仍不完善。我国新能源法律法规主要是从宏观层面鼓励新能源的发展,但在具体项目方面,例如:新能源补贴额度、受惠对象等,缺乏具体实施细则的明确标准。

(三)财政政策对新能源产业鼓励不足

财政扶持对新能源产业发展起到至关重要的作用,不过,总体上,我国财政补贴措施比较单一。我国财政政策的支持主要是集中在新产品和技术的研发阶段,尽管在一些领域取得了突破性进展,但无法体现财政补贴政策的市场机制。新能源产业建设周期长,见效慢,财政补贴单一化造成市场企业依赖性严重,企业的发展受制于产业政策。目前,财政补贴资金缺口已经达到 165 亿元并仍在增大,这将制约国内新能源企业的可持续发展。

(四)产业体系仍不健全,核心技术仍依赖国外

虽然在一些领域我国新能源产业处于国际领先地位,但是整体上与发达国家还有一定差距。我国新能源产业起步较晚,没有形成完善的产业链,创新能力不足,成果比较零散。政府的投资力度不够,市场化资金参与度不高,国内企业创新能力与创新意愿都比较弱,一些高端核心技术与装备严重依赖进口,是新能源产业发展壮大的瓶颈。

三、政策动态

2015 年,国家陆续出台了一批新能源相关政策,从技术、产品应用、配套电网建设等方面,加大对新能源行业的支持力度,促进行业进一步加快发展。

表 7-1　2015 年新能源行业政策一览表

序号	政策名称	出台部门
1	关于促进先进光伏技术产品应用和产业升级的意见	工信部、能源局、认监委
2	关于推进新能源微电网示范项目建设的指导意见	能源局
3	关于进一步优化光伏企业兼并重组市场环境的意见	工信部
4	关于电力体制改革配套文件的通知	发改委、能源局
5	国家认监委能源局关于成立光伏产品检测认证技术委员会的通知	认监委
6	国家能源局关于加强电力企业安全风险预控体系建设的指导意见	能源局
7	关于进一步深化电力体制改革的若干意见	国务院
8	关于完善跨省跨区电能交易价格形成机制有关问题的通知	发改委
9	关于完善跨省跨区电能交易价格形成机制有关问题的通知	发改委
10	国家发展改革委关于加快配电网建设改造的指导意见	发改委
11	关于做好电力项目核准权限下放后规划建设有关工作的通知	发改委、能源局

数据来源：赛迪智库整理，2015 年 12 月。

第二节　中国新能源产业重点领域分析

一、风能产业

（一）发展概况

2015 年，随着国家和各地方政府风电扶持政策不断推出，风电开发建设维持较快的增长态势，风电产业结构进一步升级，各项数据稳步提升。重点规划建设了酒泉、内蒙古西部、内蒙古东部、冀北、吉林、黑龙江、山东、哈密、江苏等 9 个大型现代风电基地以及配套送出工程。根据国家能源局统计，2015 年上半年，全国新增风电容量 916 万千瓦；全国风电上网电量 977 亿千瓦时，同比增长 20.7%；风电弃风电量 175 亿千瓦时，同比增加 101 亿千瓦时；平均弃风率

15.2%，同比上升6.8个百分点。上半年全国风电平均利用小时数993小时，同比增加15小时[1]。

在风电产业稳步发展的过程中也受到一些因素的困扰。一方面，受价格政策调整因素影响，2014年下半年各地区不同程度出现了由政府引导的抢装现象；另一方面，弃风限电情况没有明显好转。为此，国家发文提出解决可再生能源无歧视无障碍上网问题是当前电力体制改革的重要任务，保障风电等可再生能源的并网消纳问题。

受制于海上风电技术的限制，海上风电建设比较缓慢。国家和地方政府仍需继续出台相关政策措施，建立长效的激励机制。到2015年7月底，纳入海上风电开发建设方案（2014-2016）中的项目中，已建成投产2个，装机容量6.1万千瓦，不足总量的1%；核准在建9个，装机容量170.2万千瓦，核准待建6个，装机容量154万千瓦，已核准未建成装机容量约占30%；其余正在开展前期工作的项目约722.5万千瓦，占总量将近70%[2]。

（二）技术进展

总体来看，风电产业的技术进步主要表现在设备的大型化和产品性能明显提升。国内企业在这两个方面都取得了较大的进步。我国已形成主要零部件的生产体系，整机风机单机功率不断提升。目前，2MW机型已经成为市场上新增风机主力机型。国内企业产品设备可靠性持续提高，平均利用率达到了97%以上[3]。目前技术研究集中在以下几个方面：风力检测和利用，包括风电场监控、气象研究、空气动力学；新材料、新工艺及集成制造技术；风力状态智能响应、与电网和其他电源的协调；大型试验平台和能力建设，海上风电技术研究。

表7-2　国内风电装备领域技术现状

序号	领域	国内现状
1	整机	具备兆瓦级风机国产化能力，已开始5MW、10MW级大功率风电机组技术的研发
2	发电机	基本与国外先进水平持平，并同步开展包括大功率风机在内的先进技术研发
3	叶片	产能满足国内需求并寻求出口；龙头企业一般自建叶片厂

[1] 国家能源局：《2015年上半年全国风电并网运行情况》，http://www.nea.gov.cn/2015-07/27/c_134451678.htm。
[2] 国家能源局：《2015年上半年全国风电并网运行情况》，http://www.nea.gov.cn/2015-07/27/c_134451678.htm。
[3] 《2014年中国风电产业增长势头强劲领跑全球》，中商情报网，2015年2月12日。

（续表）

序号	领域	国内现状
4	塔架/轮毂/机舱罩	产能完全能够满足国内需求，并大量对外出口
5	齿轮箱	满足国内1.5兆瓦级及以下机组需求，在工艺及寿命方面不及国外产品
6	轴承	包括主承力轴承、偏航轴承和变桨轴承。逐步开始国产化，2兆瓦级以上机组产能不足
7	电控系统	主控系统主要从国外购买、变桨控制逐步国产化、变频器仍有明显差距，这部分是国内风电装备制造业最薄弱的环节，可靠性有待提升

数据来源：赛迪智库整理，2015年12月。

二、太阳能发电产业

（一）发展概况

太阳能光伏产业链主要涉及光伏生产设备、光伏零部件、光伏原材料、太阳能电池组件、销售商、光伏系统安装等领域。我国太阳能光伏制造产业规模较大，在国际上保持着较强的竞争优势。从光伏产业链的各环节来看，我国光伏原材料企业凭借国内资源优势，在上游基础原材料生产方面具有绝对优势。由于我国光伏产业起步比较晚，一些核心的技术仍然依赖于国外进口。2014年，在IHS公布的十大光伏企业中有7家来自我国；国内多晶硅产量同比增幅近50%；光伏电池组件总产量超过3300万千瓦。在产业链的中游，由于准入门槛比较低，聚集了大量的企业，导致市场竞争激烈。下游的产业化受国内外政策影响较大，国内部分产品产能过剩，行业缺乏统筹发展。自2012年以来，欧美多次对中国光伏企业发起双反争议及裁决。我国光伏产业积极调整发展策略，加快了国内市场建设，政府制定了太阳能发电上网电价，企业一方面积极开拓新兴市场，拓展境外市场，另一方面通过使用台湾地区生产的太阳能电池打破欧美的技术壁垒。总体而言，我国光伏产业渡过了最困难时期，正在稳步发展。截至2015年9月底，全国光伏发电装机容量达到3795万千瓦，其中分布式光伏625万千瓦。1—9月全国新增光伏发电装机容量990万千瓦，其中新增分布式光伏装机容量158万千瓦；全国累计光伏发电量306亿千瓦时，《能源发展战略行动计划（2014—2020年）》计划到2020年，光伏装机达到1亿千瓦左右，光伏发电与电网销售电价相当[1]。目前,我国光伏发电呈现东西并进、由西向东发展格局。国家正在加强光伏基地和送出通道的建设,稳步有序的推动光伏产业的发展。

太阳能光热利用方面,国内太阳能热发电产业处于起步阶段,技术装备制造能力弱,规划设计、系统集成及关键装备供应链雏形已初步形成,但尚未形成产业规模。随着国家相关扶持政策的出台,太阳能光热发电有望取得实质性进展。最近,中国科学院在北京延庆建成太阳能热发电实验室,首航节能在敦煌建设1万千瓦试验电站。国家能源局与美国能源部合作开展青海太阳能热发电(CSP)示范项目,国电投、上海电气和美国亮源公司签署了关于共同推进青海德令哈光热发电项目建设的谅解备忘录。

(二)技术进展

太阳能发电技术主要包括光伏发电和光热发电两类。

光伏发电方面,实现产业化应用的主要是晶体硅和薄膜两种技术。晶体硅技术趋向成熟,商用晶体硅的太阳能利用效率大约为18%。薄膜发电虽然只有10%的光电转化效率,但成本较晶体硅更低,薄膜技术发展迅速。2014年,我国薄膜太阳能组件产量同比增长25%,占到全球光伏组件市场比重的10%。实验室光电转化效率不断刷新纪录:晶体硅光电转换效率达25.6%(本松下),新型薄膜技术创下21.7%的纪录(德国ZSW),聚光光伏发电方案的光电池转化率高达46%(德法合作),应用碳纳米管涂层据称可将太阳能利用的理想效率提高到80%(麻省理工学院)。但这些技术的大规模产业化仍需时日,光伏组件的效率提升尚处于瓶颈期。

光伏发电应用方面,在政策引导下,各地根据实际情况创新不断。一是光伏与其他发电协调运营,如张家口国家风光储输示范项目、青海龙羊峡水光互补项目;二是光伏发电与扶贫、农业相结合,如光伏农业大棚、渔光互补电站;三是光伏发电与生态治理相结合,在光伏发电建设中兼顾荒山荒坡治理、煤矿采空区治理和沙漠化治理[2]。

光热发电方面,商业应用相对成熟的类型包括槽式、塔式、碟式等,太阳能利用效率约为15%–25%。相比上游产业高能耗、高污染的光伏发电,光热发电

---

[1] 《前三季度全国新增光伏发电装机容量990万千瓦》,新华网,http://news.xinhuanet.com/fortune/2015–10/20/c_1116884764.htm。

[2] 国家能源局:《国家能源局关于进一步落实分布式光伏发电有关政策的通知》,《太阳能》2014年第9期,第4页。

是一种更加清洁的发电方式；但需要采用类似燃煤、核电站的蒸汽轮机将内能转化为机械能发电，实际发电效率受限制，因此成本略高。我国在光热发电站技术方面与西方发达国家还有很大的差距，推进光热发电急需相关的配套设施和政策支持。

三、核电技术产业

（一）发展概况

清洁性和高效性是核电的最大特点，核电是未来最具有发展前景的新型能源之一。发展核电产业对解决资源紧张和环境污染具有重大意义。我国核电产业起步较晚，经过近三十年的发展和持续改进，已经建立比较完善的核电工程设计和技术研发体系。2012年，日本福岛核泄漏事故给我国核电产业敲响了警钟。2014年，国务院下发《能源发展战略行动计划（2014-2020年）》，其中提出要安全发展核电：在采用国际最高安全标准、确保安全的前提下，适时在东部沿海地区启动新的核电项目建设，研究论证内陆核电建设。在提高安全性能的前提下，我国核电高效稳定发展，各项安全指标保持在国际先进水平，整体核电装机量也保持在世界的前列。截至2015年12月，我国核电在建在役项目共51台，总装机容量为5185万千瓦，其中在役总容量为2550万千瓦，在建容量2636万千瓦，在建规模世界第一。预计到2020年，核电装机容量达到5800万千瓦，在建容量达到3000万千瓦以上[1]。

核电作为化石能源的替代品，成为了很多新兴发展中国家发展新能源的举措，从而带动了全球核电技术的转移和国际合作新发展。我国核电技术处在国际领先行列，并形成了中核、中广核、国电三足鼎立的格局。三家企业正在加快推进中国核电"走出去"。中核集团已与阿根廷、巴基斯坦、阿尔及利亚和英国等国签署合作协议，其中将在巴基斯坦、巴西、埃及等国采用中国自主"华龙一号"三代核电技术；中国广核集团和法国电力集团合作，共同修建英国欣克利角C核电站，并共同推进塞兹韦尔C和布拉德韦尔B项目，其中布拉德韦尔B项目将采用"华龙一号"技术；国电投则在南非、土耳其等国主推中国自主"CAP1400"核电技术落地。核电技术和装备已成为我国产业"走出去"的重要名片。

---

[1] 《能源发展战略行动计划（2014-2020年）》（国办发〔2014〕31号），2014年6月7日。

（二）技术进展

经过几十年的发展，核电产业形成了比较完善的发展路径和产业链。福岛核泄漏事件后，核电安全管理上升到新的高度，对技术水平提出了新的要求。核电产业采取以自我研发为主，引进消化吸收为辅的发展策略，在核电工程设计和核电技术方面取得了新的突破。当前，我国大部分在建和在役的核电项目主要采用了第二代和二代改进型技术；部分在建项目采用了安全性能更好的三代技术。我国已经基本具备了第三代技术的自助研发能力。同时，正在高效安全稳定的推进第四代技术的研发和参与国际可控核聚变方面的基础研究。

1. 核裂变能发电

第三代核电技术成为了各国研发与应用的重点。我国将进一步健全核电研发体系，建成"产学研"协同创新体系，加快国内自主技术工程验证，重点攻坚了AP1000、CAP1400技术，引领国际先进核电技术研发。全球在建的AP1000机组一共有8台机组，其中四台机组在中国，分别是福建福清第二台机组、广西防城港项目及山东荣成机组等。第三代技术的研发与应用大大提升了我国核电安全的标准[1]。

第四代核电技术集中攻克了快堆、熔岩堆、行波堆等裂变技术，通过燃料的增殖技术解决了铀资源有限的困扰。我国自主研发的高温气冷堆已经达到了国际先进水平。新一代技术利用氢为燃料，不会产生放射性污染物，能源效率更高。目前，新一代核电技术的研发取得了阶段性进展，但离商业化运行还有一段距离。2012年开建的东荣成石岛湾高温堆示范工程预计2017年并网发电；2015年4月，江西瑞金核电项目已经通过了专家评审，有望成为世界首座使用第四代核电技术的核电电站。

核电产业已经形成了完整的核燃料循环体系，加强了产业链后端规划，升级了核电安全防御体系，核电的发展规模稳步提升，正在逐步走出福岛核泄漏事故的影响。

2. 核聚变能利用

目前核聚变能在全球范围内还处于探索试验状态，采用磁约束方法的托克马克装置是目前的研究热点。中国和美国是目前世界上在可控核聚变领域投入最大

---

[1] 《我国在建核电机组占全球四成部分机组达世界先进水平》，北极星电力网新闻中心，中国新闻网，2014年5月16日。

的两个国家，中国目前的大型核聚变实验装置已达到 16 个。同时，我国大型超导导体研制和工业化生产能力也取得了瞩目的成绩，我国参与的国际热核聚变实验堆计划 (ITER) 纵场线圈导体采购包生产圆满完成。

四、生物质能产业

（一）发展概况

我国可能源化利用的生物质能资源丰富，农业剩余物、林业剩余物、畜禽剩余物、生活垃圾及工业废弃物等都可以成为生物质能的原料。随着发展生物质能产业政策体系的完善和技术不断进步，国内生物质能产业规模稳步增长。2014 年，中国生物质发电累计装机容量达到 948 万千瓦，同比增加 9.2%；沼气供气折标煤约 1121 万吨，生物燃料折标煤约 551 万吨，基本与上年同期持平[1]。生物质能作为清洁化绿色能源，在经济方面明显优于天然气化石燃油，是替代煤炭的理想方式。

我国生物质能产业目前仍存在市场环境和保障机制不够完善、装备和技术水平落后、与农林资源利用不协调、产业化程度低等问题。随着原油、煤炭价格的持续走低、国内经济进入新常态，依赖财政补贴的生物质能产业的发展受到一定的冲击。因此，国家有必要从推进生态文明建设、绿色发展、资源综合利用的角度，统筹协调，加快生物质能产业体制机制改革。在京津冀及周边地区雾霾严重的背景下，国家发改委等三部委提出综合利用秸秆，其中能源化利用为主要部分。

（二）技术进展

目前，我国自主研发的生物质直燃发电设备已能满足发电工程建设的需求，除尘和灰渣收集系统早已广泛应用到生产领域，水冷振动动炉和循环流化床锅炉两种发电锅炉生产技术已基本成熟。在垃圾发电方面，我国研究和开发适用于劣质煤和煤矸石的循环流化床锅炉技术已经处于国际领先水平，相应的技术和成套装备已经向外出口。在生物质气体燃料方面，沼气工程装备制造水平发展相对滞后，同国外同类产品相比仍有很大的差距。国内产品效率低、故障率高。总体而言，国内生物质能产业起步较晚，科研资金投入不足，产业技术体系不完备，设备工艺技术开发基础薄弱。生物质能产业的升级仍需国家和各地政府的政策与资

---

[1]　《2014年全国电力生产及电源建设情况》，《中国电业》（发电版），2015年3月30日。

金的支持，加强自主研发能力与产业管理服务体系的建设。

第三节　中国新能源产业布局及重点企业

一、空间布局

我国新能源产业起步较晚，随着资金的投入和技术发展，新能源市场日益成熟，产业链发展越来越完善。在政策的扶持下，我国新能源产业统筹规划，形成了东、西、中部协调发展的局面，发展了一批各具特色的产业聚集区。

依托区域产业政策、资源禀赋和产业基础，各集聚区新能源产业发展迅速，特色明显。目前，新能源产业已形成了环渤海、长三角、西南、西北等区域核心集聚区。环渤海区域和长三角区域依靠着人才优势和良好的制造业基础主要承担着新能源产业研发、高端制造功能；西北区域拥有丰富的风能和太阳能资源，凭借着先天的资源优势，是新能源发电项目承载地；西南区域依托雄厚的资源和重工业基础，是我国重要的硅材料基地和核电装备制造基地。

目前，我国规模化应用的新能源主要包括太阳能、风能、核能及生物质能等，各个产业表现出不同的产业集聚特征。大约 60% 的光伏企业集聚在长三角区域，90% 以上的太阳光伏发电项目位于太阳能资源丰富的西北地区，而西南地区是我国硅材料的重要基地。我国风电装备制造企业主要集中在长三角和环渤海区域，90% 以上的风电项目位于西北地区，尤其是新疆、甘肃、内蒙古等省区。基于资源及安全性的考量，我国核电站主要分布在东部沿海地区，53.5% 的建成核电站装机集聚在长三角区域。核电装备制造主要分布在西南和东北地区，四川省占据了国内核电核岛核心设备 50% 的市场。生物质发电、生物质液体和气体燃料产业主要集中生物质能资源丰富的省份，如山东、江苏、黑龙江、河北等地区。

（一）风电产业布局

1. 风电场布局

我国具有丰富的陆上风能和海上风能资源，发展风电产业一直是我国发展新能源产业的首选。我国风电产业起步较早，受宏观政策和市场资金的驱动，风机制造与应用技术发展迅速，形成了比较完善的市场产业链。截至 2014 年年底，我国（除台湾地区外）累计装机容量达 114609MW，继续保持全球风电装机容量第一的地位。目前，我国已具备独立发展陆上、海上和潮间带风电能力。从目前分布情况来看，大型陆上风电基地主要集中在西部中部各省。我国海上风能资源主要分布在东南沿海及台湾海峡，相应的海上和潮间带风电基地主要集中在东部沿海省份，特别是天津、辽宁、浙江、福建等地区。我国海上风电场已投产约38.9万千瓦，位居世界第五位。

全国31个省、区、市，（不包括中国台湾和香港、澳门地区），均全部建成不同数量、不同规模的风力发电基地。

表7-3　2013年和2014年各省（区、市）装机容量对比

序号	省（自治区、直辖市）	2013年（MW）	2014年（MW）	同比
1	黑龙江	1645.2	1265.4	-23.1%
2	吉林	623	639.8	2.7%
3	辽宁	382.5	272.5	-28.8%
4	北京	1.5	36	2300.0%
5	河北	521.1	1372.5	163.4%
6	内蒙古	1607.5	2081	29.5%
7	山西	1347.95	1590.2	18.0%
8	天津	27	18	-33.3%
9	安徽	97.5	400.1	310.4%
10	福建	265.5	96.5	-63.7%
11	江苏	543.6	760.5	39.9%
12	江西	38	316.7	733.4%
13	山东	1289.55	1282.8	-0.5%
14	上海	18	146.6	714.4%
15	浙江	128.6	359.8	179.8%
16	甘肃	617	3630	488.3%
17	宁夏	884.7	1693.7	91.4%
18	青海	204.5	209.5	2.4%
19	陕西	583	373.4	-36.0%
20	新疆	3146	3216	2.2%
21	贵州	683	811.1	18.8%
22	四川	77.5	285	267.7%
23	西藏	7.5	0	-

（续表）

序号	省（自治区、直辖市）	2013年（MW）	2014年（MW）	同比
24	云南	520	1156.5	122.4%
25	重庆	19.7	0	—
26	广东	527.6	539.5	2.3%
27	广西	157	116.5	−25.8%
28	海南	−	6	—
29	河南	154.6	315.7	104.2%
30	湖北	453.6	627	38.2%
31	湖南	522	490	−6.1%
	总计	16088.7	23196	44.2%

数据来源：中国风能协会（CWEA）。

表 7-4　中国已建成的海上风电项目类型

类型	装机数量/台	装机容量/MW
潮间带	156	430.5
近海	70	227.4
总计	226	657.9

数据来源：中国风能协会（CWEA）。

2. 风电装备产业布局

风电装备产业主要包括风电机组整机制造、风电服务业、零部件配套等三个领域。我国风电设备产业链已经形成，在风电整机和关键零部件的生产能力，尤其是叶片和控制系统，已经达到了国际领先水平。为解决对传统化石能源的过度依赖，推动风电产业的发展，我国有关部门出台了一系列鼓励风电发展的法律和政策，这大大地刺激了风电设备制造企业的发展。截至 2015 年年底，三级行业分类风电设备行业中 7 家 A 股上市公司均公布了 2015 年第三季度业绩情况，除一家净利润变动为负，其余六家净利润增幅在 40% 至 80% 之间。从累计装机容量来看，截至 2014 年年底，排名前 20 位的风电装备制造企业的累计装机容量达到 140608.9MW，占市场累计总装机容量的 95%。这 20 家企业中，有 17 家是国内企业，这些国内风电装备制造企业主要集中在资源丰富、有良好重工业基础的中东部地区。概括而言，影响风电装备生产基地集聚的因素有两种：一是资源禀赋,如新疆地区、内蒙古地区及江苏沿海等区域,这些地方拥有丰富的风能资源,有利于获取生产原料,促进产品销售;二是区域重工业基础,如环渤海区域及长江三角洲区域,周边拥有较为完善的配套设施,便于投产后快速产出产品。

在风电装备制造集聚区域,一些重点城市充分利用当地资源优势,走出了具有自身特色的新能源产业发展之路。以天津市为例,天津市增加政府与社会资金的投入,通过打造产业园区,引进世界一流的风电企业入驻,同时吸引了其他企业入驻,整体提升了风电设备制造能力。歌美飒(中国)将总装厂、电机厂、齿轮箱厂、电气控制柜厂和叶片厂全部布局在天津;维斯塔斯(中国)的叶片厂、机机舱厂、发电机厂、机械加工厂和控制系统厂也均布局在天津;天津市已经打造了风电设备制造的全产业链。

表 7-5 2014 年中国风电累计装机排名前 20 的机组制造商

序号	制造企业	装机台数	装机容量(MW)	装机容量占比(%)
1	金风科技	17270	23384.6	20.4
2	华锐风电	10035	15805	13.8
3	联合动力	7325	11381	9.9
4	东方电气	5974	9236	8.1
5	明阳风电	4830	7600.5	6.6
6	湘电风能	2760	5527.5	4.8
7	上海电气	2947	5405	4.7
8	Vestas	3589	4749.6	4.1
9	远景能源	2474	4383.2	3.8
10	Gamesa	3412	3597.6	3.1
11	浙江运达	2280	28899.3	2.5
12	华创风能	1831	2750.1	2.4
13	南车风电	1364	2255.8	2.0
14	重庆海装	1095	2061.5	1.8
15	GE	1228	1869.1	1.6
16	华仪风能	976	1340.2	1.2
17	三一重工	766	1312	1.1
18	航天万源	746	1245.2	1.1

（续表）

序号	制造企业	装机台数	装机容量(MW)	装机容量占比(%)
19	重庆海装	572	1144	1
20	Suzlon	649	901.3	0.8
	其他	4118	5760.7	5.0
	总计	76241	140608.9	100

数据来源：中国风能协会（CWEA）。

（二）太阳能光伏产业布局

近几年，太阳能光伏发电在我国呈现出快速发展的趋势，已逐步形成产业化、规模化的局面，对于改善我国能源消费结构，建设清洁能源体系发挥了积极的作用。截至2015年上半年，我国新增光伏装机量为7.73GW，其中新增光伏电站装机量6.69GW，新增分布式光伏装机量1.04GW。从企业产品来看，我国企业产品主要集中在硅片、电池片和电池组件，以及光伏系统安装等方面。在电池组件生产方面，我国技术水平处于全球领先。但是，我国光伏产业的发展存在一些问题：产业链发展不平衡、对外依存度高、自主创新能力弱、国内产能过剩、多晶硅企业能耗高、环保不达标等问题。我国光伏产业积极发展，整体情况向好，但企业大都处于生产链的下游，受行业政策和国际市场不确定性影响过大。

表7-6　中国太阳能资源区划

名称	符号	指标[千瓦时/（平方米·年）]	占国土面积百分比（%）	地区
极丰富带	Ⅰ	≥1750	22.8	内蒙古额济纳旗以西、甘肃酒泉以西、新疆东部边缘地区、四川甘孜部分地区
很丰富带	Ⅱ	1400~1750	44.0	新疆大部、内蒙古额济纳旗以东大部、黑龙江西部、吉林西部、辽宁西部、河北大部、北京、天津、山东东部、山西大部、陕西北部、宁夏、甘肃酒泉以东大部、四川中西部、云南大部、海南
丰富带	Ⅲ	1050~1400	29.8	黑龙江大部、吉林中东部、辽宁中东部、山东中西部、山西南部、陕西中南部、甘肃东部边缘、贵州南部、湖南大部、湖北大部、河南、安徽、浙江
一般带	Ⅳ	<1050	3.3	四川东部、重庆大部、贵州中北部、湖南西北部

数据来源：《可再生能源丛书（太阳能卷）》，中国电力出版社2010年版。

随着光伏电价政策的调整和光伏电价补贴政策的出台，我国光伏产业呈现出稳中向好和东中西协同发展的格局。太阳能光伏发电增长迅猛，截至2015年6月底，全国光伏发电装机容量达到3578万千瓦，其中，光伏电站3007万千瓦，分布式光伏571万千瓦。大型并网光伏电站进展迅速，西部地区光伏电站装机容量居前，甘肃、新疆（含兵团）和青海累计光伏电站并网容量最多，分别达到578万千瓦、570万千瓦和470万千瓦，三省之和超过全国光伏总装机容量的60%。分布式光伏发电应用不断创新，装机主要分布在中东部经济较发达地区。光伏组件和装备制造产业形成了以长江三角洲为制造基地、中西部地区为原材料供应基地的格局。目前，北京、天津和河北省利用自身制造业基础和人才集聚优势，在京津冀区域逐步形成了一批光伏装备和组件生产基地。国内硅片制造和原料多晶硅的生产主要集中在硅能源丰富的区域，例如：江西新余、四川乐山、安徽芜湖等地。

（三）核电产业布局

从全球范围看，核电产业发展比较波折。从2003年到2006年，全球核能贡献的能源总量持续上涨，之后连续下降，到2009年全球核电产量仅比2003年高2.62%。2011年福岛核电事故促使欧盟国家放弃或者减缓了核电的发展，全球核电产业急剧萎缩。目前，核电产业发展重点已由发达国家进一步向东盟或者金砖等新型经济体国家转移，例如印度、巴西、越南、马来西亚等国在积极发展核电产业。

出于技术、资源、安全等层面考虑，我国核电发展的重心长期布局在沿海地区。截至2015年年底，我国在役、在建的核电机组一共51台，其中在役27台。在役核电站主要分布在辽宁、山东、江苏、浙江、福建、广东、广西、海南等8个省区13个核电基地，总装机规模为2140万KW。主要核电常规岛、核岛供应商及其制造基地则主要分布在四川、黑龙江，以及靠近市场的沿海地区。核电设备制造企业也呈现集聚东部沿海的特点，尤其集聚于长三角和珠三角地区。

（四）生物质能产业布局

随着我国进一步深化改革，加快城镇化建设和重视大气污染治理问题，政府出台了一系列相关政策与制度，给生物质能产业发展创造了良好的发展机遇。我国生物质能资源分布不均，生物质发电产业的发展受到原材料资源的限制。生

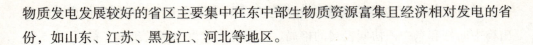

物质发电发展较好的省区主要集中在东中部生物质资源富集且经济相对发电的省份，如山东、江苏、黑龙江、河北等地区。

二、重点企业

（一）风电产业重点企业

根据产业链上的分工不同，风电企业可以分为风电整机制造商、零部件制造商和风电开发商三类，其中零部件制造商又包括发电机制造商、叶片制造商、基础零构件制造商（轮毂／塔架／机舱罩／齿轮箱／轴承）、电控系统制造商等。

我国风电产业龙头企业主要是整机制造商，我国风电整机制造技术水平、设计与装机能力都居于世界前列。随着风电产业的复苏，2015 年风电整机制造商的业绩迅猛增长，市场集中度也进一步提升。风电整机制造国内领先的企业有：金风科技、联合动力、明阳风电、远景能源、湘电风能、上海电气、东方电气、中船重工（重庆）海装风电、浙江运达风电、华锐风电等。国内风电零部件制造发展比较不均衡。国内企业在风机核心部件轴承、齿轮箱和控制系统的制造技术与国外先进企业相比存在很大的差距。国内零部件制造企业主要从事叶片生产，其中实力较强的企业有：中材科技、中福连众、联合动力、时代新材、保定惠腾等。五大发电集团是我国风电场主要的开发商。截至 2014 年年底五大发电集团累计并网容量 4256 万千瓦，占全国总并网容量的 55%。

（二）太阳能光伏产业重点企业

目前，企业主要集中在光伏产业链的下游，多晶硅生产商 20 余家，硅片生产企业 60 余家，电池企业 60 余家，组件企业 330 余家。随着产业链下游市场需求的增加，多晶硅企业产能不断扩大，但在多晶硅提纯技术方面，国内企业与世界先进水平还有很大的差距。在电池片及组件环节，国内企业已经达到了世界先进水平，产品与技术出口多个国家。

国内光伏产业相关的企业分为三个领域：多晶硅行业、电池片及组件行业和光伏发电行业。多晶硅行业企业主要有：江苏中能、特变电工、洛阳中硅、大全新能源、四川瑞能、宜昌南玻、神州硅业、亚洲硅业、盾安光伏、陕西天宏等 10 家企业。电池片及组件行业企业主要有：晶澳、英利、天合、晶科、阿特斯、海润、韩华新能源、顺风光电、亿晶光电、通威太阳能等。其中晶澳、英利和天合是全球最大的三家电池片生产企业。光伏发电行业企业有：特变电工、中利科技、航天机电、阳光电源、阿斯特、天合光电、英利、晶澳太阳能、晶科能源、昱辉阳光等企业。

（三）核电产业重点企业

按产业链上的分工，核电领域企业的类型主要分为：核电站建设运营、核心设备制造、辅助设备制造、核燃料（材料）生产、核电应用等领域。

在核电站建设运营领域，已经形成了一批龙头骨干企业，主要包括：中国核工业集团、中广核集团、国家核电技术公司、中国电力集团、中国华能集团和中国大唐集团等大型电力企业。在核电装备方面的重点企业有：哈尔滨电站设备集团、东方电气、上海电气、中国一重和中国二重等制造企业。在辅助设备制造领域的重点企业有：自仪股份、奥特迅、中核科技、上海机电、湘电股份、嘉宝集团等。在核燃料（材料）生产领域的重点企业有：东方锆业、兰太实业、沃尔核材、宝钛股份、方大碳素等企业。

（四）生物质发电重点企业

生物质能发电企业主要包括凯迪电力、国能生物、光大国际、上海城投、中节能、深圳能源环保、广东粤电、河北建设、创冠等，其中民营企业的生物质发电装机容量占到生物质发电总装机容量的一半以上，国有企业的生物质发电装机容量约占 1/3，其余为合资和独资企业。

第八章　新材料产业

第一节　国内外产业发展动态

一、整体概况

（一）行业规模

近年来我国新材料产业规模快速增长，2010年为6500亿元，2011年为8000亿元，2012年为10100亿元，2013年为12500亿元，2014年为16000亿元[1]。产品结构方面，高性能纤维复合材料占比为9%，先进高分子材料占比为24%，高端金属结构材料占比为19%，特种金属功能材料占比为32%。详见表8-1：

表8-1　2015年新材料产业产值结构

序号	类别	占比%
1	高性能纤维复合材料	9
2	先进高分子材料	24
3	高端金属结构材料	19
4	特种金属功能材料	32
5	新型无机非金属材料	13
6	前沿材料	3
	合计	100

数据来源：赛迪智库整理，2015年12月。

---

[1]　数据来源：赛迪顾问，2015年1月。

（二）互联网＋对行业的影响越来越大

"互联网＋"成为当前对各行各业影响冲击最为广泛的领域。国际上诸如美国等国家，也在通过互联网等技术，深刻改变新材料行业发展历程。如美国提出的"材料基因组计划"，就是在大数据的技术支持下，根据市场需求，按照"研究－开发－试验－检测－制造－营销－服务"纵向化链条进行研发组织的。事实上，互联网对行业影响主要通过三个途径，一是在新材料的供给方与需求方之间架起一座桥梁，让需求和供给能够直接对接。这种情况在"材料基因组计划"提出后更为明显，"材料基因组计划"，就是根据市场需求，采用逆向研究的方法，加大科技攻关。二是通过互联网＋可以进行精准销售，例如一些钢铁企业可以利用互联网技术，在钢厂生产线上就根据下游企业的要求进行定制化生产，不仅节约了生产成本，也为下游企业提供了高质量的服务，这说明，利用云服务平台，可实现资源共享，实现大规模复杂制造任务的协同，以提高生产效率，降低生产成本，不断开拓新的业务模式。三是产品附加值越来越扩散化。去产品化和去中心化越来越广泛，很多只是买服务，至于产品属于谁，是通过租赁还是购买已经变得越来越模糊。此外由于互联网＋的存在，很多地方发展新材料都在强调发展平台经济，即通过互联网平台，整合全球的创新资源，进行联合研发与公关，包括协同创新与设计等。通过这种新的开发模式，新材料的创新周期越来越短，以前可能需要几十年的研发周期可能缩短为几年。

（三）3D 打印与新材料融合发展趋势加快

材料产业是 3D 打印应用的一个重要方面。目前，3D 打印在飞机制造、医疗应用等方面，已经有很好的案例。通过 3D 打印，可以大幅度节约材料，据统计，传统材料在工厂加工过程中，使用效率低下，有的甚至不到 30%，如飞机制造，3D 打印之后，材料使用效率可以提高 70%。在医学应用方面，上海交通大学已经开展个性化骨科植入物及内植物方面的研究，该研究可以利用骨关节外科手术导航技术以及基于导航系统的机器人技术，建立了个性化假体专业数字制造平台、基于网络的个性化假体异地设计系统、个性化假体的网络制造系统。以此为依托，通过产学研结合方式，上海晟烨信息科技有限公司开展了基于数字医学影像与 3D 打印技术的医学工程服务，已经为全国 100 多家医院提供临床服务，累计完成 7000 多例相关病例的研究与应用。

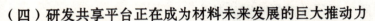

（四）研发共享平台正在成为材料未来发展的巨大推动力

例如，为了扩大全面共享，美国麻省理工学院的材料数据库包含大约 10 万种已知或理论上的材料信息，哈佛在网上公开了 230 万种混合物数据，人们可以通过网络入口读取数据，任何人可以通过在终端上下载一个程序来进行运算并返还数据，实现数据的共享、使用、整合。在我国，西北工业大学、华南理工大学、北京科技大学、东北大学等已经形成了三位一体的共享平台服务模式，以推动个性化定制生物医用材料产业的迅猛发展。华南理工大学开展了骨缺损的个性化精确修复和个性化正畸托槽研制，与广州瑞通生物科技有限公司合作实现了个性化正畸产品产业化。西安交通大学开发了快速成形制造系统集成，每年可为超过 2000 家高新技术企业提供科技能力服务 [1]。中南大学、上海大学等 7 所高校以云计算模式构建了材料学科资源云，已经初具规模，集成了 11 类 48 种材料计算软件（包括 16 种开源材料计算软件）和 59 个材料数据库，为使用人员提供基于云桌面的交互界面，实现了使用人员桌面环境的定制。2015 年工信部正在加快研究如何建立创新中心，创新中心的一个重要目的就是建立行业关键研发平台，实现各种研发资源的对接与共享。

二、存在问题

新材料产业发展存在一些亟待解决的瓶颈问题，主要表现在：第一，知识产权意识淡薄。第二，创新能力不足。之前我国新材料产业发展的模式为"引进－生产－扩大再生产"的发展模式，由于市场空间大，因此，企业利润等都有保障，特别是在高分子材料方面，引进工艺和设备后，就能进行生产和扩大再生。但金融危机之后，这种产业发展模式越来越受到制约，市场空间日益狭小，多地引进还带来所谓的高端过剩。创新不足还造成新材料产业发展中关键材料难以保障、核心专利受制于人。第三，消化吸收再创新严重欠缺。由于新材料使用存在很大的风险，很多下游企业不愿意使用国内的新材料产品。以高压电缆为例，很多地方已经生产出了高压电缆，但产能却得不到释放，原因在于下游使用单位原有的供货渠道已经固化，新进入者很难涉足，且新进入者产品使用还存在风险。第四，缺乏标准。目前材料产品缺少标准，牌号繁多，不利于集中发展创新与应用。以铝合金电缆为例，由于缺少标准，生产该类产品市场交易和质量风险都非常大。

---

[1]　王本力：《"互联网+"：新材料产业发展的强力引擎》，《新材料产业》2015年第5期。

第五，产业发展趋同等。第六，价格受到国外同行的打压。我国没有研发出同类产品之前，新材料产品价格往往非常高，当我国将要研发出同类产品之时，国外可能会转让技术给中国多个买主，以收取转让费。在我国企业研发完成后，国外企业往往会大幅降价，且幅度在一半以上，由于刚刚投产，国内产品产业化的成本非常高，受国外倾销影响，企业很难生存。第七，在一些地方，由于体制机制原因，企业经营成本高，创新发展动力不强，或者创新资金不足。第八，大企业与中小企业创新资源与创新活动不匹配。由于直接融资受影响，中小企业缺少资金支持，而大企业方面，由于长期获得垄断地位，所以创新的动力也不强，在石油石化领域该种现象最为明显。第九，我国新材料发展方面，在产业各环节缺少公共平台，因此开放程度不够，竞争与合作的机制不健全，企业之间的相互封闭造成的中国新材料产业生态系统的内耗十分严重，既浪费了资源，也严重影响了新材料的开发和下游产业的应用需求。

三、政策动态

（一）《中国制造2025》对新材料未来发展提出方向

"十二五"期间，我国化工新材料产值年均增速在15%左右，已形成涵盖高性能树脂、特种橡胶、高性能纤维、功能性膜材料、电子化学品五大领域的数千种产品。2014年，国内化工新材料消费总量为2466万吨，自给率为63%。但产业总体发展水平与发达国家仍有较大差距[1]。《中国制造2025》发布后，作为重大发展领域，新材料产业备受重视，对新材料产业未来发展思路和途径进行了明确描述。以石化新材料为例，我国石化行业规模微距全球前列，目前的主营业务收入已经超过14亿元，但我国石化强国的建设任务还非常艰巨，与发达国家相比，主要集中在基础产品领域，缺少行业核心技术，信息化水平比较低，低碳绿色生产以及环境保护任务一直非常艰巨。中国制造2025提出了创新驱动、质量为先、绿色发展、结构优化、人才为本的发展基本方针，石化行业也理应按照这一方针，加大技术改造与升级，加大自主创新。具体发展思路主要包括：第一，进一步加大智能化改造与升级，加大对生产流程的控制，通过智能化系统、工业机器人等，实现炼化、轮胎、化肥等行业率先加大智能化进程。第二，要极大创新，加快以企业为主体，建立产学研用结合的研发体系，不断丰富下游新产品开发，如在塑

---

[1] 《工信部"三重点五举措"推动化工新材料产业发展》，《中国粉体工业》2015年第5期。

本，因此使用需求方是否很快地接受石墨烯还需要进一步观察。第二，多年来石墨烯研发已经投入了大量的资金，一旦投产，价格可能不菲，面临传统材料的竞争，不见得有价格优势，除非该材料有非常突出的性能优势，且产品质量稳定性又非常好。未来如何打破需求端对新产品的观望，如何进行新材料的推广与应用，是石墨烯行业应该着重考虑的。从行业的区域分布来看，目前在江苏、浙江、北京等地，石墨烯发展动力和潜力最大。

（二）技术进展

石墨烯的应用技术进展主要表现在吸波材料方面有了一些进展。当前地区地缘政治还不稳定，各国战机正在从第三代、三代半向第四代隐形战机方向发展。如美国的 F22、F35，俄罗斯的 T50，中国的 J20、J31 都是这方面的典范。目前美国的两款隐形战机已经量产服役，中国的两款飞机可能也会在 2017 年左右量产服役，因此未来对吸波材料的需求会很高。吸波材料主要用来隐身，它可以减弱雷达、红外等探测系统对目标的影响。雷达吸波材料是隐身材料中不可缺少的一部分。除飞机之外，人们的日常生活也是吸波材料主要应用领域，特别是随着新一代信息技术的应用，移动智能终端使用越来越广泛，与人们形影不离的同时，电磁辐射带来的健康问题越来越受到人们的关注。例如手机天线发射的高频电磁波会对脑神经带来损伤，因此，吸波材料越来越受到环保拥护者的高度重视。通过使用吸波材料，可以将手机等电器的电磁波辐射等有效减弱。通过材料的介质损耗或磁损耗等方式将电磁波能量转化为热能或者其他的形式。当前，石墨烯已经成为物理、化学、材料学领域的研究热点，近年来，一种石墨烯氧化物，被证实可以有效地进行微波吸除，未来发展潜力较大。当前的一个技术趋势是，将之前单一的石墨烯材料，添加一些其他吸波材料，从而形成一种复合材料，用来大幅度提高吸波的性能。复合后的吸波材料，具有"薄、轻、强、宽"的优异性能。一种添加的材料为铁氧体，它是一种既有磁性又有一定介电性能的材料，因而具有良好的吸波性能，但是该种材料也有缺点，主要是高温特性差。因此，将铁氧体与石墨烯合进行复合，可以实现与石墨烯材料的优缺点互补，其性能也得到大幅度提升。钴铁氧体纳米材料也具有吸波性，相比钴铁氧体纳米材料和纯石墨烯材料，石墨烯／钴铁氧体复合材料吸收微波的性能更加优越。上述复合吸波材料虽具有优异的特性，但目前研究还处在进行阶段，远不成熟，需要进一步加强研究。除了上述吸波材料外，企业在一些技术领域也有很多有意义的发现，比如：美国、中国、日本科学家发现了一种五边形的石墨烯。这种材料具有超高的机械强度，具有很高的耐温性；加州大学的研究成果是让是模型同时拥有磁性和电学性质，新的量子现象也因此而产生；康奈尔大学将微米级的石墨烯进行各种裁剪构造，生产出了迄今世界上最小的机器；英国研究机构找到了能够规模化生产石墨的方法；曼彻斯特大学的研究人员与石墨烯生产商BGT材料有限公司合作，用压缩石墨烯墨水打印出射频天线。这种天线灵活、环保，可廉价大批量生产，能应用在无线射频识别标签和无线传感器上；格拉斯哥大学研究人员发现一种能大量生产石墨烯薄膜的新方法，据称可使基板成本大幅降低到约为先前使用材料的 1/100 等等。

二、锂离子电池正极材料

（一）发展概况

锂离子电池正极材料是电动汽车动力锂电池的核心，其发展技术路线主要包括三类：一是锰酸锂，二是磷酸铁锂，三是三元材料（镍钴锰酸锂和镍钴铝酸锂）。不同类型的动力锂电池正极材料具有不同的性能，大致如下：从电池系统比能量来看，三元材料最大，约为 150–200 之间，其次是磷酸铁锂，再次是锰酸锂；从三者循环寿命对比来看，使用寿命最长的为三元材料；从平台电压来看，锰酸锂为 3.8，三元材料为 3.6，磷酸铁锂为 3.2。综合来看，磷酸铁锂电池具有价格低廉，安全性能耗，寿命长的优点，缺点为导电性差，容量低等；锰酸锂电池正极材料则具有工艺简单，价格低廉，充放电电压高，对环境好，安全性能优异等优点，但容量低，高温下容量衰减得缺点比较严重；三元材料的优点主要包括容量高，价格较便宜，安全性较好，循环性能也较有益，缺点是材料的合成相对较难，冲放电效率较低。从世界知名电动汽车材料供应商来看，特斯拉所用电池正极材料主要由日本松下电器产业株式会社提供，宝马汽车所用电池正极材料主要由三星提供，通用雪佛兰主要由 LG 化学提供，比亚迪汽车主要为自主研发。从电池能力密度看，上述电动汽车最高的为特斯拉。

（二）技术进展

磷酸铁锂技术所用的材料为橄榄石型结构。磷酸铁锂技术具有一些缺点，包括离子速度扩散慢等，在一定程度上限制了商业方面的应用。因此磷酸铁锂如何改进成为近来技术进展的主要方向。主要包括几个途径，其中一个重要的途径就是表面包覆，包括碳包覆等，就是在磷酸铁锂表面涂覆一层导电垫层，提高到点了，加快离子扩散。除了上述包覆技术以外，还有利用石墨烯包覆，该种工艺对于材料的性能提升非常明显，特别是导电性能方面。

锰酸锂材方面，该材料具有成本低安全性好等优势，可以为电力汽车提供动力电池。但这种材料的一些性能需要提高，一是循环性能，二是电化学的稳定性能。锰酸锂中的锰酸锂在高温下很不稳定，但具有容量高的优点。尖晶石锰酸锂材料的技术开发以日韩两国的技术成熟度最高，其锰酸锂产品已达到现阶段电动汽车动力锂电池的使用要求。日产的一些电动轿车就采用了日本 AESC 公司的锰酸锂离子电池，总体来看，改性锰酸锂是锰酸锂电池未来研究重要方向。目前，电动汽车的快速发展对动力锂电池的性能提出了更高要求。按照《中国节能与新能源汽车国家规划（2012–2020）》的目标要求，到 2020 年，动力电池能量密度提高到 300Wh/kg 以上。总体来看，目前使用的无论是磷酸铁锂、锰酸锂或者是三元材料，其动力电池都不能达到上述需求，最迫切需求改进正极材料。碳材料复合也是一个重要发展方向，常用的碳材料包括多孔碳、碳纳米管、石墨烯等。目前，导电聚合物同样能改善硫正极的性能，其不仅能抑制多硫化物的迁移扩散、提高硫的导电性能，而且能增加电极材料的稳定性。目前常用的导电聚合物有聚对苯(PPP)、聚吡咯（PPY）、聚苯胺（PANI）、聚丙烯腈（PAN）等。硫基正极材料受到了广泛的关注，但是其距商业化应用还有一定距离。目前国际上硫基正极材料研究的代表性厂商有美国的 Sion Power、Polyplus、Moltech，英国的 Oxis 及韩国三星等。中国的研发还集中在研究机构，以中国电子科技集团公司第十八研究所、中国人民解放军防化研究院、清华大学、上海交通大学、国防科技大学、武汉大学、北京理工大学等科研院所为代表，企业参与研发的还不多 [1]。

三、电子材料

（一）发展概况

电子材料是电子信息产业发展的重要材料基础，以电子化学品为例，一般认为电子化学品属于精细化工门类，大致包括电子高纯试剂、封装材料、电子气体等。总门类大概十几个，这类产业或者产品所用的量不大，但专用性和科技含量较高。目前我国电子化学品发展和整个精细化工发展情形大致相当，一些高端产品需要

[1] 解建强：《电动汽车动力锂电池正极材料的现状和发展趋势》，《新材料产业》2015年第11期。

进口，低端产品虽然也属于电子化学品的精细化工门类，但附加值不高。由于电子化学品种类多，业内企业规模小，严格统计该类型产业情况有一定的难度。据报道，国家正在研究对电子化学品产业发展现状进行评估，可以预见，对于我国对外依存度高，同时又非常重要的电子化学品种类，国家将会出台一些政策，如以产业支持目录的方式，予以优先发展。其他材料方面，包括新型的半导体材料近年来研发不断取得新突破，对未来电子产业发展可能会带来革命性的影响。

（二）技术进展

电子材料技术发展迅速。日前，重庆邮电大学展示了全球首款工业物联网SIP芯片—CY2420S。这种芯片主要应用于工业自动化和工业智能化。这款芯片的尺寸大约在1厘米左右，该芯片的研发也带动了相关电子化学品材料的发展。由于之前的工业控制主要靠有线网来链接，为工业生产线带来诸多不便，该种芯片的研发与利用，可以实现无线链接，并进行远程控制。从成本来说，之前的有线控制布线成本很高，这种设备和材料的研发能够极大地降低成本，预示着工业无线控制网络将取代现有的系统。半导体材料方面，当前新一代功率半导体发展迅猛，有报告显示，到2020年，新代一功率半导体规模将大幅增加，特别是碳化硅和氮化镓的增速还会更大。有报告认为，2016年，碳化硅功率元件会形成一定的市场规模，研发的产业化会快速推进。美国和意大利科学家在2015年研发了一种硅烯材质的晶体管，其在真空中能稳定工作。LED材料方面，南京理工大学日前研究出了一种新的超薄材料，用以生产LED等，可以使LED等的生产成本大幅度降低。目前，LED的关键零部件是芯片，芯片的主要材料是氮化镓，这种材料的制造费用较为昂贵，如何降低生产成本，为当前很多研究所关注。上述薄膜材料正是瞄准传统材料的缺点，从提高晶体管密度、柔性等角度出发，加大产品开发，取得了较好的效果。按照上述发展思路，未来这种越来越小巧的可穿戴产品会更加受到研发者的关注，也将受到消费者的青睐。在产品小巧柔性方面，复旦大学也有新的进展，他们开发出了一种柔性双面印制电路板。通过这种电路板，未来的电脑可以超波，可以柔性，因此可以称之为"纸电脑"，这种新的制作工艺，具有成本低、绿色化和柔性化等多项优点。这一技术的研发成功，打破了国外公司的垄断，对外力新兴电子产品的开发具有重要意义。事实上，我国已经是世界第一大印制电路板生产国家，产值约占世界的40%。传统工艺上，印制电路板通畅采用光刻腐蚀的方法，但是这种方法有很多缺点，包括会排放大量的污染液体，生产工序比较多，消耗的材料也比较多。目前的世界贸易中，中国产品出口欧美等国家，往往会面临绿色壁垒，因此传统的生产工艺长远来看对产业发展不利。与传统工艺相比，复旦大学开发的这种新工艺，具有无浪费、低污染、线路电性能好、粘附力强、能直接制造双面柔性电路板等优点。这种电路板的基础材料仅仅是最简单的塑料薄膜，所以一旦投产，适用范围会更广。其他的新型研发产品还很多，如宾夕法尼亚州立大学的科学家研制出一种新型高分子介电质，这种新型的介点质，能够在高温下工作，储能效率非常高，未来预计可以广泛应用到新能源汽车方面，在航天器的制造方面也有非常大的发展前景。

四、塑膜新材料

（一）发展概况

国内产业规模在扩张中出现过剩和企业经营困难。自 2001 年国民经济进入新一轮扩展以来，我国塑膜产业发展飞快，塑膜产品不断丰富，特别是双向拉伸薄膜，产品产能扩展非常快，各地都在加快发展，2014 年，塑膜产业规模超过3000 亿元，其中 BOPP 产能达到约 600 万吨，占世界产能的比重超过 60%。国内形成了一批产业基地和大型企业，主要分布在广东、上海、江苏、浙江等地区。受产能扩张影响，国内 BOPP、CPP、胶带母卷等产品产能利益率持续下降。近年来，我国塑膜市场，特别是 BOPP 等产品，受宏观经济影响，市场供需失衡比较严重，整体呈现供过于求的状态，膜厂利润微薄甚至亏损，目前已经出现企业倒闭现象，行业整体开工率一度维持在 65% 以下，但这两年国内还在不断新增产能，如 2014 年 BOPP 新增产能 68.5 万吨，并主要集中在华东地区和环渤海地区。整体来看，目前的结构性、阶段性产能过剩是塑膜行业实现健康、可持续发展的一大障碍。低端产能过剩问题仍未有效解决，超越市场需求，盲目引进项目而引发的阶段性过剩产能，尚未有效化解，而高端产品仍需大量进口，如双向拉伸产业在普通包装膜产能严重过剩尚未化解的情况下，锂离子电池隔膜产能在2015 年达到 23 亿平方米，既大大超过全球需求量，又形成新的产能过剩，而高端隔膜进口比例达 90%，整个隔膜进口率达 70%。

（二）技术进展

高端塑膜领域发展市场需求依然广阔，国内正在加快产品结构调整。全球塑料薄膜市场总体还会增长，预计需求量到 2020 年将达到 7100 万吨，但产品结构会出现大幅调整，环保、功能化等新材料成为发展重点。以 CPP 塑膜为例，下游需求可以分为食品包装、服装包装、工业包装等。受行业发展大环境影响，各地出现了不同程度的不景气现象，目前的工业包装技术逐渐趋向高端化、多样化转型，高端薄膜及特种薄膜需求量明显增多，纸巾膜、防雾薄膜的应用正逐步扩大，相关方面的技术也在加紧研发与跟进。以 BOPET 薄膜为例，通包装膜终端需求稳定，食品、服装、日用包装等生活必需品受经济波动因素较小，且存在刚性需求，虽产品增长带动能力有限，但经济不景气下，对行业仍有托底作用。2014 年前后，BOPET 薄膜价格降到 BOPP 薄膜以下，对 BOPP 薄膜产生了强烈的替代作用。近几年太阳能电池背材膜由于光伏行业的不景气，产品滞销，价格下滑，毛利率非常低。LED 显示屏、大屏智能手机、平板电脑的兴起大大增加了光学片的需求，目前生产 BOPET 光学片的企业业绩良好。其他如超薄型电容膜毛利率也较高，目前国内处于进口替代期，需求前景较好。整体而言，未来我国塑膜产业将向功能化、轻量化、可降解以及复合化方向发展。轻量化直接关系到制品的成本和对资源的有效利用；复合化是将不同性能的膜材料叠加在一起，赋予新的薄膜以更好的性能，且通过选择不同的原料和控制厚度，可以得到各种性能和成本的塑料薄膜；可降解塑膜在利用可再生能源来替代石化能源，减少二氧化碳排放，防治温室效应，减少白色污染，促进环境保护等方面发挥着重要作用。实现塑膜产品初级加工向精深加工的转变，单品种、低技术、低附加值产品向多品种、高技术、高附加值产品的转变。

五、玻璃纤维

（一）发展概况

自 20 世纪 90 年代以来，国外玻纤产能扩张基本停止，主要致力于用新技术对已有生产线的技术改造和产品升级。目前我国人均玻璃纤维年消费量约 1.1 千克，而美国为 4.5 千克，日本为 4 千克，这表明我国玻璃纤维的市场空间仍然很大，目前我国风电产业用高性能玻璃纤维的国产率仅为 30% 左右，未来发展新型玻璃纤维，还有很大的上升空间。在工艺方面，规模化和节能绿色生产、延伸产业链将成为发展主流；在市场应用方面，战略性新兴产业中的应用将加大，一部分普通无碱玻璃纤维将被取代。

表 8-2 高性能玻璃纤维应用情况表

应用领域	应用范围	占总量的比重
国防军工	高强高模纤维、石英纤维、高硅氧纤维、低介电纤维	1%
航空	高强高模纤维、低介电纤维	0.5%
电子信息	非通信光纤、高介点纤维、低介电纤维	2.5
新能源	无硼无氟改性无碱玻璃纤维、高强高模玻璃纤维、耐化学腐蚀玻璃纤维、耐辐照纤维	50%
环保	耐化学腐蚀玻璃纤维、玄武岩纤维、耐高温纤维、高强玻璃纤维	15%
交通	无硼无氟改性无碱玻璃纤维、高强高模纤维	15%
建筑与基础设施	无硼无氟改性无碱玻璃纤维、耐化学腐蚀玻璃纤维、耐碱玻璃纤维、玄武岩纤维	14%
节能	高硅氧纤维、耐高温纤维、玄武岩纤维	1%
其他	医疗器械、机械零部件、空气净化部件等领域	1%

数据来源：赛迪智库整理，2015 年 12 月。

（二）技术进展

目前玻璃纤维行业发展在玻璃母料、下游深加工所需性能方面有所进展，在产业产能大型化方面有所进展。自工信息部发布玻璃纤维行业准入条件以来，要求新建池窑法拉丝玻纤生产线的无碱玻璃纤维规模在 50000 吨以上，新建单窑规模在 30000 吨以上。新建高性能或特种玻璃生产线中坩埚法应达到 2000 吨每年以上，且产品单丝直径小于 7 微米。在池窑拉丝发中，该工艺应用多孔漏板、多合金漏板、纯氧燃烧等，玻璃纤维的直径能够精确控制，能耗也有所降低，产品的稳定性也能够得到有效提高。从巨石等企业近年来的发展思路看，龙头企业的技术研发正在加快向上下游延伸，上游方面在矿物原料、矿物粉末质量控制、功能性研发方面有所进展，下游领域则根据应用需求，不断开发针对终端产品的新性能。如玻璃纤维在汽车零部件中的应用，国内很多大企业并不能满足需求，该类零部件产品需要从德国等发达国家进口。

第三节　中国新材料产业布局及重点企业

一、空间布局

（一）我国石墨烯产业布局

目前我国石墨烯产业主要布局在长三角、京津冀、山东、广东、四川、福建、重庆等地。重点园区主要包括常州石墨烯科技产业园、青岛石墨烯产业园区、重庆石墨烯产业园、宁波石墨烯产业园区、无锡石墨烯产业园区等。常州石墨烯产业园成立了江南石墨烯研究院。该园区已经形成 5 个全球第一。包括全球第一款石墨烯手机电容触摸屏、年产 100 吨石墨烯粉体生产线。青岛石墨烯产业园位于青岛高新区，目前该区正与中国石墨烯产业技术创新战略联盟及国内外石墨烯重点科研机构与企业对接。2015 年，全球首批量产石墨烯手机亮相于重庆。该产品采用了石墨烯触摸屏、锂电池和散热膜。

（二）镁合金产业布局

我国镁合金产业主要布局在山西、宁夏、重庆、长三角地区、泛渤海地区等。主要代表企业包括：山西的太原同祥镁业、华源镁业，长三角的上海乾通、通用、奇瑞，珠三角地区的力劲集团、富士康，宁夏的东方有色金属集团、嘉瑞，环渤海地区的中铝洛铜，重庆地区的重庆镁业科技公司等。

（三）特钢产业布局

我国特钢产业主要布局在原有的钢铁基地，主要包括东北地区、长三角地区、环渤海地区，以及中西部地区的一些老工业城市等，这些区域中的代表企业主要包括：东北特钢、上海宝钢、中信泰富特钢、太原钢铁、河北舞阳钢铁、江苏兴达、攀钢集团长城特殊钢、抚顺特钢、首钢特钢、大冶特钢、天津钢管、沙钢集团淮钢特钢、西宁特钢、大连金牛、贵阳特钢、内蒙古北方重工、上海重型机械厂、福建新万鑫精密薄板、江苏诚德等。

（四）高性能纤维产业布局

我国高性能纤维产业主要布局在东北沿海地区，具体省份主要包括浙江、山东、广东、江苏、北京、上海、河南、湖南、四川等地。主要企业有生产芳纶原料的浙江龙盛、烟台裕祥精细化工等。生产间位芳纶材料的烟台氨纶、广东彩艳、苏州圣欧化纤等。生产对位芳纶的苏州兆达特纤科技有限公司、中国石化仪征化纤、河北硅谷化工、河南神马、成都中蓝晨光化工研究院等。其他还包括中国石化仪征化纤、北京同益中、宁波慈溪大成、山东爱地高分子材料、湖南中泰特种装备、江苏神泰科技、上海斯瑞聚合体等。

（五）前沿材料产业布局

我国前沿材料主要包括纳米材料、超导材料等，在全国都有布局，但从企业在行业中的地位来看，东部地区的企业数量以及影响力更大。重点企业主要包括北京首创纳米科技、四川江油核宝纳米材料、山东盛大科技集团、长春大力、陕西中科纳米、北京中科纳新印刷、江苏密友集团、江苏河海纳米科技、上海交大纳米工程中心、上海大学纳米中心、华东理工大学纳米中心等。陕西西安西部超导、北京英纳超导、北京综艺超导、江苏法尔胜佩尔新材料、中科院上海微系统所等。北京有研亿金、江苏镇江忆诺唯记忆合金、浙江台州椒光稀土、安徽首文高新材料等。

（六）稀土材料

我国稀土材料产业上下游主要包括3个部分，分别是稀土开采、稀土发光材料和稀土永磁材料。上游行业主要布局在中西部地区，下游行业主要是市场导向布局，主要分布在东部沿海地区。重点企业包括：包头达茂稀土、江西铜业、江西赣州稀土、广东广晟有色、广西有色集团、山东微山湖稀土、福建龙岩稀土、中国五矿、中国有色矿业、中国铝业、厦门钨业等。江门科恒、陕西彩虹、杭州大明、常熟江南、江苏天彩、衢州国光、浙江阳光、上海跃龙、厦门通士达新材料、广州有色院、北京有研稀土新材料等。中科三环、宁波韵升、北京安泰科技、太原刚玉、北京北矿磁材、浙江横店东磁、中钢集团安徽天源科技、甘肃稀土、彩虹集团、宁波科宁达等。

（七）陶瓷及高性能玻璃产业布局

陶瓷材料在山东、江苏等地发展比较迅猛，玻璃材料主要布局在东中部地区。陶瓷材料代表企业主要包括：江苏久吾、南京九思高科等。山东硅苑新材料、北京中材高新材料、浙江英洛华电子、苏州高频瓷厂、昆山攀特、宜兴丰峰陶瓷、无锡鑫圣慧龙；江苏宝通电子科技、浙江嘉康电子、江苏江佳电子、厦门TDK、福建华清电子等。高性能玻璃材料主要包括：深圳南玻集团、山东金晶集团、深圳中航三鑫、信义玻璃、上海耀皮玻璃、湖北新华光、福耀玻璃、河南洛玻、厦门明达玻璃、安徽方兴科技、深圳莱宝高科技、湖北三峡新材、山东力诺玻璃、株洲旗滨集团、彩虹电子玻璃等。

（八）膜材料产业布局

膜材料属于高科技产品，东部沿海发达地区发展比较集中，此外像乌海、安徽、河南等地，也有一些好的企业布局。且这些地区一些代表性的企业主要包括反渗透膜领域的北京时代沃顿、杭州北斗星膜制品有限公司、葫芦岛北方膜技术工业有限公司等。膜应用处理领域的北京碧水源、厦门三达、北京万邦达、海南赛诺实业、深圳和硕电子、山东东岳集团等。锂电池隔膜领域的深圳星源材质、佛山金辉高科、河南新乡格瑞恩等。

（九）特种塑料与橡胶产业布局

特种橡胶和塑料新材料主要依托化工原料布局，重点分布在沿海沿江地区等。重点企业主要包括广州金发科技、上海普利特、武汉塑料、佛山塑料、沧州明珠塑料、北京蓝星化工、云南云天化、新疆蓝山屯河、上海华谊集团、上海蓝星化工、安徽巨成精细化工、山东海力化工、山东道恩高分子材料、河南卫辉银金达薄膜、四川中蓝晨光等。

二、重点企业

（一）赣州稀土集团有限公司简介

赣州稀土集团有限公司成立于 2010 年，与中国铝业、五矿集团、广晟有色以及包钢稀土等成为中国大型稀土 5 大集团。该公司产业链条比较完整，在开采、加工、贸易、研发以及示范应用等方面，都有产业涉及，目前该企业已经成为全国系统行业的龙头企业。成为南方稀土业发展的一个资源平台。目前该公司在稀土开采和冶炼分离等方面，具有很强的科技实力。未来该企业重点发展五条产业链：主要包括稀土磁性材料及永磁电机；稀土发光材料、新能源及应用元器件；稀土功能陶瓷、催化抛光等新材料及应用；稀土储氢材料、各种动力电池及储氢系统等应用；矿山的绿色提取，高效清洁、超高纯分离和二次资源综合回收利用等。目前集团形成 3 户以上主营业务收入超百亿元的上市公司，5 户以上主营

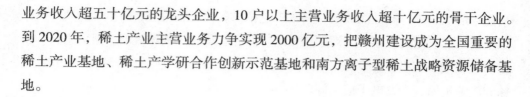

业务收入超五十亿元的龙头企业，10户以上主营业务收入超十亿元的骨干企业。到2020年，稀土产业主营业务力争实现2000亿元，把赣州建设成为全国重要的稀土产业基地、稀土产学研合作创新示范基地和南方离子型稀土战略资源储备基地。

（二）北京三环新材料高技术公司

北京三环新材料高技术公司成立于1985年。公司近年来规模扩张非常快，先后在北京、天津、宁波、肇庆等地区创办合资和内资企业，在钕铁硼永磁材料生产基地建设以及成品加工方面，具有相当实力。三环公司依托中科院及有关科研院所雄厚的科技背景，不断推出新型永磁材料及应用产品，产品质量和科技含量不断提高。该公司具有钕铁硼专利产品销售许可权和进出口自营权，产品远销国际，品牌效应不断提高。在发展公司市场经营的同时，公司也承担了一些国家级的科研项目。目前中科三环有5家钕铁硼稀土永磁生产企业，包括天津三环乐喜、肇庆三环京粤等。目前中科三环的产品钕铁硼磁体、粘结钕铁硼磁体，软磁铁氧体以及电动字形成等，是行业领域内的典型代表企业，成为全球最大的制造商之一。中科三环注重钕铁硼产业链的延伸，在上游产业与我国稀土原料主要产区紧密合作，参股两家上游原料企业，确保了稀土原材料的稳定供应；在下游产业控股南京大陆鸽高技术股份有限公司，生产由钕铁硼稀土永磁电机驱动的绿色环保电动自行车。

（三）北京矿冶研究总院

北京矿冶研究总院为中央企业，该机构具有工程设计、环境影响评价等服务，具有先进的大型设备仪器和工程化能力较强的中试及生产装备，拥有2个国家重点实验室、3个国家级工程技术研究中心和1个国家重有色金属质量监督检测中心。矿冶总院以"以技术创新促进矿产资源的可持续开发利用"为发展使命，致力于我国有色金属行业的技术创新，在采矿、选矿、有色金属冶金、工艺矿物学、磁性材料、工业炸药、选矿设备、环境工程、表面工程技术及相关材料等研究领域具备国家领先水平。建院以来，矿冶总院共获得国家和省部级科技成果奖励1000余项，授权专利和制订国家及行业标准1000余项；拥有中国工程院院士3人，享受国务院政府津贴101人，"百千万人才工程"、新世纪"百千万人才工程"国家级人选9人；具有矿业工程、冶金工程、材料科学与工程和机械工程4个一级学科硕士学位授予权。矿冶总院高度重视科技成果的转化，组建了多家高技术产业化公司，包括两家上市公司，其中，北矿磁材科技股份有限公司的 A 股股票在上海证券交易所上市，北京当升材料科技股份有限公司在创业板上市。矿冶总院致力于成为世界一流的矿冶科技集团公司，秉承点石成金，追求资源利用极致；创造价值，实现客户企业共赢的发展理念，不断深化改革，调整产业结构，为我国有色金属行业产业振兴提供强有力的技术支撑。

（四）江苏久吾高科技股份有限公司

该公司是国内生产规模最大、品种规格最多、研发能力最强的无机陶瓷膜元件及成套设备的专业化生产企业，是膜集成系统解决方案的专业化提供商，中国膜工业协会常务理事单位，《管式陶瓷微孔滤膜行业标准》等标准的起草单位。公司始创于 1997 年，是国内极少数拥有完全自主的陶瓷膜制备技术的企业。公司与南京工业大学膜科学技术研究所等多个国内外研发机构开展长期的研究合作，研制开发的多通道管式无机陶瓷微滤、超滤、纳滤膜系列产品填补了国内空白并达到世界先进水平，产品先后被列入国家"火炬计划"、国家重点成果推广计划和国家发改委批准的膜专项计划。多通道 Al2O3、ZrO2 陶瓷微滤膜及成套装备被国家经济贸易委员会认定为国家重点新产品。2003 年，公司通过 ISO9000 质量体系认证。公司拥有一支由管理和工程技术等人员组成的科研、设计、生产和营销团队，在无机陶瓷膜的制造及工业流体的膜分离领域有扎实的理论基础和丰富的实践经验。

（五）北京时代沃顿科技有限公司

时代沃顿科技有限公司成立于 2000 年，是中国南车集团南方汇通股份有限公司的控股子公司。2006 年 7 月，南方汇通、株洲电力机车研究所以及自然人股东共同出资完成了对原汇通源泉公司的并购，成立了贵阳时代汇通膜科技有限公司。为了进一步加快膜项目的产业化、规模化和专业化，充分利用北京和贵阳两地的资源优势，于 2007 年 1 月成立了北京时代沃顿科技有限公司；2010 年 3 月，贵阳时代汇通膜科技有限公司更名为贵阳时代沃顿科技有限公司。2001 年，公司从美国引进反渗透膜全流程生产线和工艺技术，通过消化、吸收和创新，研发制造的工业通用膜元件、海水淡化膜元件、抗污染膜元件、抗氧化膜元件和家用膜元件等，其质量和技术水平位居全球前列，已经广泛应用于饮用纯水、食品饮料、医疗制药、市政供水处理、工业用高纯水、锅炉补给水、海水淡化、电子行业超纯水、废水处理与回用及物料浓缩提纯等行业。公司已经成为全球第二家拥有干式膜元件规模化生产能力的制造商；同时，具有自主知识产权和领先技术优势的抗氧化膜与抗污染膜的研发成功，不仅在废水处理领域得到很好应用，更攻克了长期以来反渗透膜的应用难题——有机和生物污染领域，使得产品在药物提纯、无菌饮用水等食品及卫生领域得到广泛推广与应用。截至目前，公司已有32项专利获得授权。公司先后承担了国家863、国家创新基金、国家火炬计划和国家新产品计划、重点产业振兴和技术改造等多项国家及省部级项目。公司研发团队中，博士、硕士学历的科研人员比例达到80%，搭建了设计研发、工艺控制、检测试验、应用研究四个专业化研究平台，为公司持续、健康、快速发展提供了强有力的技术保障。公司拥有9个系列50多个规格品种的复合反渗透膜和纳滤膜产品，全系列反渗透膜产品皆采用最先进的低污染技术，其产品品质已达到国际先进水平，其中一些型号膜元件的脱盐率已经达到99.8%。公司旗下的VONTRON反渗透膜产品已通过美国NSF认证和WQA检测，并远销意大利、西班牙、德国、土耳其、韩国、日本、越南、马来西亚、泰国、新加坡、巴西、加拿大、中国台湾等国家和地区，并在全球拥有自己的代理经销商和固定客户群。

（六）深圳市星源材质科技股份有限公司

该公司成立于2003年9月，公司位于深圳市光明新区，注册资本9000万元。总设计产能达2亿㎡/年。该公司是当今世界少数同时拥有锂离子电池隔膜干法、湿法制备技术和生产线的企业。2010年11月华南制造基地投产，公司目前已成为国内规模较大、设备较为齐全、技术较为专业的锂电池隔膜制造企业，奠定了行业领先地位，已跻身于全球具有一定影响力的锂离子电池隔膜供应商之列。公司现有员工队伍500余人，其中博士6人，硕士30余人，本科100余人。本着"聚天下人，汇天下财，成天下事"的企业宗旨，该公司纵横联合、励精图治，十年来，取得了令人瞩目的成绩。公司先后承担了多项国家"863重大课题"以及国家火炬计划重点项目，产业化项目连续几年被列为深圳市重大建设项目。同时，公司在动力锂离子电池隔膜产业关键技术方面的突破，填补了我国在该领域的空白。产品具有自主知识产权，达到了美国、日本同类产品质量水平。展望未来，企业将加大锂电池隔膜等功能膜材料的研发力度，做强做大，把"星源材质"打造成真正意义的民族品牌，有望成为国内功能膜材料行业的龙头企业。

（七）山东玉皇化工（集团）有限公司

该公司成立于 1986 年，是一家民营股份制大型跨国企业集团，具有从炼油到精细化工、从基本有机化工到高分子材料的完整产业链条，主营业务涵盖化工产品的研发、生产、销售以及物流运输、新能源电池、房地产开发等领域。目前在国内外拥有 5 大生产基地。2015 年，在中国企业 500 强中排名第 432 位，在中国民营企业 500 强中排名第 139 位，在中国化工企业 500 强中排名第 28 位。公司承担实施了国家级火炬计划 2 项，省重大科技成果转化 2 项，获得省级鉴定科技成果 9 项，拥有发明专利 31 项，实用新型专利 1 项。公司先后被评为"全国守合同重信用企业"、"国家创新型试点企业"、"山东省节能降耗先进企业"、"山东省产学研结合突出贡献企业"、"山东省知识产权试点企业"、"山东省高新技术企业"等荣誉称号。公司投资 2.4 亿元分别与中科院长春应化所、中科院大连化物所联合建立了聚烯烃和化工新技术研发中心。研发中心聚集 200 多名研发人员，与十多家高校院所进行合作，走上了"产、学、研"相结合的道路，为公司快速发展注入了勃勃生机。公司在碳五深加工、高分子聚合、烷烃脱氢、柴油添加剂等方面取得了重大技术突破，玉皇新能源科技有限公司与南京大学、哈尔滨工业大学、武汉大学等建立良好的合作关系。拥有 40 余项自主研发的动力锂电池的制造及应用技术专利，使用全球领先的石墨烯技术率先解决了循环使用寿命和安全性这两大困扰国际锂离子动力电池发展的致命问题，亦是目前世界范围内少数拥有大容量快速充电锂电池生产技术的公司之一，已成功生产 10AhEV 和 HEV 不同规格的单体电池，成为业界的技术领先者。2013 年 2 月，公司在美国德克萨斯州注册成立了北美子公司。在路易斯安那州购买 7800 余亩土地，计划分 3 期共投资 31 亿美元建设项目。2015 年 9 月份举行了开工奠基仪式，预计 2018 年初项目建成投产。

第九章　节能与新能源汽车产业

2015 年,节能与新能源汽车产业被提到新的战略高度。5 月,国务院印发《中国制造 2025》(国发〔2015〕28 号),把节能与新能源汽车产业作为重点突破的十大领域之一。9 月,国家制造强国建设战略咨询委员会发布《〈中国制造 2025〉重点领域技术路线图(2015 版)》,把节能与新能源汽车作为重点发展突破的 10 大优势和战略产业。年内,国家各类扶持政策和激励措施相继出台,配套基础设施建设力度加大,产品技术水平持续提速,商业模式创新进一步活跃,新能源汽车的市场接受度不断提高,促成我国节能与新能源汽车产业实现超速发展,新能源汽车超越美国成为全球第一大市场。

第一节　节能与新能源汽车产业发展动态

一、整体概况

(一)产业规模实现了爆发式增长

从全球看,2015 年 1–11 月电动汽车累计销售 44.7 万辆,预计全年可达 50 万辆。11 月份,欧洲和中国新能源汽车市场表现突出,带动全球电动乘用车销量突破 5.5 万辆,达到 57851 辆,比上年同期激增 115%。11 月,法国电动汽车市场继续走强,共销售 2688 辆,同比增加一倍,市场份额达到 1.4%;德国累计销售电动汽车近 2700 辆,同比大增 130%,市场份额提高到 0.7%;挪威销售 3100 辆电动汽车,约为上年同期的两倍,市场份额随之上升到 22.8%;美国电动汽车市场进入了"下一波增长期",以 2016 款雪佛兰沃蓝达为代表的新车型开始上市，11月的销量估值为10300余辆，比上年同期增长约10%[1]。

从我国看，据中国汽车工业协会的数据，2015年生产新能源汽车340471辆，同比增长3.3倍。其中，纯电动汽车254633辆，同比增长4.2倍；插电式混合动力汽车83610辆，同比增长1.9倍。全年销售新能源汽车331092辆，同比增3.4倍。其中，纯电动汽车247482辆，同比增长4.5倍；插电式混合动力汽车83610辆，同比增长1.8倍。全年新能源汽车销量占到了汽车总销量的1.35%[2]。行业普遍认为，新能源汽车销量一旦突破1%，预示着产业将从导入期进入成长期，过渡到一个快速增长的新阶段。从全球占比看，我国新能源汽车销量占全球销量的40%以上，超过日本、欧洲和美国，初步形成在全球新能源汽车市场上的领先地位。

节能汽车方面，根据中国汽车工业协会的数据，2015年，1.6升排量及以下乘用车销量1450.86万辆，同比增长10.42%，占乘用车总销量的68.6%。[3]据机动车整车出厂合格证统计，2015年11月，列入《节能产品惠民工程节能环保汽车（1.6升及以下乘用车）推广目录》（第一、二批）的272款车型中，量产车型有138款，共生产28.4万辆。

（二）技术创新和产品研发取得新突破

总体来看，世界新能源汽车的技术发展呈现以下特征：一是在发展战略方面趋向一致，但技术路线有所侧重。在发展战略上，近期，各国大力发展小型纯电动汽车和插电式混合动力汽车；中长期看，纯电动驱动技术将占据主导。在技术路线上，不同企业的发展重点不一。如，福特、现代等企业并行发展非插电式混合动力、插电式混合动力、纯电动、燃料电池汽车；丰田、日产等日系车企主推混合动力汽车，并集中全力实现燃料电池汽车产业化。二是电动化技术全面快速发展，不同类型车辆产业化所处阶段不同。非插电式混合动力技术成熟，节油效果明显，应用规模较大。插电式混合动力和纯电动车技术有明显提升，处于市场导入期，但由于动力电池技术未有显著突破，应用普及度不高。三是产品竞争局面开始形成，不同车型应用领域有所不同。新能源汽车车型上市步伐加快，可供选择的车型增多，开始形成多车型激烈竞争的格局。

[1] 新能源汽车网：《全球2015年11月电动汽车销量排行：特斯拉夺冠康迪第二》，2016年1月7日，见http://nev.ofweek.com/2016-01/ART-71011-8110-29050279.html。
[2] 工信部网站：《2015年新能源汽车高速增长》，2016年1月15日，见http://www.miit.gov.cn/newweb/n1146312/n1146904/n1648362/n1648363/c4600465/content.html。
[3] 工信部网站：《2015年1.6升排量及以下乘用车增长明显》，2016年1月15日，见http://www.miit.gov.cn/newweb/n1146312/n1146904/n1648362/n1648363/c4600471/content.html。

国内方面，国家专项和企业合作推动技术创新。工信部、科技部等四部委于2015年初共同组织实施新能源汽车重点研发专项[1]。在基础关键攻关方面，将围绕新型高功率电机技术、新型锂离子电池技术、下一代电池系统研发、充电技术、智能化网络化技术等重点领域研发，继续支持燃料电池系统研发、整车研发和推广应用。同时，鼓励移动互联、物联网、智能电网、大数据等融入到技术创新和推广应用。企业也通过合作方式提高技术创新协同能力。如，上海先进半导体制造公司与深圳比亚迪微电子公司签署战略产业联盟协议，共同打造 IGBT 国产化产业链[2]。合作充分集中比亚迪在 IGBT 芯片设计、封装、测试、系统应用方面的优势，和上海先进公司强大的 IGBT 芯片工艺研发、制造能力，打造 IGBT 设计、芯片加工、封装、应用的完整产业链，加快新能源汽车用 IGBT 芯片国产化，实现中国半导体产业真正自主可控。

新能源汽车产品研发取得重要进展。如，北汽新能源推出 EU260，这是首款针对出租车市场打造的纯电动车型，为北汽绅宝 D50 的电动版，最大续航里程可达 260 公里。众泰推出芝麻 E30，是自主研发的一款针对互联网新能源汽车的A00 级两座微型纯电动汽车，搭载锂电池容量为 17.6kWh，续航可达到 150km，电动机最大功率 12Ps，最大扭矩 83N·m，最高车速可达 80km/ 小时，配有 LED日间行车灯、一体式运动座椅、高度可调大灯和 10 英寸高清触控屏等。比亚迪重点打造 "542" 战略（即零到百公里加速 5 秒之内，电 4 驱，百公里综合油耗2L），唐、宋、元三款车型密集上市，产品覆盖了全 SUV 市场。如，比亚迪元定性为紧凑型 SUV，由 1 台 1.5L 自然吸气发动机和 2 台电动机搭配，纯电最大续航里程可达 70 公里，百公里加速 4.9 秒，采用比亚迪全时四驱系统。现代索纳塔混动版搭载由 2.0L 自然吸气发动机和电动机组成的混动系统，联合最大输出功率 150 马力，可以在纯电动模式下行驶，实现尾气零排放。

（三）推广和运营商业模式不断创新

多地推行电动汽车分时租赁模式。2015 年 5 月，北汽新能源分时租赁进入公车领域，已在工信部、国管局、安监总局等多个政府机关启动运营，预计有1000 辆纯电动车投放到 100 个公务车分时租赁网点。2015 年初，上海 EVCARD

---

[1] 人民网：《四部委酝酿组织实施新能源汽车重点研发专项》，2015年1月14日，见http://finance.people.com.cn/stock/n/2015/0114/c67815-26381248.html。

[2] 新华网：《比亚迪与上海先进半导体战略合作新能源汽车装上了"上海芯"》，2015年10月22日，见http://news.xinhuanet.com/local/2015-10/22/c_128343911.htm。

电动汽车分时租赁项目启动，以每天至少增长一个网点的速度迅速布局。至 11 月，全市共建 176 个热点，620 个充电桩全线启用，全年将建成 500 个租还车热点，投入 800-1000 辆运营车辆。深圳第一个电动汽车分时租赁项目于 7 月 5 日试运营，并于 10 月决定从全市待配置电动小汽车增量指标中拿出 2000 个，专门用于分时租赁。

充电设施建设运营模式探索创新。2015 年，几种新型充电建设及运营模式，包括汽车群充电运营模式、众筹建桩充电模式、无线充电模式、移动补电模式等在探索中进一步完善。如，江苏常州首创充电桩"众筹建桩"模式，通过众筹方式建设 1500 个充电桩，2015 年 6 月底完成并投入使用。具体做法是，由拥有 5 个以上自有停车位和空余电容等条件的合作伙伴提出申请，经运营商核准后报规划部门确定地点建桩。申请者提供场地不承担建设成本，且充电桩投入使用后，申请者可永久分得一半的充电服务费。"众筹建桩"吸引了超过 3000 个加盟申请，最终确定了 1500 个充电桩的安装。北京市探索实施"路灯＋充电桩"模式，通过路灯节能改造后节电容量支持电动汽车充电。首批路灯充电桩改造在昌平区开展了试点，88 盏路灯由传统高压钠灯改造为 LED 灯，节省出的容量可以满足十余辆纯电动汽车同时充电。"节能路灯充电桩整体解决方案"把电动汽车充电桩和市政路灯节能改造相结合，未来将进一步探索路灯充电桩的合同能源管理模式。

（四）城市应用推广发挥较大示范作用

截至 2015 年 8 月，全国 39 个新能源汽车推广应用示范城市的累计推广总量达到 15.96 万辆，占累计推广目标的 47%。上海、杭州、长沙、合肥 4 个城市（群）完成了目标，推广总量达到了 62950 辆。上海、北京、浙江、江苏四地的推广量超过万辆，累计达 80403 辆，约占总推广量的一半。其中推广量最大的是上海，达到 3.24 万辆，超额完成 1.9 万辆，占总推广量的比重达到 20%；排名第二位的是北京，累计推广量为 17828 辆，但离 3.5 万辆的推广目标还有较大差距；浙江位居第三，推广量达到 17407 辆，超额完成 7 千余辆；江苏的推广量为 12802 辆。从推广车型看，2013 年到 2015 年 8 月全国累计推广纯电动乘用车 74335 辆，占 46.6%；推广插电式混合动力乘用车 37575 辆，占 23.6%；纯电动客车 23800 辆，占 14.9%；插电式混合动力客车 17199 辆，占 10.8%；纯电动特种车 6654 辆，占 4.2%。从推广的车辆用途看，主要集中在公共领域，推广数量为 89775 辆，占 56.3%；

私人领域推广 69794 辆，占 43.7%[1]。

目前来看，示范城市推广应用计划难以完成预定目标。到 2015 年 8 月，有 5 个城市完成率达 50% 以上，14 个城市完成推广目标的 20%–50%，16 个城市仅完成推广目标的 20% 以下。距全年推广目标还相差近 18 万辆，完成目标推广量难度较大。但是，推广计划在一些大中城市起到了较好的示范作用。新能源汽车推广应用计划，首先从公共领域入手，再逐步向私人领域延伸，为消费者提供驾乘体验，也在全社会普及了低碳出行、绿色出行的理念，扩大了社会影响，为市场接受新能源作为汽车动力、接受新能源汽车替代传统燃油汽车作为未来交通工具打开了渠道。

二、存在问题

（一）新能源车企面临持续盈利难题

近年来，特别是 2014 年以来，中央和地方政府不断加大对新能源汽车的扶持力度，仅在 2015 年就支出了超过百亿元的财政补贴，促使我国新能源汽车市场迅速扩张，已经超过美国成为全球最大的新能源汽车市场。随着市场规模的扩大，车企的长期盈利能力成为一个必须考虑的现实问题。由于购车补贴仍在较高水平，一些车企在产品研发时，把如何获取补贴作为重要选项。如，2015 年新能源商用车同比增长 11 倍，其中 6—8 米的中巴车型占比达 79%，12 米及以上车型只占 2%，显然是过高的购车补贴造成了 6—8 米车型的超常增长。然而，即便是在享受政府补贴的情况下，也只有比亚迪、东风、宇通等少数车企的新能源汽车业务实现了盈利。未来，国家对新能源汽车采取补贴逐年退坡的政策，2015 年，中央财政对新能源汽车补助标准比 2013 年下降 10%。未来，新能源汽车领域的竞争将会越来越激烈，还要面对补贴退坡的难题，汽车生产企业能否实现盈利和持续盈利将面临重大考验。

（二）产品质量和安全风险开始暴露

由于新能源汽车的发展势头猛烈，一旦有严重的安全事故发生，会对整个新能源汽车产业造成毁灭性的打击。国家"863"计划节能与新能源汽车重大项目

---

[1] 中国情报网：《2015年全国39个城市新能源汽车推广情况分析》，2015年11月10日，见http://www.askci.com/news/chanye/2015/11/10/17939wpqz.shtml。

总体专家组组长欧阳明高指出 [1]，新能源汽车以电池取代油箱，动力电池部件不仅自重大，而且需要特别防范摩擦、碰撞、穿刺、进水等安全风险，以电池的安全和效率为中心，从零开始设计全新的电动汽车平台，是全球新能源汽车制造的总体趋势。目前，国内全正向开发车型极少，半正向开发车型也不多，利用传统汽车的壳子、新能源车的动力的开发车型占了相当比重。此外，在新能源汽车生产井喷情形下，动力电池供应不足的问题逐渐凸显，以致低品质电池也配备上车，严重的电池衰减问题可能引发消费者索赔。更严重的是，目前国内动力电池成本较高，短时间内难以解决成本和安全的平衡问题，增大安全事故的发生概率。

（三）充电基础设施仍是发展制约瓶颈

新能源汽车充换电设施是否完善，能否快速便捷地充换电，是影响产业发展的重要环节。这方面的问题仍然很多。一是充电设施总量与产业发展不匹配。到 2015 年 11 月底，我国新能源汽车的保有量已经达 40 万辆左右。目前全国已建成的充换电站只有 3600 座，公共充电桩只有 4.9 万个 [2]，现有的充电设施设备远远不能满足消费者的充换电需求。二是充电设施利益协调机制不理顺。社会资本在快充、慢充和换电领域可以同台竞争，建设方、电力部门、城建部门、各类社会资本等多方利益的协调将变得更为复杂。如公用充电桩建设受制于城市建设用地紧张，在电力报装、工程施工等方面也存在程序复杂、时间过长等问题。三是老旧小区等存量地区安装充电桩受限。国家新出台的标准可以解决新建建筑的充电设施配套问题，强制性地建设增量居住、办公和公共地区的充电设施。但是，老旧小区等存在车位紧张、电网容量小、物业协调难等问题，安装充电桩受到种种限制。

三、政策动态

综合性产业政策。2015 年 9 月 29 日国务院召开常务会议，决定完善新能源汽车扶持政策，支持动力电池、燃料电池汽车等研发，开展智能网联汽车示范试点。机关企事业单位要落实车辆更新中新能源汽车占比要求，加大对新增及更新公交车中新能源汽车比例的考核力度，对不达标地区要扣减燃油和运营补贴。从

---

[1] 岳绍雪：《新能源汽车三大挑战车企如何应对》，2015年12月5日，见电车之家http://www.zhev.com.cn/news/show-1449251395.html?f=wangzhan。
[2] 余水工：《我国新能源汽车产业转型面临困境分析》，2016年1月5日，见前瞻网http://www.qianzhan.com/analyst/detail/329/160105-d27c1c2d.html。

2015年10月1日至2016年底，对购买1.6升及以下排量乘用车实施减半征收车辆购置税的优惠政策[1]。10月22日，在全国节能与新能源汽车产业发展推进工作座谈会上，李克强批示：要突出重点、合理布局，针对产业发展的"瓶颈"和"短板"，着力突破核心技术和关键零部件制约、提升自主创新能力和技术水平，落实和完善扶持政策、优化配套环境，创新商业模式、扩大先进适用的节能与新能源汽车的市场应用，走出一条健康可持续的产业发展新路，为经济增长和民生改善注入新动力[2]。

推广应用政策。2015年4月，财政部、科技部、工信部和国家发展改革委发布《关于2016-2020年新能源汽车推广应用财政支持政策的通知》[3]，确定在2016-2020年继续实施新能源汽车推广应用补助政策，补助标准主要依据节能减排效果，并综合考虑生产成本、规模效应、技术进步等因素逐步退坡，除燃料电池汽车外其他车型2017-2018年补助标准在2016年基础上下降20%，2019-2020年的补助标准在2016年基础上下降40%。交通运输部发布《关于加快推进新能源汽车在交通运输行业推广应用的实施意见》[4]，提出八项措施，包括加强规划引领、完善实施方案、严格新能源汽车技术选型、推动完善充换电设施、落实扶持政策、完善新能源汽车运营政策、创新推广应用模式、加强安全和应急管理。提出城市公交车、出租汽车运营权优先授予新能源汽车，并向新能源汽车推广应用程度高的交通运输企业倾斜或成立专门的新能源汽车运输企业。2015年11月，交通运输部、财政部、工信部印发《新能源公交车推广应用考核办法（试行）》，分省（区、市）对每自然年度内新增及更换的公交车中新能源公交车的比重进行了量化规定，并明确了纳入新增及更换比重计算和申请运营补助资金的新能源公交车和非插电式混合动力公交车必须满足的条件[5]。2015年12月，财政部、科技部、工信部、国家发展改革委和国家能源局五部门联合发布了《关于"十三五"新能

[1] 中国政府网：《李克强主持召开国务院常务会议》，2015年9月29日，见http://www.gov.cn/guowuyuan/2015-09/29/content_2940663.htm。
[2] 中国政府网：《李克强对全国节能与新能源汽车产业发展推进工作座谈会作出重要批示》，2015年10月22日，见http://www.gov.cn/guowuyuan/2015-10/22/content_2952071.htm。
[3] 中国政府网：《关于2016-2020年新能源汽车推广应用财政支持政策的通知》，2015年4月29日，见http://www.gov.cn/xinwen/2015-04/29/content_2855040.htm。
[4] 电车之家：《关于加快推进新能源汽车在交通运输行业推广应用的实施意见》，2015年3月18日，见http://www.zhev.com.cn/news/show-1426668834.html。
[5] 交通运输部网站：《交通运输部财政部工信部关于印发〈新能源公交车推广应用考核办法（试行）〉的通知》，2015年11月10日，见http://www.moc.gov.cn/zfxxgk/bnssj/dlyss/201511/t20151110_1924495.html。

源汽车充电设施奖励政策及加强新能源汽车推广应用的通知（征求意见稿）》[1]，明确奖励标准主要根据各省（区、市）新能源汽车推广数量确定，推广量越大，奖励资金获得的越多，最高可达 2 亿元。国务院常务会议明确，"各地不得对新能源汽车实行限行、限购，已实行的应当取消"。地方层面，江苏、石家庄、辽宁、南京、苏州等省及主要城市根据实际，出台了新能源汽车推广应用实施方案或产业发展指导意见等，对补贴标准、税收优惠等进行了明确。根据国务院关于"各地不得对新能源汽车实行限行限购"的要求，部分城市相继实施不限购、免限行。2015 年 10 月 13 日，深圳宣布申请电动汽车可不用摇号直接获得指标上牌；25 日，北京发布通告，即日起新能源汽车指标不进行摇号，直接向所有通过资格审核的申请人配置；天津、北京、成都、杭州、石家庄等多地也宣布新能源汽车不受机动车尾号限行管理措施的限制。

充电设施建设政策。《关于加强城市停车设施建设的指导意见》[2] 发布，鼓励建设停车楼、地下停车场、机械式立体停车库等集约化的停车设施，并按照一定比例配建电动汽车充电设施，与主体工程同步建设。国家发改委、国家能源局、工信部、住房和城乡建设部联合发布《电动汽车充电基础设施发展指南（2015—2020 年）》[3]，明确提出分场所的建设目标。地方层面，2015 年 4 月，北京市政府公布《北京市居住公共服务设施配置指标》和《北京市居住公共服务设施配置指标实施意见》[4]，规定新建和改建的居住小区，要按区域位置的不同配套建设停车位。居住类建筑要把 18% 的配建机动车停车位，作为电动车停车位。12 月，合肥市降低电动汽车充电服务价格，直流快速充电桩充电服务费中准价格降低 0.15元 /kwh 调至 0.75 元 /kwh；交流充电桩充电服务价格降低 0.10 元 /kwh 调至 0.53元 /kwh。

行业标准规范政策。2015 年 3 月，国家发展改革委、工信部发布《新建纯电动乘用车企业管理规定》[5]，对新能源汽车的生产资质给予了明确。新建企业投

---

[1] 南度度节能服务网：《关于"十三五"新能源汽车充电设施奖励政策及加强新能源汽车推广应用的通知（征求意见稿）》，2015年12月17日，见http://www.nandudu.com/article/17660。

[2] 网易新闻：《关于加强城市停车设施建设的指导意见》，2015年8月11日，见http://news.163.com/15/0811/09/BONQAKA300014JB5.html。

[3] 世纪新能源网：《电动汽车充电基础设施发展指南（2015—2020年）》，2015年11月17日，见http://www.ne21.com/news/show-71511.html。

[4] 首都之窗：《北京市人民政府关于印发〈北京市居住公共服务设施配置指标〉和〈北京市居住公共服务设施配置指标实施意见〉的通知》，2015年3月5日，见http://zhengwu.beijing.gov.cn/gzdt/gggs/t1382905.htm。

[5] 国家发改委网站：《中华人民共和国国家发改委中华人民共和国工信部第27号》，2015年6月2日，见http://www.sdpc.gov.cn/zcfb/zcfbl/201506/t20150604_695105.html。

资项目的投资总额和生产规模不受《汽车产业发展政策》有关最低要求限制，由投资主体自行决定。规定还对新能源车企的新建条件给予了明确，具体包括具备与项目投资相适应的自有资金规模和融资能力；具有纯电动乘用车产品完整研发经历；具有整车试制能力；自行试制同一型式的纯电动乘用车样车数量不少于15辆等。新规定对生产新能源车企资质进行放开，降低了生产纯电动车企的门槛，支持社会资本和具有技术创新能力的企业参与纯电动乘用车科研生产。5月，《汽车动力蓄电池行业规范条件》开始实施[1]，《规范条件》主要对企业的规模、设备、环保、技术创新能力等方面提出了具体要求。12月，质检总局、国家标准委联合国家能源局、工信部、科技部等部门发布新修订的电动汽车充电接口及通信协议5项国家标准，统一了充电桩的通信协议，提升了电动汽车充电的安全性和兼容性。

第二节　中国新能源汽车产业重点领域分析

一、动力电池

动力电池是新能源汽车最重要的零部件之一，关系到行车安全和续航里程。2015年上半年，伴随新能源汽车产销量的急剧增长，动力电池出货量规模达到了2.72GWh，较上年同期增长明显，动力电池企业研发生产能力大幅提升。

（一）发展概况

一是动力锂离子电池行业呈井喷式发展。2015年，纯电动汽车的发展使得车载动力锂离子电池的产销规模迅速攀升，带动锂电材料行业产值扩大。工信部数据显示，2015年上半年，我国锂离子电池行业累计完成主营业务收入同比增长17.4%，实现利润总额同比增长72.8%。动力电池、储能电池的发展也带动了磷酸铁锂正极材料的应用。据高工产业锂电研究所（GGII）调研数据，2015年上半年，我国锂电材料产值规模达47.7亿元，同比增长31.4%，环比增长30.3%，其中正极材料里，磷酸铁锂的增速最大，同比增长269%[2]。从全球动力锂离子电池发展情况来看，松下继续领跑全球，LG化学取代三星SDI成为全球

---

[1] 工信部网站：《汽车动力蓄电池行业规范条件》公告，2015年3月6日，见http://www.miit.gov.cn/n11293472/n11293832/n12845605/n13916898/16522519.html。

[2] 高工锂电网：《GBII：2015年Q2国内锂电材料产值48亿元同比增长31%》，2015年9月2日，见http://www.gg-lb.com/asdisp2-65b095fb-18837-.html。

第二大锂电池供应商，尽管与顶级企业相比我国动力锂离子电池企业无论从规模还是从研发实力上均有明显差距，但提升速度明显，BYD、CATL 仍继续领跑国内市场。

二是动力电池投资继续高涨。由于新能源汽车市场高速增长且向产业链上游传导，动力电池生产供应不足的问题开始显现，日韩等国际知名的动力电池企业、甚至非电池企业均表示有向国内动力电池行业投资的计划或意向，国内动力电池投资图谱呈现出多元化市场结构。如，2015 年 8 月，沃玛特电池入驻十堰新能源汽车技术产业园，项目预计投资 7 亿元，建成 10GWh 电池生产线，配套 3 万台纯电动汽车使用；10 月，三星环新汽车动力电池项目一期工程在西安高新区竣工投产，该项目设计产能为年产 360 万枚电芯，总投资 6 亿美元；同月，LG 化学南京新能源电池项目竣工投产，该项目年产可供 5 万多辆续航里程在 320km 的纯电动汽车和 18 万多辆插电式混合动力汽车使用，现已从 16 家汽车制造厂商里获得电池订单；12 月，日媒报道松下将在大连兴建锂电池工厂，预计投资 500 亿日元（约 30 亿人民币），供应纯电动和插电式混合动力汽车，年产电池可配套 20 万辆车，2017 年投入生产。

三是部分动力电池生产企业进入造车领域。随着新能源汽车市场的持续升温，实力雄厚的电池零部件企业（如 BYD、比克等）通过并购、募集资金等方式陆续宣布进入新能源汽车生产领域，2015 年这一趋势愈加明显。如，BENZ 和 BMW 电动汽车电池负极材料供应商杉杉股份，在 5 月宣布要建设新能源汽车关键技术研发及产业化项目，该项目包含了整车研发平台建设、动力系统研发平台建设、锂离子电容应用研发及产业化等，预计投资 22 亿余元；8 月，多氟多通过收购红星汽车获得汽车生产资质，正式公布要在 2015 年年底发布三款新能源汽车，实现 1000 辆小规模生产。

四是动力电池相关的标准体系建设逐步完善。2015 年 3 月，《汽车动力蓄电池行业规范条件》（以下简称《规范条件》）公告，5 月起正式实施。《规范条件》对企业的生产能力、生产设备水平、生产中产生的废弃物处理回收方式、技术创新能力等方面提出了具体要求，11 月宁德时代新能源科技有限公司、天津力神电池股份有限公司、湖南科霸汽车动力电池有限公司等十家企业，作为第一批入选《规范条件》的汽车动力蓄电池企业得到公示，12 月包括万向 A123 系统有限公司、惠州比亚迪电池有限公司等在内的七家动力电池企业也获得认可。这对我

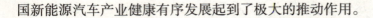

国新能源汽车产业健康有序发展起到了极大的推动作用。

（二）技术进展

产学研相结合的动力电池新技术研发方面成果显著。如，中科院青岛生物能源与过程研究所—青岛储能产业技术研究院，围绕高能量密度锂离子电容器关键材料与核心技术开展研发，并提出新型石墨烯基高能量度锂离子电容器技术，该技术突破了石墨烯符合电极设计与批量制备、可控均匀预嵌锂、充放电胀气抑制及特殊集流极片涂布等技术难题，设计出了我国第一条锂离子电容器的中试生产线，研发出了最高容量 3500F/4V 型锂离子电容器单体，器件能量密度高达 55Wh/L，2015 年初，青岛储能院利用该器件构建 48V 系统在电动车电源等方面进行了示范应用[1]。南京工业大学先进材料研究院与新加坡南洋理工大学共同合作，在锂硫电池正极材料的研发、设计及电化学性能改良方面实现突破，锂硫电池已被纳入下一代汽车动力电池的发展方向之一，该研究采用单层厚度约 7 纳米的超波过渡金属氢氧化物材料对硫 – 炭黑复合物纳米单元进行微包覆处理，使用该材料能够克服传统锂硫电池电极充放电效率低、循环周期短等诸多问题，新技术可使锂硫电池使用周期提高到 800 次，续航里程可达 600km[2]。

二、驱动电机

我国电机工业具有良好的发展基础，加之丰富的稀土资源优势，驱动电机产业结构呈现多样化发展趋势，自主研发的永磁同步电机、交流异步电机和开关磁阻电机等已经实现与整车的技术配套。

一是市场对驱动电机技术水平提出了新要求。2015 年 1 月，科技部发布了《国家重点研发计划新能源汽车重点专项实施方案（征求意见稿）》，要求到 2020 年，建立起完善的电动汽车动力系统科技体系和产业链，并提出驱动电机技术水平保持国际先进，电机驱动控制器比功率，2020 年比 2014 年提高一倍。新能源汽车驱动电机受位置空间限制，要严格按照结构紧凑、功率密度高、转矩密度高、噪音小、保持电磁兼容等要求进行设计研发，着力推广兼有以上特性的永磁同步电机应用。

---

[1] 中国储能网：《中科院青岛能源所开发出石墨烯基锂离子电容器》，2016年1月4日，http://www.escn.com.cn/news/show-293641.html。

[2] 动力电池网：《中新两国高校专家研发锂硫电池可续航600公里》，2015年12月23日，http://www.dldcw.cn/xinzhishunews_info.php?pid=646。

二是驱动电机市场出现并购热潮。2010–2015 年间，北京精进电机、上海电驱动、宁波韵升、大洋电机、方正电机、正海磁材、信质电机、江特电机等驱动电机生产企业，不断兼并吸收曾经享誉全球或拥有多年设计生产经验的大型电机企业。这些企业通过并购，吸纳优秀技术人才和管理团队，以此提高自身综合实力，进一步延伸产业链。驱动电机市场的大规模兼并重组，可以规范行业秩序、提升产品质量、提高研发实力，对提升我国驱动电机市场良性发展起到积极作用。

三、充换电设施

充换电基础设施建设是新能源汽车推广应用的重要因素。目前国际上主要有5 套充电标准，国际电工委员会、美国、欧洲、日本、中国各持一套，充电标准的不统一严重制约了新能源汽车产业的发展。为此，2015 年我国在统一充电标准、加强充换电基础设施建设方面加大了力度。

一是加快对充电接口及通信协议的标准制定。2015 年底，新修订的电动汽车充电接口及通信协议等 5 项国家标准公布，并于 2016 年起实施。在安全性方面，新标准增加了充电接口温度监控、电子锁、绝缘监测和泄放电路等功能，细化了直流充电车端接口安全防护措施，明确禁止不安全的充电模式应用。在兼容性方面，交直流充电接口型式及结构与原有标准兼容，新标准修改了部分触头和机械锁尺寸，新旧插头插座能够相互配合，直流充电接口增加的电子锁止装置，不影响新旧产品间的电气连接，用户仅需更新通信协议版本，就能实现新供电设备向电动汽车的充电功能。

二是充换电基础设施建设步伐加快。2015 年 10 月，国家发改委公布了《电动汽车充电基础设施发展指南（2015–2020 年）》（发改能源〔2015〕1454 号），预测到 2020 年，我国电动汽车保有量将超过 500 万辆，为匹配各领域电动骑车对充换电基础设施的要求，计划在 2015–2020 年间新增集中式充换电站 1.2 万余座、分布式充电桩 480 万余个，优先建设服务公交、出租、市政等公共领域的充电基础设施，积极推进公务与私人乘用车领域的充电桩。目前，国内已建成充换电站 3600 座，公共充电桩 4.9 万个，较上年底增加 1.8 万个，增速达到 58%，主要充换电站项目承接企业包括国电南瑞、许继电气等。此外，国内车企在充电桩建设方面也表现积极，2015 年 7 月，北汽新能源（出资占比 10%）、青岛特来电（出资占比 85%）、冀东物贸（出资占比 5%）三家企业共同出资，成立了我国第一家充电合资公司，北汽此次联合国内领先的充电公司和汽车贸易公司，旨在集合各自优势，加快充电网络建设，提升配套设施服务生产能力。

第三节　中国新能源汽车产业空间布局及重点企业

一、空间布局

我国新能源汽车整车生产企业已在东北、环渤海、长三角、珠三角、中西部五大片区内集中分布，动力电池、驱动电机作为核心零部件，也伴随着整车产业的逐步壮大而取得了重要进步，在空间布局上初步呈现出集聚态势。

（一）动力电池空间布局

环渤海区域：包括北京、天津、河北、辽宁、山东等省市。该地区集中发展锂离子电池材料和锂离子动力电池。北京依托科技和人才优势，在锂离子正极材料研发领域取得了长足进展；天津依托工业企业聚集优势，培育、吸引了力神、贝特瑞、比克等动力电池龙头企业，成为电池生产的重要基地。

长三角区域：包括上海、江苏、浙江地区。该地区占据国内锂离子电池产业30%的产业规模。上海依托上汽集团等整车企业，全力研发新能源汽车，并充分发挥科研和技术优势，在锂离子电池、燃料电池等方面加强投入。江苏依托外商投资企业聚集优势，集中对动力电池技术进行研发。

珠三角区域：包括广州、深圳、佛山等地区。由于该地区劳动力密集，所以形成了以 BYD、比克为代表的国内重要的锂离子电池材料生产和电池组装基地，其产量占据全国 40% 左右。

（二）驱动电机空间布局

京津冀地区：该地区以北京市为代表，针对电动汽车专门成立电机企业，如，精进电动科技（北京）有限公司，该企业已成为我国新能源电机系统的领军者，现有产能 10 万台，汽车驱动电机出口量占国内出口量的 80% 以上。

长三角地区：该地区以上海、浙江为代表，由于传统整车企业众多，零部件配套企业发展极为迅速。如：上海电驱动股份有限公司，该企业成立于 2008 年，一直致力于新能源汽车驱动电机的研发和生产，现有产能 3 万台，在国内新能源乘用车驱动电机市场中占据 50% 以上的份额；浙江尤奈特电机有限公司，现有产能 15 万台，在国内电动三轮驱动电机市场中占有 25% 以上的份额。

珠三角地区：该地区以广州、深圳为代表，主要由整车企业自主研发配套零部件，如，比亚迪自主研发的配套驱动电机。

中部地区：该地区以湖南省为代表，主要为商用车做驱动电机配套，如，湖南南车时代电动汽车股份有限公司，现有产能 2 万台，在国内新能源商用车驱动电机市场中占有 50% 以上份额。

二、重点企业

（一）比亚迪汽车股份有限公司

比亚迪汽车股份有限公司成立于 1995 年。2003 年，比亚迪公司从 IT 电池领域进入汽车制造业，依托其全球第一大充电电池生产商地位，快速打造出了著名的自主汽车品牌。在新能源汽车领域，2006 年成立电动汽车研究所，掌握了动力电池核心技术，开发出了电动汽车并逐步实现大规模商业化。比亚迪是国内为数极少的拥有电池、电机、电控及整车研发与制造完整产业链的新能源汽车公司。目前，比亚迪具有实现 2 万辆乘用车及 400 辆纯电动大巴的产能。2015 年，比亚迪在新能源汽车领域表现成绩优异。新能源汽车累计销量近 5.5 万辆，同比增长超过两倍，历史性地登顶全球新能源车年度销量冠军。比亚迪在深圳、广州、上海、天津、西安、南京等国内主要城市新能源车销售量均位居首位，总上牌量超 3 万辆。全球市场遍布五大洲，包括美国、日本、英国等汽车强国在内的 36 个不同国家和地区。比亚迪获得各种权威奖项认可，被联合国授予"联合国能源特别奖"，是国内第一家获此殊荣的中国汽车企业。在商业模式创新方面，比亚迪以深圳为试点，采用了"零元购车、零成本、零排放"的推广模式，解决出租车公司一次性购买车辆的资金压力。截至 2015 年年底，在深圳投入运营的 850 台 e6 纯电动出租车，总营运里程超 3.6 亿公里，单车最高里程超 79 万公里。

（二）北京汽车新能源汽车有限公司

北京汽车新能源汽车有限公司成立于 2009 年，由北京汽车集团发起并控股。目前，公司建立了核心零部件研发基地和整车产品制造基地，主要从事纯电动乘用车、混合动力汽车及核心零部件的研发、生产和销售等。目前已掌握整车系统集成与匹配、整车控制系统、电驱动系统等关键核心技术，开发出了 E150EV、绅宝 EV、威旺 307EV、E150 增程式等纯电动整车产品。2015 年，北汽新能源实现年产整车 15 万辆的生产能力，电控系统实现年产 20 万套、电驱动系统实现年产 15 万套。市场销售方面，1–11 月累计销售 16843 辆，同比增长 5.3 倍，市场占有率从 2014 年的 20.9% 提高到 24.2%。北汽的 E 系列纯电动车主要以 EV160 和 EV200 为主，EV160 比之前的 EV150 外观更时尚，性能也比之前更高，续航里程可达到 160–200 公里，比 EV150 整整提高了 40 多公里。目前，北汽新能源公司已在北京的密云、昌平等 6 个区县投入运营了近千辆纯电动出租车。根据北汽新能源公司的发展规划，到 2020 年规划产能将达到 50 万辆，当年产量计划为 25 万辆以上；到 2025 年，年产量规划预计达到 40–50 万辆。

（三）江淮汽车股份有限公司

安徽江淮汽车股份有限公司（简称江淮汽车）成立于 1999 年，是集商用车、乘用车及动力总成研发、制造、销售和服务于一体的综合型汽车企业。江淮汽车于 2002 年开始探索新能源汽车业务，2009 年提出纯电动汽车的主攻方向。几年来，江淮汽车坚持商用车、乘用车并举，通过资本运作和产融结合，强化电池、电机、电控及能量回收、远程监控、电动转向等核心零部件的产业链建设，实现从技术掌控过渡到资源掌控。2015 年，江淮汽车把新能源汽车投资投向电机、电控领域，与安徽巨一自动化装备有限公司合作设立合资公司，共同开发生产销售电机及电控系统产品，11 月与普天新能源签订战略合作协议，打造新能源汽车产业运营、配套产品制造与服务产业平台。2015 年 1–11 月，江淮新能源车累计销量达到 8940 辆，主力车型 iEV5 达到了产能上限。根据规划，到 2025 年，江淮新能源汽车总产销量将占总产销量的 30% 以上，形成节能汽车、新能源汽车、智能网联汽车共同发展的新格局。

（四）浙江吉利控股集团

浙江吉利控股集团（简称吉利）成立于 1986 年，1997 年进入汽车行业。浙江吉利于 2014 年初发布未来 5 年新能源汽车战略规划，明确大力发展纯电动车和混合动力车型。此后，发布新款 EC7 EV，与康迪科技公司合资组建电动车公司。2015 年，又与新大洋机电集团合资成立新大洋电动车科技有限公司，并发布首款车型知豆 D1 电动汽车。2015 年 11 月，吉利发布"蓝色吉利行动"新能源战略，预期实现到 2020 年新能源汽车销量占吉利整体销量 90% 以上，其中插电式混动与油电混动汽车销量占比达到 65%，纯电动汽车销量占比达 35% 的目标；在氢燃料及金属燃料电池汽车研发方面取得实质性成果；智能化、轻量化技术达到行业领先地位。2015年，吉利推出了纯电动车帝豪EV、"熊猫"、"GX2"和电动金刚等。

（五）东风电动车辆股份有限公司

东风电动车辆股份有限公司于2001年成立，是以东风汽车公司为主体，成立的专业从事电动汽车及相关产品研发和产业化的公司。在研发方面，早期成立了东风电动汽车工程研究院和东风技术中心新能源汽车研究所。目前，东风电动车公司已走过以研发为主的初创阶段，进入以汽车制造和商业推广为主的产业化阶段，在产业布局上以纯电动乘用车产业化和新能源汽车核心零部件产业化为核心。东风电动汽车公司的产品主要有纯电动乘用车和纯电动专用车。乘用车车型目前有E30和E30L两种。各系列专用电动专有电动高尔夫球车、电动观光车、电动巡逻车、电动消防车、电动物流车、电动环卫车等。

（六）新能源汽车动力电池企业

动力电池是新能源汽车的"心脏"，随着新能源汽车的快速发展，带动了动力电池行业的增长。国内主要的新能源汽车动力电池企业如表9-1。

表9-1　国内主要动力电池企业发展情况

企业名称	主要产品	产能情况	整车合作企业
惠州比亚迪电池有限公司	方形磷酸铁锂动力电池	现有产能为1.6GWh/年，正在深圳坑梓基地规划6GWh/年产量的电池工厂，一期工程已于2014年9月后逐步投产，年内至少新增产能1.5GWh	主要供给比亚迪秦、E6、K9等新能源汽车
宁德时代新能源科技有限公司(CATL)	动力锂电池、储能锂电池等高新技术产品的研发、制造和销售	现在宁德动力锂电池年产能为3.8亿Wh。同时青海时代新能源项目正在建设当中，青海项目一期工程规划产能为年产15亿Wh，其中4.6亿Wh已经于近期投产，而整个一期工程将于2016年底完工。青海时代项目整体完工后，可年产50亿Wh电池以及5万吨锂电池正极材料	宇通、宝马、一汽等
天津力神电池股份有限公司	动力锂电池、储能锂电池等	现有动力电池产能约为1.5亿AH，目前正在天津、武汉和青岛三处扩建产能。天津基地计划从1.5亿AH扩建至3亿AH，同时在武汉和青岛都有新工厂正在建设	宇通、东风扬子江、一汽客车、康迪、江淮汽车等
合肥国轩高科动力能源有限公司	磷酸铁锂动力电池	现有约为3.5亿AH方形动力电池产能，昆山正在新建圆柱动力电池产能，单体5AH，福建正在筹建动力电池PACK厂	安凯汽车、江淮汽车、金龙等

（续表）

企业名称	主要产品	产能情况	整车合作企业
深圳市沃特玛电池有限公司	磷酸铁锂新能源汽车动力电池	日产32650型5Ah电芯22万支，新厂区规划产能为日产32650型5Ah电芯50万支	五洲龙、金龙、扬州亚星、郑州海马等

数据来源：赛迪智库整理，2015年12月。

（七）新能源汽车电机电控企业

电机、电控系统是新能源车的核心部件，是车辆行驶中的主要执行结构，其驱动特性决定了汽车行驶的主要性能。国内主要的新能源汽车电机、电控企业如表9-2。

表9-2　国内主要驱动电机电控企业及整车配套关系

企业名称	整车合作企业
大洋电机	北汽新能源、长安新能源、中联重科、苏州金龙、安凯汽车、上汽集团、恒通客车等
南车时代	安凯汽车、北汽福田、金华青年、亚星客车、宇通客车、中通客车等
精进电动	北京汽车、北汽福田等
上海大郡	上汽集团、厦门金龙、五洲龙、宇通、中通、东风等
方正电机	众泰汽车、特斯拉等
南洋电机	安凯客车、苏州金龙、厦门金龙、江淮汽车等
江苏微特利	众泰汽车、吉利汽车等
浙江尤奈特	奇瑞汽车、力帆汽车、众泰汽车等

数据来源：赛迪智库整理，2015年12月。

热 点 篇

第十章　数字化支付

　　数字化支付对实现普惠金融具有重要意义。广义上的普惠金融（Financial Inclusion）是指全体社会成员都可以掌握和使用的金融服务。数据显示，当前金融排斥率很高，特别是在发展中国家和妇女中间。全球范围内，每天生活费用少于 2 美元的人中只有约 1/5 的人拥有正式账户，近 80% 的贫困人口被排除在金融系统之外。在发展中国家，只有 41% 的人拥有正式账户，其中女性拥有个人账户的仅占 37%。对于不能进入正式金融系统的妇女、低收入者、小微商户来说，他们难以通过金融系统缩小收入差距。然而，他们却可以通过使用数字化支付进入到金融系统，享受相应的金融服务。广泛的应用数字化支付，有利于推动普惠金融，进而带动全球经济增长。

第一节　数字化支付的收益

　　随着技术的进步，以电子平台为基础的商业模式得到推广，政府也完善了相关的基础设施。2011 年，一项基于 62 个发展中国家与高收入国家的研究表明，超过 77% 的国家拥有用于结算居民安全险的数字化支付系统，约 84% 的国家拥有用于结算罚款和通行费的数字化支付系统。

　　从现金支付变成数字化支付具有如下优势：通过降低付款成本使支付更便捷；增强了个人的风险控制能力；更好保护了隐私；增强了支付的安全性；付款流程更公开透明；能够进入正规的金融系统。简而言之，数字化支付所产生的收益已经远远超过了便利本身，不仅提升了支付效率，更带来了金融服务的巨大变革。

数字化支付给政府、付款人和供应商带来了很多收益。

一、数字化支付中的政府收益

增强透明度。由于现金支付的流动性和交易匿名性,结算中容易出现现金遗漏和伪造收款人问题,在政府转账时更容易出现此类问题。采用数字化支付系统,交易的可追踪性大大增强。首先,收款人拥有所接收款项的电子记录。其次,数字化支付通常要求更严格的身份信息监测,保障支付安全。来自印度的数据显示,政府在农村地区发放社保基金,通过智能卡代替人工发放,使得发放过程更加公开、透明。原先通过人工发放,发放过程中的诈骗率为 3.8%,然而用智能卡发放,使发放过程中的诈骗率直接降低了 1.8%。

低成本。长期来看,由现金支付向数字化支付转变能极大地降低成本。在全球范围内,发达国家使用金融账户比发展中国家更普遍,具体用途上,商业支付高于政府支付比重。由于政府的公共支付规模庞大,使用移动支付节约的成本将更多。

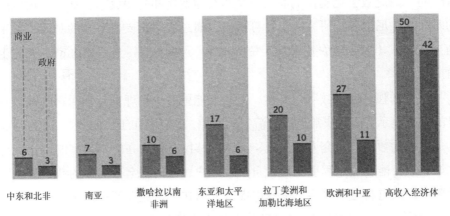

图10-1 使用金融账户支付的比例(%)

资料来源:Demirgü-Kunt 和 L. Klapper 在 2012 年世界银行政策研究工作论文中"普惠金融测度"一文。

一项关于尼泊尔社会支付的评估报告显示,通过移动终端给社会管理人员支付工资比人工发放成本降低了 20%。2011 年,南非通过智能卡发放社会基金的成本是人工成本的三分之一。一项研究表明,墨西哥政府从 1997 年开始推广数字化支付,每年在工资、养老金、社会福利等方面削减开支达 3.3%,约 13 亿美元。

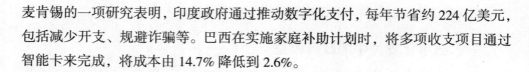

麦肯锡的一项研究表明，印度政府通过推动数字化支付，每年节省约 224 亿美元，包括减少开支、规避诈骗等。巴西在实施家庭补助计划时，将多项收支项目通过智能卡来完成，将成本由 14.7% 降低到 2.6%。

二、数字化支付中的收款人收益

低成本。基于 123 个国家的数据显示，开户量和账户使用率与金融机构的交易成本和交易便捷度密切相关。数据表明，数字化支付能够降低成本，为金融交易提供便利，进而吸引更多的人开户，同时提高账户使用率。

在农村地区办理现金业务，必须找到金融机构，该机构需要有银行分支、货币汇款操作员（MTO，Money Transfer Operator）、出纳、政府机构等，这样的金融机构通常离他们都比较远。尽管通过支票支付，可以降低接收汇款以及政府转移支付的成本，但仅仅在地区中心城市适用。这大大增加了通勤时间和交通费。塔夫斯大学的研究人员对尼泊尔的研究发现，使用移动支付仅是现金支付时间的四分之一，通过移动支付收款要比取现金节省 40 分钟，这还不包括 3 个小时的等待时间。因此数字化支付能够大大节约交通费用和时间成本，从而增加生产活动的时间。在尼泊尔，研究人员计算得出，通过数字化支付节省的时间，如果转化为工资收入（以当地农业平均工资为准），足够当地一个五口之家一天的生活支出。

控制性增强。通过数字化支付，汇款人能更好地管理自己寄回家的钱。一项随机的调查显示，移民非常重视对汇款的管控，他们倾向于控制收款人的接收额，尤其是存储的数量。研究人员发现，美国的移民更喜欢在萨尔瓦多的合作银行开户，如果银行能在更大程度上监管自己的账户，他们将会存更多的钱。移民要求存款账户中只有自己的名字，反对以虚构人名在萨尔瓦多开户以及联名账户。一项调查表明，在罗马的菲律宾移民，当他们在资助本国教育事业时，超过 27% 的人更青睐于直接汇款到菲律宾学校。在另外一项类似的实验中，研究人员发现，超过 15% 的人通过直接汇款来兑现自己捐资助教的承诺。

鼓励存款。全球只有 22% 的成年人在金融机构拥有正式账户，每天开销在 2 美元以下的人群中 77% 没有账户。数字化支付能为穷人提供自动存储功能，给予文字提醒，提供积极的理财意见，能够帮助人们克服存款的心理障碍。大量的研究表明，一定量的提示有助于人们在公积金账户、保险产品、存款产品上做出长期的投资判断。在玻利维亚、秘鲁和菲律宾进行的随机调查发现，通过专门短信来提醒储户储蓄的，存款增加了 16%。研究人员发现，在马拉维，农户将收入直接存入到收获账户有助于提高其生产效率。选择对农业进行投资的农户，产量增加超过 30%，在收获后，参与投资的农户收入增长 22%，消费增长 17%。

风险控制增强。数字化支付将个体与整个经济网络联系在一起，形成了非正式的保险网络。数字化支付将家庭风险扩展到整个社区，通过社区机构和金融理财来帮助单个家庭降低难以预料的风险。

肯尼亚的一家移动运营商和保险公司共同向农民提供小额保险，以防范他们因干旱或洪水受到的损失，这一项目帮助了肯尼亚的 1 万多小农户防范因极端天气造成的损失。气象局自动将降水数据发送到保险公司，通过移动支付的支出变化，记录降水过少或过多的情况，据估计，他们客户中的 46% 是女性。

安全性提高。接收现金不仅需要考虑提款的路程，更面临抢劫等安全问题。由于现金不记名，而且具有非常强的流动性，持有大量现金很危险。使用数字化支付不需要携带大量现金，同时减少了交易时间，进而能够大大提高交易的安全性。美国的研究数据显示，20 世纪 90 年代中期，政府引入电子转账系统来发放社会资金，之后 20 年的总体犯罪率降低了约 10%。

速度快且送达及时。现金支付速度取决于持有人的工作速度，数字化支付可以实现快速支付，不必要考虑汇款人和收款人是否在同一个城市、地区、国家。数字化支付能更便捷地支付工资、偿还贷款利息等，尤其是在急需资金的时候，例如重大疾病、自然灾害等，更加凸显了及时支付的重要性。通过数字化支付手段，来自国外的汇款以及政府援助都可以及时到达该地区。

提升了女性的经济参与度和掌控度。在社会转移支付以及汇款中采用数字化支付，其显著好处是可以提高女性的经济参与度，20 国集团的相关数据表明，数字化支付提升了女性在家庭中的地位，与现金支付相比，数字化支付能更好地保护隐私，能够在保护用户信息的情况下，满足家庭其他成员或朋友的用款需求。社会文化以及其他一些因素可能会降低女性对自己的金钱和资产的控制能力，但是数字化支付为收款人如何利用这笔钱提供了更大的自主权。值得注意的是，女性占到高收入国家移民的很大一部分，并且女性不仅是收款人，也是汇款人。尼泊尔的社会现金转移项目表明，移动支付与人工现金支付相比，拥有更多的隐私性，更有利于女性掌握家庭内的决策权。全球范围内，女性比男性的开户率低，发展中国家开户率低于发达国家，高收入经济体女性拥有金融账户的比重为

87%，远远高于南亚的25%，中东和北非的13%。通过对148个国家的研究，世界银行发布了全球普惠金融指数[1]（Global Findex），这一指数显示，女性的劳动参与度与金融账户所有权之间存在一种重要的正相关关系，但是在男性之间却没有类似的相关关系。

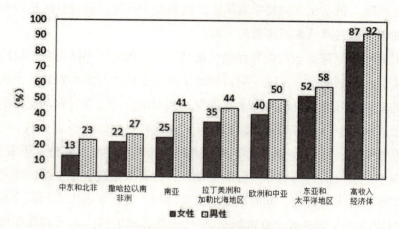

图10-2　按性别分各地区拥有金融账户的比率

资料来源：Demirgü-Kunt 和 L. Klapper 在 2012 年世界银行政策研究工作论文中"普惠金融测度"一文。

三、数字化支付中的供应商收益

对数字化支付中的供应商来讲，数字化支付将会增强资信调查功能，降低不良贷款率。借款人可以通过生物识别功能允许放款人搜集对该借贷有利或者不利的信息。这些信息可让放款人（金融机构）将拖欠借款的人排除在外，从而与信誉良好的借款人签订借款合同，维持信誉，保障还款率。尽管从银行金融机构那里收集的数据信息能够改善信用的评估质量，但与此同时，监管部门也必须确保数据不被滥用。对此，马拉维组织过一个调查，测试借款人在申请贷款时被要求采集指纹时的反应，该项研究发现，指纹识别大幅提升了拥有较大违约风险的借款人的还款率。在美国，通过对支付数据的分析，降低了信用等级低的用户比例，由12%降低到2%，同时，也降低了贷款拖欠率。

---

[1]　普惠金融指数：也称为金融包容性指数，是世界银行发布的衡量金融服务普惠程度的金融统计指标体系，由银行账户使用情况、储蓄、借款、支付、保险5类指标组成，是对全球148个国家居民的金融选择进行跟踪的金融数据库，便于进行国际比较。

第二节　数字化支付的挑战

虽然从现金支付转向数字化支付，各方利益主体可以获得更多的收益，但同时也存在很多挑战，包括基础设施建设、数字化支付的安全可靠性、人的因素等方面。克服数字化支付的挑战，将给供应商和消费者同时带来双赢。

一、数字化支付中供应商面临的挑战

安全和可靠性。数字化支付系统如果运行出现问题，不仅难以完成支付，甚至将会造成财产损失等严重的不良影响。能够识别出数字化支付中存在的安全漏洞也是非常重要的，例如，卡号或账号被窃。一个可靠的支付系统需要有安全防护来抵御黑客攻击和防止欺诈行为，同时也需要建立紧急应对机制。

银行与非银行金融机构间的沟通。为了使得数字化支付效率更高，并满足低收入用户的使用需求，促进可持续发展。农村用户可以利用移动电话、ATM、POS 机、互联网等服务，同时，需要保证数字化支付在众多不同主体（包括家庭成员、合作单位、学校、政府等）之间的兼容性。为了保障数字化支付能够在不同的人群之间保持互通性，便捷地使用金融服务，数字化支付供应商需要提供多元化的服务，在公正合理收费的前提下，提供更多综合性的数字化支付服务。

基础设施建设。对于拥有大量银行金融系统的低收入国家来说，建立完善数字化支付基础网络是一个巨大的挑战，数字化支付网络需要在全国范围内实现全覆盖，为更多的用户提供便捷的数字化支付服务。移动终端（手机）的使用、电力的短缺、网络覆盖限制、传输网络落后等，都是农村地区推广数字化支付的挑战，尽管数字化支付可以在长期内保持低成本和高效率，但是建立满足数字化支付所需的基础设施需要庞大的投资，而这些投资在短期内难以回收成本，由此导致的农村地区基础设施的落后限制了数字化支付的推广和应用。

增加现金提取点。尽管数字化支付可以提高支付效率，但是即使是在数字化支付环境中，现金提取点仍然是金融系统的重要终端，不容忽视。对于数字化支付系统来说，可靠的现金提取点是成功的关键要素。建立可靠的基础设施并提供稳定的现金服务需要克服很多困难，特别是在农村地区。

价格黏性。在价格粘性下，新技术带来的低成本收益，不会在短期内显现出来。一些金融机构为了提高利润率，在转账操作中，部分数字化支付仍按照现金支付的水平来收费，不论是现金对现金，账户对账户。

建立数字生态系统。各个国家对数字化支付的兴趣越来越强烈，对数字化支付的期望越来越高。只有通过建立数字生态系统，才能激励用户使用数字化支付，具体方法包括：提供保值功能的产品；数字化的分期付款产品；增加零售商的数据支付等。这些方法还可以降低现金使用率，通过数字化支付，必须在收到款项后才可以实现现金兑换。这对推动普惠金融、建立金融数字系统、提高现金支付系统的收益都有影响。

政治经济问题。数字化支付系统越难追踪，私人信息就会越少，这将会加快现金的使用度。而货币流通程度增加将会增加货币的转移，同时，将为存在欺诈行为的人创造机会。因此，可以预计，从当前现金支付系统中获取利益的人会阻碍数字化支付的推广，这就需要各个国家根据实际情况，采取适用的方式来解决这个政治性问题。

二、数字化支付中需求方面临的挑战

客户体验。对于数字化支付的客户来讲，客户体验十分重要，尤其是现金转账，客户们需要对支付过程和支付设备充分认同。这些体验需要客户了解项目内容、支付过程、支付条款等。如果客户对这些项目不够了解，不知道系统如何运行，就容易失去对系统的信任感。

产品设计。数字化支付只有同现金支付一样的无处不在、简单、便宜、直接和安全的时候，它的好处才会逐一体现。因此产品设计的核心是能够简单操作并快速转账。

消费者受教育程度。对于较为贫困或者居住较为偏远地区的消费者来说，数字化支付的使用会比较陌生。但是保证这些地区的消费者能够懂得基础的数字化支付应用是十分必要的，例如他们懂得如何使用PIN、了解每个月的汇款周期和钱数等。为了克服这些挑战，提高支付产品的兼容性是很重要的。

账户的使用。此外，需要考虑普通用户对数字账户的了解程度。巴西、哥伦比亚和墨西哥等国的经验表明，用户很少利用账户中除了取款以外的其他功能。这主要是因为用户缺少金融账户的相关应用知识。通过增加账户的使用率，用户能够认识到数字化支付的潜在功能，这些都有赖于用户对账户的功能有充分了解和增加账户使用率。

使用移动终端的性别差异。许多数字金融服务都是通过移动终端实现的，但是2010年的一份报告显示，全球范围内女性使用手机数比男性少约3000万。在发展中国家，女性使用手机率比男性低约21%。从区域的角度来说，南亚区域差距最大，女性使用手机率比男性低37%。女性较少使用手机的原因主要是由于对手机的功能了解不够、对新技术的恐惧等。

第三节　数字化支付的推广措施

在提高支付系统效率以及推动数字化支付普及化的过程中，政府、市场主体以及社会组织都扮演着重要的角色。虽然数字化能够给各国带来利益，但是仍需要因地制宜，综合考虑当地市场特点、发展动力、监管规则等，进而采取不同的发展策略。

一、数字化支付推广中的政府举措

政府应致力于推动金融交易数字化，尤其是在那些经济欠发达的地区，以及与个人相关的重要领域。最重要的是，当市场期望引进或进一步扩展数字化支付业务时，政府应当尽量为其打造相适应的发展环境，包括提供稳定的监管环境、提高对消费者的保护和相关培训、进一步促进数字化支付系统的建设等。推动数字金融支付服务，重视不同利益主体的发展建议，尤其是在经济欠发达地区推动数字化支付的国家，能够在人口密度和收入都较低的区域建立一个可持续发展的支付系统是极大的挑战。政府可以通过以下几个措施推动数字化支付。

营造优质的监管环境。为了能够有效地利用市场，需要为创新型的支付产品提供发展空间。这意味着监管环境不仅能融合传统银行，还能够允许其他金融机构参与其中，例如非银行机构、通信网络运营商等，这些非银行金融机构和运营商对于那些欠发达地区尤其重要。因此给这些新的参与者提供简洁有效的管理框架是十分重要的，能够保证不同主体在参与数字化支付领域处于相同发展水平，其顾客也能得到相应保护。这就需要监管者明确数字化支付供应商的标准，并在政府和市场中找到合适的平衡点。

建立金融信息保护机制。数字化支付使消费者使用的金融服务多样化，包括信用卡、投资和捆绑性质的基金产品，等等，这些已远超越了基础的银行服务。伴随着金融服务的多样化，对于普通消费者来说，金融信息安全的重要性不断提高，交易中很可能发生涉及诈骗、误导和不公平的行为。基于此，数字隐私和安全变得十分重要，政府应保护个人信息的丢失和防止非法使用。消费者也应具有为制定框架建言献策的机会。

政府推动数字化支付系统的建设。政府的相关支付行为，包括工资、基金以及补贴等，若转换为数字化支付将对相应的服务商起到重要的支持作用。通过与市场的合作，由政府来承担基础设施，例如厄瓜多尔政府使用数字化支付系统完成纳税、社保、失业金、公共补偿等事项的补贴和发放。巴基斯坦也同样建立了"政府—个人"的数字化支付系统（G2P）。数字化支付其实有多种形式，包括现金存入银行、支付卡、移动支付系统等。对于政府来说，搞清楚具体案例适合哪种支付方式十分必要，例如在部分发达国家，直接通过账户进行数字化支付十分普遍；而在低收入国家，这种数字化支付服务也许只能提供给部分人，并且支付方式以预先支付卡的方式更为合适。

二、数字化支付推广中企业的应对措施

提高产品的可操作性。一般来说，消费者的受教育程度影响对数字化支付的认同和使用，这就要求企业在开发数字化支付产品时能够依据消费者的需要，开发更容易理解和使用的产品。消费者需要懂得如何使用 PIN、ATM 以及其他基本数字化支付设备，才能够更广泛地应用数字化支付。

企业与政府合作。政府负责建立数字化支付的可行运营环境，市场负责利用本身的经验和实力在这种环境中提供可行的解决方案。如果没有富有活力的市场主体参与建设可持续的基础服务设施和设计适当的产品，政府将不能打造具有包容性和良好监管的数字金融支付生态系统。只有政府与企业的有效合作才能够驱动金融创新。

建立支付网络。快捷、可靠、安全、私密是支付网络应该具备的重要特征。支付网络的四个特征其实也是吸引女性顾客使用数字化支付的关键。研究表明女性往往都在寻找拥有这几个特点的支付工具和服务，因为一方面对于居住在偏远地区的女性来说，如果没有这些特征，不仅意味着不方便，还意味着潜在危险或

者更多的消费。另一方面，随着女性收入的不断提高，能够保证财产隐私安全变得十分重要。一份全球报告显示，在家存放现金的女性中，有 68% 的人都发生过现金丢失、借钱给朋友和亲属等情况。她们都认为在家里存放现金是非常不利于储蓄的。

打造新型商业模式。这包括移动支付、代理银行等新兴商业模式。例如鼓励非银行金融机构，如零售商、电子商务平台、通信公司加入到数字化支付的建设网络中并提供更多的服务。

综上所述，数字化支付的广泛应用，将极大地推动全球的普惠金融发展，并将有利于全球普惠金融合作伙伴关系的建立，数字化支付不仅比现金支付更有效率，同时广泛的应用还能够减少贪污和暴力犯罪事件发生的概率，降低政府相关费用的转账成本，为女性消费者提供进入金融系统的新途径。

为了能够最大化发挥数字化支付带来的积极效应，尤其是涉及政府间的"现金"支付时，国际组织应与各国政府、市场主体积极合作，克服数字化支付的各种潜在阻碍，包括保障基础设施的先期投资、提高顾客对数字化支付的认知度、保证支付的安全可靠性等。同时对消费者如何使用数字化支付系统进行培训，使得消费者了解使用 PIN、汇款到账周期等，否则很容易让消费者对数字化支付系统失去信任，以至于他们不愿意使用数字化支付处理他们的工资业务等。总之，技术革新式的商业模式有利于建立普惠金融，并提高人们的生活水平。政府、市场以及国际组织等主体间应当合作，共同致力于推广数字化支付，给世界数以亿计的用户带来便利。

第十一章　欧盟工业2025展望：标准化促进产业升级

欧盟认为，技术和行业的标准化对确保其未来的工业竞争力十分重要。欧盟委员会联合研究中心对生产系统中不同环节的标准进行了前瞻性研究，形成了本报告。

第一节　欧盟工业发展面临的机遇和挑战

未来，欧盟工业面临的形势日趋激烈，机遇与挑战并存。工业进步往往表现为某个基于传统部门的工业系统向多功能工业系统转型提升的过程，其中，社会、技术、经济、环境和政策是影响工业进步的重要因素。欧盟工业的未来发展，主要是依托欧盟强大的工业基础，不断提高欧盟在全球市场的竞争力。该报告预测了欧盟工业发展的方向，是分析欧盟工业发展机遇和进行政策选择的重要工具。

未来欧盟工业发展所面临的机遇和挑战主要集中在五个方面：经济全球化、新型消费阶层兴起、消费需求多样化、先进ICT技术广泛应用和产业可持续发展要求更高，这些对工业发展产生重要影响，既是机遇也是挑战，一方面，经济全球化、新兴的消费阶层等都给工业发展带来机遇。另一方面，消费需求的多样化、先进ICT技术广泛应用，以及产业的可持续发展需求提高等都对工业发展提出挑战。

一、经济全球化

新兴经济体国家将参与全球竞争。到2025年，世界经济将完成全球化，世界市场将会扩展到"金砖国家（BRICS）"，而"新钻十一国（Next–11）"的经济也将会更加成熟。与此同时，其他非洲国家（如埃塞俄比亚、肯尼亚、乌干达）将会经历快速的工业化进程。因此，世界市场的竞争将更加激烈，新兴经济体国家将会与欧盟传统工业化国家之间形成竞争。未来，自由贸易将成为全球工业发展的关键因素。在过去20年里，区域贸易组织在打破贸易壁垒和寻求自由贸易中发挥了重要作用，然而，贸易保护主义仍然存在，部分经济体往往通过标准等隐性壁垒来保护他们的产业，这将会对建立一个自由的全球性生产系统产生较大的负面影响。

经济全球化下生产的服务化、柔性化转变。经济全球化背景下，企业必须通过开发新产品和提升服务来应对日益激烈的竞争，这也将带来工业生产模式的改变。一方面，制造业企业的活动将会在很大程度上带有服务性功能，在发达国家，制造业活动中的服务性活动比重将超过50%，企业将构建全球性的生产与服务网络。另一方面，为了满足全球各地不同市场对产品的多样化、个性化需求，企业将进行柔性化生产。而要实现柔性化生产模式，则需要新的生产技术来支持，制造业企业要依托智能化、网络化的信息技术，以及高技能工人和生产系统，来为全球市场提供多样化产品和服务。这不仅仅是扩大生产，更重要的是通过信息和通信技术来实现自动化生产。此外，在经济全球化背景下，环境和社会压力也将推动生产模式发生转变。

二、全球新型消费阶层的兴起和繁荣

全球中产阶层消费群不断壮大。全球人口正在接近80亿，随着金砖国家和"新钻十一国"的经济不断壮大，全球范围内新兴的中产阶级正在兴起，并有望形成巨大的市场。2013年以来，在亚洲和非洲，有约18亿人进入到中产阶层消费群体。与此同时，由于不同国家与地区间在收入上存在差异化，这种差异将对中产阶层消费群的分布产生影响，进而对消费布局产生影响。

全球城市化进程加快。受政治、经济、人口分布、环境等因素影响，全球性的人口流动加快，特别是在新兴的工业国家，人们为了寻找就业机会而导致了较大规模的人口流动，这将加快全球性的城市化进程。随着工厂、城市、社会的联系日益密切，城市化过程中新增的城市人口将推动消费增长。

消费者对便利、环境、健康的新需求。信息技术的广泛应用，使顾客的消费行为不断变化，最直接的表现就是对产品和服务需求呈现差异化。消费者对产品和服务的接受和满意程度主要取决于产品的便利程度、安全性、环境友好度、是否能够网购等因素。在发达国家，消费者对产品的选择将不仅仅考虑价格，他们还会考虑产地环境、社会影响等因素。随着健康意识的增强，一些人拒绝使用非健康产品，在购买产品和服务时，消费者的消费习惯发生了转变。

老龄化社会的消费需求。在全球绝大多数地区，老龄化现象正在逐步显现。老龄化对产品和服务产生特殊需求，将导致服务于老龄人口的消费市场的出现。

三、消费需求的多样化

消费者的个性化需求。未来，消费者将更需要个性化的商品和服务。企业和消费者的关系将发生变化，消费者将参与到企业的生产过程中，个性化需求引发的生产过程的转变将融入到整个生产价值链中。未来，产品使用者将参与到产品的设计中，消费者通过基于 ICT 和 3D 打印技术的微型工厂来生产和组装他们自己的产品，将会有更多由消费者自助设计完成的产品涌现。个性化的需求还将产生新的购买方式，消费者通过网络来定制个性化产品和服务将越来越普遍。企业将会保留消费者的需求信息，以适应更加广泛的多样化需求。传统的消费需求将发生变化，人们将需要更多综合性的产品和服务，制造业企业和服务业企业将密切合作为消费者提供综合性的产品和服务。而生产者为了满足个性化产品需求，则需要使用机器人等智能化、自动化的技术，技术进步将是企业发展的关键。工业生产将由单一的自动化扩展为更广泛的多样化生产。

消费需求的地域性差异。消费的地域差异将对工业管理产生重大影响，多样的全球市场将给工业发展带来巨大挑战。未来，将会涌现更多由不同地域消费者自助完成的产品。产品使用者将参与到产品的设计中，消费者通过基于 ICT 和 3D 打印技术的微型工厂来生产和组装他们自己的产品。全球化将会产生数十亿人的巨大消费市场，由于不同地域的消费者需要不同的产品，消费的地域性差异将大大影响工业发展，因此，工业发展需要应对消费需求的地域性差异。为此，企业需要进一步提升，成为全球价值链条的一部分，在全球范围内整合资源。

四、先进ICT技术的应用

智能制造设备将得到广泛应用。为了应对经济全球化和消费市场的个性化，企业将通过先进的 ICT 技术和智能设备对生产进行管理。企业将越来越依赖自动化技术和便捷的物流系统，生产中通过物料跟踪软件，对材料和产品进行实时监控，以确保生产过程的顺利和有效的多级管理。企业通过使用智能化的生产设备能更好地协调生产活动，并确保产品质量，缩短交货时间，减少库存，降低生产成本。计算机互联网技术将深入到生产的方方面面，从工业流程到物联网、云计算，智能化设备的应用，这些将极大地推动自动化生产工艺与生产模拟等技术手段的联合应用，从而促进新产品的开发。

数据将成为新的动力源泉。未来，数据将成为关系到企业发展的重要因素。大数据、互联网、物联网等信息技术的应用，将有助于企业更好地了解市场动向，对新产品进行研发。信息技术的应用也将有效提升价值链的各个环节，其中包括设计、供应链管理、生产过程和销售等。同时，为了利用海量数据，数据分析技术将得到发展，与数据安全相关的系统将变得非常重要，这有助于数据资源的正常应用。

人工智能将无处不在。未来，物联网将与先进智能设备充分融合，使制造过程变得更加有效，并能够在生产过程中进行纠错，及时发现问题，极大地提高产品质量，降低次品率。智能设备的广泛应用，得益于个性化的机器和类人机器人（如人形设计、语音识别、自然语言和手势）的应用，未来将产生人类与机器人共同工作的车间。

知识管理将成为企业的关键任务。未来，企业将通过对知识的管理来关注客户需求、把握市场趋势、研究竞争对手策略、设计产品、管理供应链流程等。知识密集型制造企业需要通过知识管理实现工人、技术员、工程师、管理人员之间的互动。随着自动化技术的广泛应用，未来的制造业对劳动力的需求将减少，但对劳动力素质的要求却在提高。为了应对日益严重的技能差距，公司需要实施有针对性的培训计划或学徒方案，以满足他们对特定劳动力的需求。

五、产业可持续发展的要求更高

生产中对资源高效利用和节能环保的要求更加强烈。气候变化的影响越来越明显，自然资源日益稀缺，能源需求日趋紧张等因素对工业发展的影响越来越大，生产中减少浪费和提升效率的需求越来越强烈。要实现这一转变，需要通过采取节约能源、减少浪费、循环利用等措施，来降低生产对环境的影响，特别是高耗能行业。企业将在技术上加大投资力度，以实现零浪费、零污染、高能效的目标，企业也需要在管理上进行投入，来实现各部门之间的协调，以实现生产效率的提高。为此，企业的生产模式必须以环境友好、资源节约作为战略目标，才能保持

环保领域的标准化需求。随着消费者对环保产品的需求增加，产业发展对于环境质量的要求越来越高，环保领域的标准化可以降低工业发展对环境的影响。环保领域具体包括物资损耗、水的使用、废物、噪声等，这些领域都需要制定详细的标准。一般来讲，环保领域的标准首先会对生产过程中的基础设施提出更高的环保要求，特别是要求提高通信技术基础设施的资源效率，这种特定的基础设施的能量消耗通常会被低估或难以明确评估，所以要制定明确的评估标准。企业生产的环保标准，将有助于整个生产系统的可持续发展。

三、质量和性能标准

新的技术标准。到 2025 年，欧洲工业将拥有先进的制造系统和技术，它们需要牢固的基础性技术标准，来确保整个生产的质量和性能。未来，整个欧盟制造系统所培育和吸收的关键技术，都需要新的技术标准。这将有助于企业应对多样化需求和促进技术创新，特别是推动自动化的生产过程，实现更便捷灵活的物流、生产和拆卸等。

新材料的性能标准。随着研发出越来越多的新型材料，这些材料所提供的新性能也不断提高，新的性能需要应用新的标准进行规范，包括材料的生产、加工、应用、回收等，这些标准需要与新材料的发展保持同步。此外，需要对现有材料的标准进行检测，如金属、陶瓷、聚合物、纸张等材料的生产和利用标准，以减少标准中不适合发展需求的内容，并补充新的应用需求。

数据应用和管理标准。未来工业需要与互联网充分结合，因为现代工业对数据的应用越来越广泛，已经深入到生产的各个领域。为此，对数据进行有效的利用和管理成为必然，而相关的数据应该和管理标准成为企业成功与否的关键。需要建立数据应用和存储的相关标准，以及全球范围内一体化的信息技术基础设施，便于数据在全球范围内各个利益相关者之间实现共享。例如，通过数据标准，企业可以实现高效的数据利用、存档，同时可以避免形成超载，进而保持多用户对数据的稳定的操作使用。由于中小企业需要更多的共享数据库，所以对其来说，数据标准就显得更为重要。

四、服务标准

服务标准的规范化。未来的工业生产中，制造业企业和服务性企业的界限变得模糊，社会规范和价值观念不断变化，新的个人和集体行为，将引发消费者对服务需求的多样化。对此,有必要对服务标准进行规范,通过对服务标准进行分类,简化服务的评价标准,通过对服务实施透明的评价方式,来确保服务水平。随着环保产业等在整个欧盟工业的崛起,需要相关的环保产业的服务标准来确保其质量,如废弃物管理标准等。

新的消费模式引发新的服务标准。消费者在产品设计、生产过程中的广泛参与,在满足消费者多样化需求的同时,也给服务标准提出了更高要求。考虑到新的消费行为和消费模式,需要对现有的服务标准进行重新检测,以保证消费者对于服务的满意程度,同时对于新兴领域,要制定新的服务标准,例如,有关汽车的服务标准,当前主要基于用户的使用,包括车辆维护协议、汽车保险、发动机等设备的保修协议等,未来,新车型的标准将更多地集中在服务上,这迫切需要在客户服务和客户满意度等方面制定新的服务标准。另外,新的服务标准还需要满足全球用户的需求,需要产品的售后管理、投诉管理、争议仲裁等方面的国际标准,以建立一个具有全球适用性的产品服务体系。

五、防范风险标准

数据安全标准。通过信息化基础设施来实现数据安全、稳定和共享是欧盟工业发展的重要条件,因此,数据安全标准显得十分重要。为此,需要制定防范ICT技术漏洞的标准,保护数据安全和用户隐私。通过信息标准,能够增强用户对信息化技术的信赖程度。随着越来越多的数据被传输和在全球范围内共享,数据传输路径、数据存储方式、数据源的认证等领域也需要相应的标准,特别是在应对全球网络威胁时,定期更新国际数据保护的标准和原则就显得尤为重要。

基础设施标准。由于气候变化的影响,需要基础设施提高抗灾能力来确保生产和消费的顺利进行。基础设施标准,特别是建筑、交通运输等领域标准的制定,能够给生产提供强有力的保护。除此之外,智能制造设备的运用也需要新标准,以确保人与机器人共同工作时的安全性。此外,为确保货物和服务能够满足消费者的个性化需求,还需要安全性、保密性等方面标准,以确保生产和服务的顺利进行。

在研究领域,未来的研究方向可聚焦在以下几个方面:1.标准化过程对创新产生的积极影响,以及标准化过程所带来的经济效益;2.个性化定制和大规模生产在标准上的异同;3.全球范围内不同的标准制定模式的总结和对比研究;4.对关系到欧盟未来竞争力提升的关键材料的研究。

第三节　欧盟工业标准的制定模式

一、欧盟工业标准的制定模式介绍

尽快制定标准，有利于增强国际竞争优势。它主要通过对现有标准进行检测，通过对现有标准进行补充和修改来解决新问题。如果不能解决问题，则需要制定新的标准，对于新领域，首先需要对该领域以往的发展进行梳理和总结，然后才能进入标准的制定过程。

对于制造行业，未来十年的总体目标是建构一个欧盟标准体系，这将满足市场参与者和欧盟政策制定者双方的期望。这个标准制定模式尊重市场规则，不仅邀请专业人员参与，同时提供一个讨论平台，供非专业人士和其他利益相关者来表达他们对于该标准的诉求。

二、欧盟工业标准制定模式的流程

一般来说，欧盟工业标准的制定分为研究分析和起草完善两步。

关于研究分析，又可分为两步。第一，分析论证。研究社会、环境、科学、技术等领域的新标准，对该领域的发展历程和现状进行总结，以确定未来的发展方向和标准的主要内容。这一部主要有四个具体步骤：一是了解该领域相关的背景情况；二是对发现的问题做进一步的深入研究；三是组织专家研讨，定义所需要的新标准；四是建立新标准的利益相关者平台。

第二，预测。这一步主要是在分析当前现状的前提下，预测未来的发展，对标准的制定工作进行细分。这一步也有四个具体步骤：一是研究标准的背景、制定的条件和相关学科背景；二是以未来工业展望为基础，规划未来的发展愿景；三是确定所需要的标准，确定是制定新标准还是对原有标准进行补充；四是准备和批准具体行动计划，对未来的新问题做前期准备。

接下来，标准的制定进入起草完善阶段，需要注意两点：一是针对新问题的标准需求，设计部门众多，需要协调相关部门，以问题为导向，围绕关键问题来起草相应的标准。二是在标准的起草过程中，要满足产业的专业化发展需求，来对标准进行完善，保障标准的适用性。

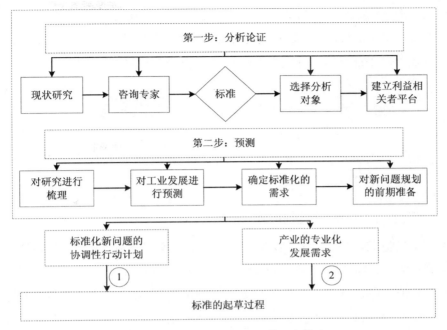

图11-1　欧盟工业标准的制定模式

三、欧盟工业标准制定模式的运用

以下通过 3D 打印标准和汽车技术标准两个案例，对欧盟工业标准的制定模式进行详细说明。

3D 打印标准。召开 3D 打印研讨会，参与者包括相关领域的专家、企业家、企业研究人员和设计师等，涉及的机构包括生产企业、服务供应商、大学、技术中心、实验室等。研讨会对目前 3D 打印的市场前景、商业模式、未来技术发展，以及所面临的挑战和障碍进行了深入交流。由于 3D 打印技术仍处于发展期，存在技术标准空白，专家强调标准的制定要快速、全面，提出的相关标准包括：新材料的性能标准；可重复使用的材料标准；认证标准；3D 打印标准；生产流程标准；整体设计标准；CAD 软件及软件格式标准；生产的闭环流程及流程速度标准；3D 打印的器件规格标准；3D 打印中家庭应用的安全标准等。越早制定 3D 打印相关标准，越能在该领域抢占行业先机，促进产业发展壮大。

汽车技术标准。召开汽车制造领域研讨会，针对智能化、新能源、新的出行方式下汽车领域的新变化进行讨论。针对汽车行业的新动向和技术需求，决定从以下几个方面制定标准：制定欧盟交通基础设施互通标准；制定替代燃料和充电基础设施标准；制定跨境支付的标准；制定数据互联基础设施和设备的标准；制定数据隐私和安全的标准；制定满足残疾人和老年人等特殊人群需求的服务标准。标准的制定可以培育新的出行行为，有助于实现交通领域的智能化。

第四节　加快欧盟工业标准化进程的建议

为推动欧盟工业的发展，加快欧盟工业的标准化进程，确保未来欧盟工业的竞争力，建议欧盟采取以下措施。

一、建立工业标准推进机制

如何推进标准化是确保未来欧盟工业竞争力，实现技术、环境、经济协同发展的关键。为此，需要通过制度对标准的制定进行保障。

建立快速反应机制。一旦产生了新的标准需求，如某个重点领域需要制定相关标准，则政府应做出快速反应，并根据领域的重要性等划分成不同的优先级。重点领域的先进技术应优先制定相应标准，以满足行业发展需求，确保技术领先和行业地位。通过标准制定的快速反应机制，可确保具有重要战略意义的标准能够尽快展开。

建立联合协调机制。标准制定需要部门之间的协调，特别是不同的技术标准委员会之间的协调。为此，需要设置专门的协调机构——联合工作组，来协调不同的技术标准委员会之间的工作。一个技术标准将由联合工作组来协调技术标准委员会共同完成，这样可以最大程度地保证标准的适用性，促进在全球范围内推广普及。

建立激励开发机制。建立激励机制，表彰和鼓励与标准相关的研究工作。例如，科学家参与标准制定，应作为评价标准的重要组成部分。欧盟委员会要积极主动地吸收研究人员参与标准的制定，推出标准的专项制定计划，明确标准制定的时间、方法、人员、过程等。

二、协调欧盟工业标准组织

协调国际标准化组织。为了确保欧盟工业标准的普遍适用性，确保欧盟工业的绝对优势，必须优先制定重点领域的国际标准，并保证欧盟和其他国家的参与。这就要求协调三个国际标准化组织，并推行欧盟的标准化政策。此外，还需要确保资源的合理分配，来协调这些重点领域的利益相关者。

促进标准的跨领域协同。为了协调日益复杂的跨境、跨行业的协同问题，需要对多个行业或领域的标准进行规范和协调。为了实现这一目标，建立全球性的协调机构，实现不同领域之间标准的一致和互补，避免跨领域标准之间的相互冲突，确保标准在全球范围内的一致和适用。

三、鼓励标准制定的多元化

消费者的参与。为了更好地了解消费者的行为，了解消费者需求，标准的制定过程中要有消费者的参与。新的产品标准，需要及时征求意见和获得直接的反馈。此外，由于市场全球化，来自发展中国家的消费者逐渐增多，未来欧洲标准的制定应该尝试了解中国、印度、巴西等国消费者的消费行为，以适应市场需求。

中小企业的参与。超过 99% 的欧盟企业是中小型企业，他们提供了三分之二的就业岗位，占企业在欧盟创造总价值的一半以上。中小企业通常不太了解所在行业的相关标准及其重要性。为此，欧洲标准委员会已经公开资助中小企业的代表性组织，以鼓励他们参与到标准的制定过程中。

专业机构的合作。欧盟标准委员会（ESOS）应寻求与欧洲专利局（EPO）的紧密合作，共同努力，以提升欧盟的竞争力。欧洲专利局已经与欧洲电信标准化协会（ETSI）有了长期合作，相关的技术专利也在努力达到国际电工委员会（IEC）的标准。欧盟工业技术正在与各主要标准机构的标准水平对接，以实现充分的国际化。类似这种专业机构间的合作应该得到扩展，使标准的适用范围更加广泛。

四、完善七项相关保障措施

促进欧盟工业发展，推进标准化进程，需要完善七项保障措施。1. 保护专利和版权。建立保护专利和版权的政策体系，以提升欧盟工业创新力和竞争力。2. 建立交流平台。建立多样化的交流平台，实现互动交流与沟通，以确保标准能够满足各相关利益者的需求。3. 强化产学研合作。通过组织学术论坛，为标准的相关学术研究提供平台，以应对技术的不断更新。4. 加大技术创新。为适应日新月异的形势，应加大技术创新来适应发展需求。5. 简化审批手续。简化制定标准的审批手续，推动标准的快速普及。6. 注重教育与培训。重视对标准的普及教育，使人们理解标准的意义和作用。7. 完善审核评估制度。对标准的质量和水平进行评估，所有的相关收益都必须考虑在内。

第十二章　场景时代：移动互联网的新阶段

在首届全球互联网大会上，"场景"被定义为互联网的全新革命。所谓"场景"，是指以移动互联网为依托，按照各种标准、角度和需求，把线上线下的商业和社交活动塑造成不同的情景模块，并利用多种技术力量丰富模块内容，形成的互动联通、体验极致的生活和工作模式。随着商业、社交和云技术的不断融合，移动终端设备从随身变得贴身，场景的价值越来越大，人们生活的方方面面都以某种方式与无线网络、云计算等相联系，类似谷歌眼镜、传感器药丸、情境窗户等的场景不断涌现，我们正在步入一个能够通过场景感知来快速高效解决问题的"场景时代"。

第一节　场景时代带来移动互联网的深刻变革

一、场景的技术要素

场景是依靠目前大行其道的五种关键技术的快速发展，并通过组合运用这五种技术得以实现。这五种核心技术包括：

一是移动终端设备。移动终端设备是获取互联网力量的关键，形态各异，如智能手机和可穿戴设备等。移动设备是体验场景时代的载体，提供了数据分析的平台，聚合了其他四种技术力量。

二是社交媒体。社交媒体是获得极富个性内容的源泉。通过各种媒体的在线交谈，明确人们的喜好、所处的位置以及所寻求的目标，使得技术可以理解人们的个性需求以及在做什么，将要做什么等场景。

　　三是大数据。数据无处不在，人们的衣食住行娱都以数据的形式存在，通过设备和网络以数据来记录整个世界，再通过数据来把握用户消费倾向，挖掘用户需求。

　　四是传感器。简单小巧的传感器一般安装在一些活动或者固定的物体上，用于探测收集数据，测量并报告变化。例如，一般的智能手机平均配有七个传感器，迅速增长的手机应用程序通过传感器获取用户的位置并了解用户的活动。

　　五是定位系统。定位系统背后的核心就是收集相关的数据，不同于传统的位置服务，场景对定位服务的精度要求非常高，例如，不仅要能够确定用户所在的楼宇，还要确定具体的楼层，并能利用收集到的位置数据和其他信息数据，提供满足用户的预测服务。

二、对移动互联网产生深刻影响

　　一是使移动互联网经济的争夺焦点从流量转向场景用户。据统计，2015年11月，微信的月活跃人数超过了6亿，而微博的月活跃用户只有1.3亿，远不及微信。微信的成功在很大程度上得益于其创设的强连接、强互动的"场景化"生活。场景的出现，使此前互联网企业对流量用户和流量入口的争夺转变为对场景用户的争夺，未来信息入口将不再是PC上的信息中心，而是基于场景，对于信息的"随时、随地、随心"获得。在场景推动下，互联网的格局将被改变，场景将弱化传统搜索，人们花在移动互联网上的时间，将大大超过PC网页上时间的总和。人与人的沟通将趋向数字化、移动化，移动互联网成为未来信息的主要入口，获得新一轮的用户迁徙价值。

　　二是推动移动互联网的物理化过程加速向纵深发展。场景的要义是连接，是人机互联、人物互联、人人互联、物物互联。随着场景在更广范围内被创造出来，它将过去的人与信息的连接，升级到人与服务的连接，通过五种核心技术力量将万物互联，使得移动互联网与各行业的业务逐渐融合，并通过不断物理化的形式进入到生产生活的方方面面，优化人们的生活和交往方式。如在特定场景下，人们可以利用智能导航了解交通状况，根据拥堵情况进行路线优化；利用智能家电的传感器和智能芯片来处理信息，提出优化生活质量的建议。

　　三是实现线上线下行为追踪以加深对用户的理解。场景能够使企业前所未有地接近消费者，打破过去传统PC的线上跟踪模式，通过传感器解决线下追踪数据问题，实现"线上＋线下"的复合追踪模式。收集消费者的偏好、属性等详细数据，使企业可以更深刻的了解用户，根据个人需求，制定个性产品服务。例如 Nike+ 系列在运动鞋和可穿戴设备中加入了传感技术，借此连入网络、APP、训练项目和社交网站，除了记录运动路线和时间，还会把用户和兴趣相投的跑友联系在一起，用户会收到定制化的训练项目，记录每一次进步，并根据个人实际情况提出不同的指导意见。

第二节　场景应用前景

一、场景个人助理

场景个人助理（Personal Computer Assistant），是场景时代的关键，是基于开放的云计算平台，通过与其他的移动应用程序相连，如社交媒体、文本、电子邮件、交通和天气，允许 PCA 选择相关的数据，自动过滤多余的信息，并预测任务。PCA 了解环境、时间等要素对用户事务计划的影响，根据数据分析提出不同的建议，演化成一款预期系统来预测用户生活中的方方面面。例如智能助手 Easily Do 可以一边管理用户的登机牌，一边根据实时交通情况计算通勤时间；Atooma 可以根据用户习惯，设定在工作和娱乐中关于场景和喜好的对应变化。Smart things 的云技术平台，它利用移动应用程序和传感器来帮助用户管理家中的门锁、照明、温度和电力系统，当家里发生变化或出现问题时，会及时通知用户，做出预警。

二、场景健康新时代

通过带有传感器的药丸和可穿戴设备，场景启动线上和线下的复合追踪模式，监控用户的健康指数，并提出个性化的建议。如药丸上的传感器，将仅有沙粒大小的硅芯片嵌入药丸，芯片一旦与胃酸混合，处理器便由人体电流提供动力，并将数据传送至皮肤相接触的装置，该装置再通过蓝牙把数据传送至移动应用程序上，最后汇总到中央数据库，使医师可以确认患者是否服用了药丸，并监测心率和身体活动等指标，鼓励坚持治疗的患者，同时向医疗保健供应商汇报重要数据，提供更准确的个性化定制。再如量化自我的可穿戴设备。Basis 不仅可以报时，内置的 5 个传感器还有很多功能，比如测量脉搏、排汗量、活动、体温和睡眠质量。通过数据、表格和图形方便用户深入了解个人数据，更好的调整习惯改善健康。量化自我的场景，使人类身体成为应用程序的接口，通过允许电脑编码的交互交流，建立个人预期系统，帮助人们保持健康活力。

三、场景新都市主义

新城市主义引领的场景生活使得城市按照场景技术进行规划、设计和重建。成千上万的接受过良好教育且经济富足的年轻人，将移动设备应用到生活的各个方面，加速了新场景时代转型的重要趋势。根据美国人口统计局和布鲁金斯学会的多项报告，多年来的趋势显示，新城市主义正在改变美国的人口发展趋势，城市人口呈现年轻富足化，而郊区则面临着人口萎缩、老龄化等问题。新城市主义者支持并采用新型服务，主张道路安全、降低污染、政府透明和社区行动，将场景技术视为促进改变的强大工具。例如开发政府云和城市三维建模，政府云将过去锁在储藏柜里的各类市政记录、记录或城市模型都迁移到开发云，人们可以方便地查询政府信息，有效的监督政府工作；而三维建模将城市结构立体化、可视化，人们看到一个新项目会如何影响周边区域，并在规划阶段提出反馈。这一切都可以在手机上完成，不仅能帮助新城市主义者预见所在城市的未来，还可以在城市发展的过程中拥有相当的话语权。

第三节　推动构建场景时代的几点启示

一、政府：发挥支撑、守护和引导三种作用

作为政府部门，顺应和把握场景时代的发展趋势要体现三种角度。一是作为技术支撑者，政府要关注和支持移动互联技术、即时通讯、大数据、云计算、传感技术和设备、定位技术等平台性技术的研发创新，为场景构建提供稳定的技术支撑。二是作为安全守护者，政府要鼓励合法的商业模式创新，更要及时跟进场景构建的监督管理和规制创新，切实保障场景参与各方、特别是作为消费者的社会公众的个人信息安全、位置安全、支付安全等，维护每一个具体场景的线上和线下市场秩序。三是作为引导参与者，要通过深度融入把握发展导向，按照建设服务型政府的总思路，结合政务信息公开以及电子政务的开展，及时在场景时代找到政府自身的位置，为社会公众提供更符合移动网络时代要求的场景化管理和服务，实现政府治理的现代化。

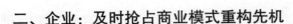

二、企业：及时抢占商业模式重构先机

在移动互联网时代，我们平均每 6 分钟看一次手机，一天平均看 150 次左右，人们已经无法想象没有智能手机的生活，这种实时性连接改变了传统的社交关系。这也意味着，企业的市场用户已经从"鼠标端"大踏步地转向了"拇指端"。对于企业而言，在完成传统企业向互联网化的转型后，还要再次完成向移动互联化的转型，对流量的争夺将在很大程度上被场景争夺所取代。因此，企业应当运用大数据、云计算等先进技术，拥有和分析用户的海量信息，深刻理解用户心理和消费习惯，依托传感技术、定位技术等，及时在线上和线下用户中找到企业独属的市场和用户群，构建企业与用户强连接的体验场景、信息回馈场景以及消费、支付场景。反之，如果不能及早迈出场景构建的关键一步，即便是百度这样的互联网巨头，也已经在移动互联网时代初现疲态，失去了一部分用户市场。

三、用户：把握信息安全和开放限度

在每一个场景中，用户既是场景的体验者，同时也是场景构建所需数据信息的供给者，用户有权力用拇指投票，决定一个场景的生死兴衰。数据信息共享是场景构建的关键一环，用户无论作为消费者还是作为公众参与者，都要处理好私人信息安全和数据共享的关系。一方面，用户要具备信息安全意识和技能，根据个人情况建立自己的信息安全分级，如把身份、账户、密码等作为核心信息确保安全，把消费习惯、个人体验等作为一般外围信息，采取措施确保个人信息安全。另一方面，用户也要秉持数据共享精神，将那些有助于改善场景设置、密切社交关系的数据信息，安全可控地在有限范围内分享，以共同创造更好的场景生活。

第十三章　发达国家发展工业机器人的做法及启示

工业机器人的研发、制造和应用是衡量一国科技创新和高端制造水平的重要标志，是"制造业皇冠顶端的明珠"。美、日、德等国纷纷把工业机器人纳入国家战略，谷歌、GE 等企业也相继加强布局，发展工业机器人产业。近年来，我国上海、长沙、深圳等地也通过制定指导意见、实施行动计划、设立专项资金、建设机器人产业园等方式大力发展工业机器人。工业机器人产业已成为各国和我国各地发展的热点和竞争的焦点。

第一节　发达国家发展工业机器人的主要做法

美国：着力抢占智能机器人发展制高点。早在 20 世纪 50 年代，美国科学家就提出了工业机器人的概念，并在 1962 年开发出第一代工业机器人；60–70 年代高度重视工业机器人的理论研究；80 年代制定了一系列政策措施，增加研究经费，鼓励工业界发展和应用机器人，并开始生产带有视觉、触觉的第二代机器人，很快占领了美国 60% 的机器人市场。21 世纪以来，又进一步提出投资 28 亿美元用于开发基于移动互联技术的第三代智能机器人。目前，美国在视觉、触觉等方面的智能化技术已非常先进，高智能、高难度的军用机器人、太空机器人等发展迅速，并应用到了军事、太空探测等方面。

日本：把先进机器人纳入"新经济增长战略"。日本号称"机器人王国"，既是机器人生产大国，也是消费大国，本土装备量占世界的 60%，出口也居世界榜首。日本机器人依靠政府强大的低息贷款、长期租赁、鼓励中小企业发展和推广应用机器人等一系列扶植政策，在汽车和电子领域培育了绝对的国家竞争优势。在 2014 年《新经济增长战略》中，机器人产业被作为日本经济增长的重要支柱，着力扩大机器人应用领域，设立"实现机器人革命会议"，加快技术研发，未来还将出台放宽限制政策以促进机器人的使用，以此实现到 2020 年制造业机器人使用量增加 2 倍、市场规模达到 2.85 万亿日元的目标。

欧盟：制定机器人"SPARC"计划。2014 年 6 月，欧委会和欧洲机器人协会联合 180 家企业及研发机构启动了民用机器人研发计划"SPARC"，重点研发制造、护理、交通、农业、医疗等领域的机器人，目标是将欧洲机器人产业占全球总产值比重由 2014 年的 35% 提升到 2020 年的 42%。欧洲各国也高度重视发展机器人产业，德国早在 1970 年代就强制要求部分有毒、危险等不利人类健康的岗位必须使用机器人，2012 年每万人机器人拥有量达 273 台；法国 2013 年制定《法国机器人发展计划》，提出通过政府采购、产学研合作、政府贴息贷款等九大措施促进机器人产业发展；英国 2014 年发布机器人战略"RAS20120"，投资 6.85 亿美元发展机器人、自助系统（RAS）和建设机器人测试中心。

韩国：分阶段实施"智能型机器人基本计划"。韩国机器人产业起步较晚，但目前已跻身机器人强国行列。20 世纪 80-90 年代韩国建立了独立的工业机器人体系，2004 年启动"无所不在的机器人伙伴"项目，2009 年提出"第一次智能型机器人基本计划"，2012 年发布《机器人未来战略展望 2022》。韩国在发展机器人产业方面出台了一系列扶持政策措施，如建设机器人主题公园、举行机器人比赛、建立行业标准和质量认证体系、建立机器人论坛、组建机器人研究所和区域机器人中心等。

第二节　对我国发展工业机器人产业的几点启示

加强体现国家战略意图的顶层设计。工业机器人是新科技和产业革命数字化网络化智能化特征的集中体现，发达国家为此纷纷制定国家战略和系列行动计划。有鉴于此，我国应前瞻部署、高点定位，在国家制造业发展战略中突出工业机器人的重要地位，或制定专门的工业机器人发展战略。战略制定要立足国内需求，瞄准世界前沿，提出产业发展目标、重点任务、发展路径、政策保障等。目前，应以贯彻《关于推进工业机器人产业发展的指导意见》为重点，制定实施一系列行动计划、重点工程，促进我国工业机器人产业赶超发展。

充分挖掘市场潜力形成有效需求牵引。发达国家都是在劳动人口锐减、用工成本高涨的背景下，开始发展本国工业机器人产业。目前，我国人口红利正在消失、用工成本不断提高，对工业机器人的需求日益迫切。但从应用领域看，我国的工业机器人主要应用于汽车产业，在传统制造业转型升级更广泛领域的应用还比较有限，机器人对危险、有害环境的劳动力替代还不够充分，在极端、高端、智能制造领域的应用市场还需进一步发掘。应当采取多种措施，如制定工业机器人产品推荐目录、举办工业机器人主题展览和比赛、组织工艺技术培训、开展机器人示范应用等，积极培育工业机器人市场需求。

谨防形成新的技术依赖和产业制约。一方面，国内机器人的现实和潜在市场需求巨大，另一方面国外机器人巨头在零部件、集成商及工艺上相对国内企业优势显著，把持着我国七成市场份额。为此，我们既要发挥比较优势，抓住国外厂商在低端产能自动化领域的空当，从低端入手，发展通用型六轴机器人等经济型本体，适应传统产业"机器替代"需求；又要适应机器人发展的智能化、模块化、系统化趋势，大力攻克关键零部件技术，积极开发自主的智能机器人、智能控制系统和智能生产线，全力支持国内机器人、人工智能、智能系统研发机构和企业联合开发新型智能机器人，防止国内制造业企业在工业机器人应用上依赖于人、受制于人。

加大政府投资对机器人产业的引导支持。工业机器人产业的战略重要性和复杂的科学技术属性，使各国纷纷注入巨额财政资金予以支持。为此，我国要发挥政府投资的产业导向作用，带动企业和社会资金的投入。一是加大国家863项目、国家支撑计划重大项目、国际合作重大项目等对工业机器人的支持力度，组建工业机器人产业共性技术研究院，加强关键共性技术和核心功能部件的研究开发；二是推进工业机器人产业化，如设立机器人产业集聚发展基金，加强机器人产业园区基础设施建设，培育产业龙头企业和配套产业集群等。

第十四章 "互联网+"时代，在传统产业挖掘 新的经济增长点

李克强总理把中国经济前行的动力比喻为两台"发动机"，"既要加大力度支持新技术、新模式、新业态、新产业发展，为他们'培土施肥'，打造中国经济新的'发动机'，又要致力于传统产业'挖潜开荒'，推动高端化、低碳化、智能化改造"。在量大面广的传统产业领域，结合"互联网+"行动，推动传统产业的整条价值链上移，就可能"老树发新芽"，并成长为参天大树。

第一节 引入创新设计，提升产品附加值和品牌形象

互联网催生工业设计新理念。互联网对工业设计的工作流程、组织管理、策略方式产生深远影响，催生了诸如网络协同设计、可视化设计、以用户为中心的设计、产品全生命周期设计等新思想和新模式。从内涵看，工业设计从单纯针对产品外观和使用性能的设计向满足消费者多样化需求转变。例如美国 IC3D 公司采用模块化设计将牛仔裤分成男裤/女裤、面料、合体度、裤腿造型、裤口造型、腰线位置、前口袋、后口袋、前襟、饰品和装饰用线等 11 个可独立选择的模块以便提供个性化定制服务。从模式看，工业设计从厂商和设计人员为主转向用户体验和深度参与，通过建立厂商与用户直接交流的网络平台，邀请用户深度参与设计过程。例如小米不仅通过微信、微博、论坛等各类网络渠道收集用户的需求、意见和建议，还邀请米粉们参与内测，从而使用户更深入的参与到产品的设计和测试中。

用工业设计提升产品和品牌价值。据日本权威机构调查显示，工业设计在开发差异化产品、国际名牌产品、提高附加值、提升市场占有率、创造明星企业等方面的作用占到 70% 以上。传统产业要高度重视工业设计在品牌营销中的积极作用。一方面，可通过工业设计将创新成果体现在产品中，提升产品附加值。借助众创等模式，改善设计技术、提升设计水平，引领新的使用方式和生活方式。如上海国际工博会上展出的一支手电筒，在融入创新设计后，集成了从基本的照明到摄像、拍照、录音、安保等多种功能，售价从几十元上升到六千多元。另一方面，要通过创新性工业设计打造自主品牌，增强品牌竞争力。运用搜索引擎、社交媒体、各类网络数据库，进行大数据分析，挖掘潜在需求并预判设计出引领时代潮流的产品。如麦包包对淘宝、拍拍和有啊三大 C2C 平台数百家箱包店铺和数十家 B2C 箱包网站进行信息抓取和数据分析，判断市场前景，然后倒推回去做产品设计、包装及宣传推广，成功打响"麦包包"品牌。

第二节　推行智能制造，提高制造稳定性和产品质量

大力发展基于两化深度融合的智能制造生产模式。新一轮科技革命和产业变革的核心是制造业的数字化、网络化、智能化。传统产业要积极顺应这一趋势，大力促进移动互联网、云计算、大数据、物联网等新一代信息技术在制造业领域的集成创新和应用，加强机器运行、车间配送、企业生产之间的数据流通和交互，提高生产设备、生产过程、制造工艺智能化水平，建设数字化车间和智能工厂，实施网络制造、柔性制造、敏捷制造，形成智能制造的新型生产方式。推进智能制造不仅可以低成本、高效率的满足用户多样化和个性化需求，而且可以有效应对日益增长的劳动力成本对制造业发展带来的压力。如海尔位于佛山的互联网工厂可以按照消费者的定制需求进行洗衣机的生产制造和配送，用户在线提交生产订单后，工厂自动排产，消费者可以借助电脑或手机终端实时查看进度信息。由于工厂采用了高柔性自动无人生产线，这里已经完全实现"黑灯车间"，用工数量大幅减少。

借助信息技术加强过程控制以确保产品质量。加强数字化控制、制造执行系统、自动化物流、状态实时检测与自适应控制等数字化、智能化技术的应用，建立网络信息监控系统，对原材料选取、零部件加工、配套件采购、产品制造、性

能调试、产品验收等产品生产全过程中多个关键节点进行信息监测和反馈，并通过条形码等手段实现全产业链的可控性和可追溯性，提高产品生产与供应的透明度，最大限度保障产品的质量和可靠性。如无锡第一棉纺织厂自2000年启动信息化建设，已经建成了一套具有行业特色的信息化管控系统，上万个传感器通过信息化设备或通讯模块实时监控生产状态和产品质量，有效控制了生产中的薄弱环节，残余疵点减少60%。最近，企业又开发了细纱单锭监测系统，实现了对纱锭的全数检测，从源头上保证产品质量。

第三节　发展平台经济，加速向服务型制造的转型升级

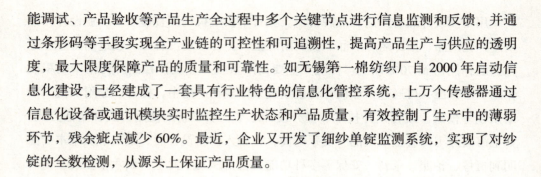

　　加快建设网络交易和服务平台。互联网提供了一个广阔、开放、共享、共赢的平台，创造并聚集了大量价值，促进了海量信息交换，并通过信息精确匹配、规模效益及定向营销等方式为交易和交流带来便利和利益，不断吸引着越来越多的企业和用户。一要加快建设网络交易平台，打破空间限制，实现厂商与用户的直接沟通以及产品制造与销售的有效衔接，利用庞大的用户资源、便捷的物流和销售渠道降低营销成本、提升交易效率、扩大产品销路、获得更高利润。二要着力发展网络服务平台，企业可以集成多方智慧来解决从设计、生产到销售的各类问题，从而缩短产品研发周期、提升生产效率、在极短时间内对市场和用户需求做出迅速反应并推出相关产品和服务，满足日益个性化的市场需求。

　　建立从产品到增值服务的盈利模式。大力推进制造业服务化，促进价值链由以制造为中心向以服务为中心升级，引导企业从单纯产品销售向提供以产品为基础的服务和运营转变。如在电视机行业，以往企业仅提供电视机产品，并不涉及电视频道和电视节目内容，而"互联网+"时代促使电视机生产商与互联网运营商相结合，将电视机与互联网上优质和庞大的资源相结合，催生出互联网智能电视，改变其作为传统终端仅被动接收节目的方式，将其打造为集成电视机、网络视频资源、获取娱乐、信息等的终端产品，增加用户体验的满意度，从而拓展下游服务业务，实现产品增值，使得产品价值和企业利润从前期的制造环节向后期的运营和服务环节提升。

第十五章　应对全球工业机器人市场竞争新格局

日本、美国、韩国、欧洲是全球工业机器人市场的主要领导者，全球四大工业机器人供应商发那科、安川电机、ABB、库卡，分属于日本、瑞士和德国。但是，近年来全球工业机器人市场竞争格局正发生不断变化，2013 年以前"四大家族"占全球的市场份额超过 60%，2014 年下降到约 50%，日益崛起的中国机器人公司使"四大家族"量价齐降，谷歌、阿里巴巴等互联网企业进军机器人市场，日益形成工业机器人新的市场竞争格局。

第一节　全球工业机器人市场竞争格局新变化

"四大家族"几乎垄断工业机器人行业高端领域。全球工业机器人市场竞争激烈，技术集中在少数企业手中，如系统集成技术日本、美国企业拥有绝对优势，运动控制是 ABB 的核心技术，整体解决方案安川电机更胜一筹；核心部件如伺服电机、减速器、控制系统等核心部件也多被"四大家族"所掌控。我国工业机器人市场规模庞大，增速快，但目前绝大部分市场份额依然被"四大家族"占有，并且在机器人制造、焊接等高端领域也几乎被"四大家族"垄断，我国目前的技术研发与进展仍然集中在机器人专用控制器、伺服电机、控驱一体机、运动控制等核心领域。

新兴企业不断涌现打破工业机器人市场的现有格局。从市场占有率上看，"四大家族"的垄断地位日益受到威胁，丹麦优傲机器人生产的 6 轴串联工业机器人具备轻巧灵活等特点（6 轴串联工业机器人 UR5 自重只有 18 公斤），广受市场青睐。我国国产机器人占国内机器人的市场份额由 2012 年的 4% 上升到 2014 年的 28.6%，2014 年销售量已增加到占全球销售量的约四分之一，机器人企业数量仅 2014 年就增加了 200 多家。新兴崛起的机器人公司使机器人使用成本大幅下降，与"四大家族"构成数量与价格的强势竞争。从应用市场上看，工业机器人市场争夺呈现多元化发展趋势。企业不再仅仅瞄准传统的 3C（计算机、通信、消费电子）制造领域，而是在家电、可穿戴设备、电子、医疗、物流等新兴领域积极抢占技术制高点和市场份额。

互联网企业成为工业机器人领域的新生力量。谷歌自 2013 年起已收购了九大机器人企业，收购领域包含工业机器人以及相关的开发技术和安卓系统等，致力于研究无人驾驶汽车、智能家电、可穿戴设备等智能产品，还计划将安卓系统应用到机械制造领域，使智能制造与智能控制达到新高度；阿里巴巴入股日本软银集团旗下的机器人企业（Soft Bank Robotics Holdings Corp，简称 SBRH），与富士康一起注资，各拥有 SBRH 公司 20% 的股份，将进行全球首个具有情感的机器人 pepper 的量产，并通过阿里在线渠道进行销售。互联网企业拥有强大的云计算、大数据、云存储、在线销售等优势，虚拟世界与实体制造业的跨界融合，加上机器人新技术的研发产业化，必将对未来机器人发展领域产生颠覆性变革。

第二节　新格局下我国工业机器人发展面临的挑战

从行业发展上看，核心零部件尚未实现自主化生产。我国国产机器人大多应用在搬运、上下料、钎焊等领域，在焊接、汽车、电子制造等高端领域外资企业占较高比例，这主要是我国伺服电机、减速器、控制系统等核心零部件依赖进口，核心零部件成本占整体成本比重过高，仅减速器占机器人的成本达 35%，无法在高端领域与国外企业形成抗衡。目前上海新时达、汇川技术、双环传动等国内企业正加紧研发工业机器人专用伺服系统、专用控制器、减速器技术。

从区域发展上看，机器人产业园区布局缺乏差异化。截至 2014 年底，我国各地机器人产业园区已有 40 多个，一些产业园区初具规模，综合实力较强，如上海机器人产业园，产业规模达上百亿，"四大家族"在园区内设立总部或生产基地，国内新松、沃迪自动化等领军企业在上海设立分部。但是，大部分的机器人产业园内企业数量较少、规模不大，大多数企业初次投资，产业发展雷同，产品同质化严重，在全球差异化竞争中处于劣势，易错失发展的良机。并且，区域竞争方面，各地的招商引资政策存在恶性竞争，多地出台的"机器换人"举措也主要针对人工替代领域，在高端智能机器人领域应用较少。

从发展环境上看，科研体系、融资环境、人才保障等方面有待改善。我国研发投入增幅逐年加大，但是我国的有效专利很难转化为发明专利，机器人相关论文数量与科研成果转化率形成倒挂，这与我国的科研体系密切相关。科研成果作为研究学者评奖评职称的重要指标，并不以产业化为主要导向。从资金渠道上看，除了政府资金支持外，很多机器人企业的上市融资以概念炒作为主，融资资金并未用于实际研发与生产。我国工业机器人应用人才缺乏，企业、高校相关技术应用人才培养体系未有效建立，跨界的复合人才成为制约我国机器人产业差异化发展的瓶颈。

第三节　应对工业机器人市场竞争变局的若干建议

从国家层面看，应把加快政策协调和调整优化布局作为推进工业机器人顶层设计的主要方向。对接《中国制造 2025》将智能机器人作为十大重点领域之一，加快发展智能制造装备，突破智能核心装置，加快制造业生产过程的智能化改造，加强各部门间的政策协调性。编制工业机器人技术路线图和专项发展规划，明确全国整体布局和各地区发展重点，避免地区间的盲目竞争。加快完善工业机器人标准体系建设，编制工业机器人行业标准体系结构图，特别是关键技术和产品标准。

从行业层面看，应将推进行业协调和集中创新作为突破机器人核心技术的重要路径。整合优势资源，形成产、学、研、用相结合的研发机制，成立工业机器人行业联盟和行业协会组织，加强产业链各环节的协调沟通，解决研发、集成、应用等环节的信息不对称问题。加大研发投入，重点突破伺服电机、驱动器、减速器等核心部件技术，逐步替代进口技术。搭建行业市场信息平台，推进机器人产业示范基地建设，加大工业机器人的推广和应用，逐步提高我国企业在工业机器人领域的市场份额和竞争力。

从企业层面看，应把"互联网＋机器人"模式作为企业提升竞争力的关键环节。互联网不仅只是企业生产的工具和手段，已成为支撑企业成长的关键要素和支撑平台。"互联网＋机器人"模式旨在形成以终端用户为中心的平台化价值传递和服务新模式，从而缩短产业链环节，促进用户成本降低和服务质量提升。应依托云计算、互联网、大数据等信息技术，推动"互联网＋机器人"模式的应用推广，进行定制化、小型化的生产，满足市场对工业机器人个性化需求。

第十六章　微型电动车的发展现状、挑战与对策

微型电动车是以铅酸蓄电池为主、性能和配置低于常规电动汽车的四轮纯电动乘用车。这类车的最高速度一般在 80km/h 以下，最大续航里程处于 80–150km 之间，支持家庭充电，售价在 2 万 –5 万元不等。微型电动车不仅具备了常规电动汽车节能环保、使用成本低、操作便捷的优点，还因为售价低廉、无需缴纳税费而深受我国城乡结合部、县乡镇居民的青睐。但由于我国相关法律法规的出台滞后于市场，在微型电动车行业，普遍存在着企业生产准入要求不明、标准缺失、缺乏机动车上路许可管理、产品质量参差不齐、废旧铅酸电池回收处理、安全隐患较大等问题。如何规范当前混乱的微型电动车行业，使其"转正"成为有序发展的新兴行业，成为亟待解决的课题。

第一节　微型电动车行业的发展现状

市场需求巨大，生产企业规模和数量持续扩大。随着城市化进程的推进，我国县乡镇地区的短途交通工具从电动自行车逐步向轻便摩托车、农用车、低端传统车以及现今的微型电动车逐渐转变，预测未来市场规模可达到 1 亿 –1.5 亿辆。在强劲的市场需求拉动下，微型电动车产业发展较快，生产企业的数量和规模不断扩大。据中国汽车工业协会统计，2014 年微型电动车产量已超过 40 万辆，具有一定生产规模的微型电动车生产企业已超过 100 家，主要分布在山东、江苏、河南、河北等三四线城市密集的省份。

市场倒逼管理，各主要微型电动车生产省份纷纷出台行业监管政策。从目前

我国市场需求以及电动车行业发展来看，并不是技术越先进越值得推广，而是需要顺应市场需求。2015年7月，"2015中国微型电动车大会"在山东泰安召开，部分地方政府为满足市场需求开始支持微型电动车发展。截至2015年6月，全国已有14个省市相继出台了25项相关政策。

微型电动车基本上属于国家管理的空白地带，国家没有出台明确的管理办法和资质要求。但是，为了避免轻易被国家取缔，各生产企业在规范生产能力、提高生产技术水平等方面开展了部分工作，得到所在地政府的默许。微型电动车生产资质主要从以下几种渠道获取，一是利用观光车、摩托车等制造许可进行生产；二是收购改装类客车生产资质进入整车行业；三是与具有乘用车生产资质的企业合作，通过代工生产等方式间接获取车辆的生产资质。由于进入门槛高低不同，企业的生产水平极不均衡，整体有待提升。

第二节　微型电动车发展面临的挑战

为控制生产成本，产品升级较为困难。价格低廉是微型电动车获得巨大市场的重要因素之一。为保持价格优势，生产企业需要严格控制生产成本，如电池方面，多采用铅酸蓄电池而非锂离子电池；电机方面，多采用低速电机等。由于受到成本限制，微型电动车关键零部件的技术更新较为缓慢，整体产品升级面临较大阻碍。

产品参数标准尚未出台，品质安全存在隐患。微型电动车的受众群体集中在城郊结合部、县乡镇地区，产品参数标准的设定应满足适用地区的特点，不可过低或过高。但目前，由于相关监管政策出台的滞后，没有对微型电动车各参数标准进行规定。此外，未出自正规生产厂房的微型电动车占据了相当大的比重，产品质量存在一定的安全隐患。

可通行道路尚未规定，无序行驶影响道路交通安全。我国城市郊区等各级道路都有明确的限速标准，与普通汽车相比，微型电动车车速普遍偏低、提速性能较差，加之产品质量有安全隐患，相当一部分交管部门还未给予微型电动车上路牌照。但又由于目前未对微型电动车可行驶道路进行规定，随意乱停、并道混行的无序驾驶状况时有发生，严重影响了道路交通安全。

第三节　综合施策，有序推动微型电动车"转正"

　　明确产品属性，建立专门的企业准入条件。国际上对微型电动车大致有两种归类，欧盟将其纳入摩托车管理范畴，但我国对摩托车的法律定义，只包含两轮或三轮道路车辆，且由于摩托车企业准入门槛较低，多地已出台"禁摩"政策，将微型电动车划归此类并不妥当。我国可参考美国"邻里电动车"和日本"超小型交通工具"的归类管理模式，将微型电动车纳入汽车管理的特殊范畴，建立微型电动车牌照，在企业准入方面，参考乘用车管理方式，从生产资质、研发能力、投资规模、质量保证体系、电池回收、产品出口、技术方向等方面进行严格要求。

　　制定标准上限，着重提升微型电动车安全品质。针对当前市场较为混乱的现象，当务之急是要尽快制定微型电动车的参数标准。欧盟、美国、日本对此类车辆从车身大小、最高车速、续航里程、电池容量、充电时间等诸多方面，进行了上限设定，日本还对此类车辆的座椅尺寸及空间、车辆的受力强度、车辆装配的安全防护装置、蓄电池安全回收处理等进行了规定。这些都可供我国进行参考。

　　公布产品名录，严格进行省内交通监管。对具备准入资质的企业及其微型电动车车型进行网络公示，实施"带牌销售"，实现购车同时登记上牌（微型电动车牌照）备案。出于行车安全考虑，驾驶员需具备机动车驾驶证，或特别培训证明（针对70周岁以上老人）。此外，为保证安全上路，可通过限定微型电动车的续航里程，使其不具备等长距离行驶。同时，还可将微型电动车的行驶路权等交通管理权限交于省级部门，由省级部门自主制定微型电动车上路法规。

　　保证产品质量，吸纳兼并具有发展潜力的小微企业。保证产品质量、设计具有独特风格的产品，才能树立起企业品牌，使企业逐步壮大，增加研发投入，形成良性循环。为此，政府应通过给予财政补贴、联合金融机构给予投融资优惠等方式，鼓励已形成产业规模的微型电动车生产企业，在能力范围内，更多的吸纳、兼并具有发展潜力的小微企业，这样既可规范行业秩序，又能对本企业进行人才和技术上的补充。

　　选择试点推广，因地制宜推进微型电动车区域发展。加强试点示范，摸索经验，制定标准，循序渐进推广微型电动车。微型电动车的受众群体集中在县乡镇，以及部分中小城市里的老年群体，这是由于我国农村地域面积广阔、老龄化时代到来所致。微型电动车在性能、结构上不同于常规电动车，是处于燃油车和常规电动车之间的，只能作为过渡和满足市场暂时需求的产品，它更具有时效性和区域性。因此，选择试点地区，不盲目大规模推行，将其行业规范管理，有序发展，更有助于满足市场需求。

第十七章　伺服系统发展的思路与建议

　　伺服系统是决定智能制造装备安全可控水平的关键，攻克伺服系统核心技术并实现产业化，是我国发展智能制造，实现强国战略目标的着力点之一。未来，伺服系统将向数字化、智能化、高度集成化、模块化和网络化方向发展。美国的工业互联网、德国的工业 4.0 和中国的智能制造等计划的成功均离不开伺服系统的进一步发展。

第一节　伺服系统的发展与应用

　　"伺服系统（servomechanism）"由控制器、功率驱动装置、反馈装置和电动机组成，是高档数控机床、工业机器人等智能制造装备的关键零部件，主要用于精确跟随或复现某个过程的反馈控制，它通过控制电动机的转矩、转速和转角，将电能转化为机械能，实现机械运动部件按照控制命令的要求进行运动，并保持良好的动态性能。伺服系统最初被应用于火炮控制、船舶自动驾驶及指挥仪。之后，被广泛应用于导弹、飞船、天线位置控制、工业自动化等领域。

　　20 世纪 60 年代以前，伺服电机以步进电机驱动的液压伺服电机，或以功率步进电机直接驱动为特征，系统位置控制主要采取开环控制方式。20 世纪 60 至 70 年代，直流伺服电机迅速发展，并在工业等相关领域得到了广泛应用，系统位置控制也由开环控制发展成为闭环控制。80 年代以来，微处理技术、大功率电力电子技术日渐成熟，电机永磁等材料成本下降，推动了交流伺服驱动技术的发展。伺服传动装置主要经历了模拟式、数模混合式、数字化的发展历程。到了

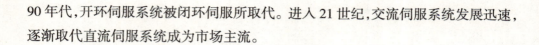

90 年代,开环伺服系统被闭环伺服所取代。进入 21 世纪,交流伺服系统发展迅速,逐渐取代直流伺服系统成为市场主流。

第二节　伺服系统技术发展趋势

第一,由直流伺服系统向交流伺服系统转变。目前,机床主要采用永磁同步交流伺服系统。日本、美国和欧洲的交流伺服研究处于世界领先地位。20 世纪 80 年代中期,日本安川公司制造了世界第一台交流伺服驱动器,发那科、三菱、松下等公司也陆续研发出了各自的交流伺服系统。

第二,数字化发展趋势。新型高速微处理器与专用数字信号处理机将取代以电子器件为主的伺服控制单元,进而实现伺服系统的数字化。在实现数字化之后,可更为方便地利用操作软件对伺服系统进行控制,一些如模糊控制、神经网络、最优控制等算法能够应用于伺服系统控制。

第三,集成化发展趋势。传统伺服系统通常可划分为速度与位置伺服单元两个模块,而新型伺服系统采用集成化、多功能的控制单元。通过软件设置系统参数就能够改变同一个控制单元的性能。集成化促进了伺服系统的小型化,进一步简化了其安装与调试过程。

第四,智能化发展化趋势。智能化伺服系统能够记忆系统参数,可以通过人机对话、通信接口、软件设置等方式实现参数设计与修改。一些智能化伺服系统具有自调整参数功能,在系统试运行过程中可以实现参数的自动调整,进而达到更优的系统状态。智能化伺服系统能够实现自我诊断与故障分析,并实时将结果反馈到操作用户界面。

第五,模块化和网络化发展趋势。工厂自动化工程技术正在加快发展,以工业局域网技术为基础的,在伺服系统中配置专用局域网接口与串行通信接口,从而有效提高伺服单元与其他设备或系统之间的连接能力。

第三节　对我国伺服系统发展的几点建议

应瞄准国际先进水平,突破关键技术,提高国产伺服系统的市场占有率。具体思路与建议如下：

第一，大力加强伺服系统的技术研发。增加测试手段的研发投入，开展伺服系统的性能测评，提高伺服系统的抗干扰能力。在系统精度、动态响应、可靠性、电磁兼容性和电网适应能力等方面，着力减少国内伺服系统与国外伺服系统的差距。通过系列化、产业化生产工艺研发，满足不断增长的市场需求，增加国产伺服系统的国内与国际市场占有率。

第二，推动伺服系统相关技术标准化工作。以伺服系统数字化接口技术规范与标准共性技术为纽带，促进伺服系统企业形成技术研发与标准联盟，逐步提高我国伺服系统标准在国际领域的话语权。

第三，以政产学研用结合及联盟互助共赢的发展模式，加强伺服系统产业链的各个环节技术创新和信息共享，推进技术标准与品牌的融合及成果转化，促进企业优势互补，实现互利共赢，推动行业健康发展。

第十八章　从优步事件看政府管理经济的新挑战

日前北京、广州等地相继对优步——一种利用私家车从事经营活动的公司进行打击，交通运输部也明确表态：各种专车软件公司应遵循市场规则，禁止私家车接入平台参与经营。以上事件引起了社会很多讨论，认识也不尽相同。一方认为，政府不应通过行政手段打压优步而维护出租车行业垄断者的利益；另一方认为，对优步的监管不应与打压互联网经济等同，在美国、德国等地，优步也受到政府不同程度地监管。事实上，诸如优步这种新的网络经济形式无论对于企业还是对于政府，都是一种新事物，如何发展、如何监管等问题需要深入思考。

第一节　打车软件优步带来了便捷与效率

一、从消费者来看，在方便出行的同时满足了个性化的需求

借助移动智能终端,使用优步的消费者已不需要像以往一样在路边招手打车，通过手机呼叫服务，优步可以为消费者就近找到提供运营服务的"专车"，降低了消费者的搜寻成本，节省了消费者的打车时间。特别是在消费者身处陌生的城市，不知道在何地打车时，这种优势更加明显。传统的出租车无论外观、车型和服务都千篇一律，而借助优步等专车平台，消费者可以根据需要选择不同类型的车辆，获得更高级的专车服务。

二、从司机来看，在提高服务能力的同时降低了运营成本

使用优步的司机不再需要满大街找活或某处等活，却能够以最短的时间、最短的距离接到订单，既提高了服务质量，又降低了出租车空驶的距离，且节约了

司机的经营成本。而在传统出租车领域，出租车司机每月要缴纳数额不菲的承包费，与优步相比，接单效率差，经营效率不高，司机常言经营压力大，经营的过程中也常出现挑活或拒载等现象。使用优步之后，上述不利情况可以得到不同程度地改善。

三、从软件运营方来看，在实现市场扩张的同时提高了资源配置效率

停车难、打车难一直为在大城市里生活的人们所诟病。借助移动互联网，优步等打车软件一定程度上起到了智慧城市或智慧交通的作用。它能够很大程度上优化车辆资源配置，让一部分私家车进入租车领域，在不增加汽车总量的前提下实现了公共交通供给的增加；通过其较为先进的算法，能够以较低的时间成本和距离成本确保供需双方满意，降低了全社会整体成本，提高了资源的使用效率。

第二节　优步等互联网＋时代的新业态为传统政府管理带来新挑战

一、从监管对象来看，需要应对经营主体多元化带来挑战

与传统的经营者不同，互联网＋时代，经营主体有了虚拟化和多元化的新特征，为政府管理工作带来了新挑战。以出租车领域为例，我国对出租车行业实施政府特许经营管理，行业进入者只有取得执照才能从事出租车经营服务，否则都是非法营运。优步出现后，很多行业进入者可以绕过出租车公司，通过优步对车险、技能、车龄等认证后，就可以进入专车营运服务。如此一来，以前由出租车公司代为管理的行业准入则出现了真空。虽然优步对行业进入者提出了一些要求，但在国内外的很多城市，为了培育市场，用户很容易就能获得优步平台的使用资格，从而造成用户多且鱼目混杂。如根据杭州市改革发展研究院的不完全统计，当前杭州有7万台车注册成为人民优步，是杭州出租车数量的7倍；优步司机不仅有专职的，还有兼职的，有跑运输经验丰富的老司机，也有刚会开车的新手，有顺带作业务推广的，也有体验生活的，说明监管对象非常复杂。之前，在美国芝加哥、旧金山，印度新德里，法国巴黎等地，都出现过因优步服务而起的刑事案件。事实上，近年来互联网经济领域出现了很多与优步类似的情况。如电商平台中，由于经营者数量众多，确实存在以次充好的潜在问题，同时对于政府来说也难以一一监管。又如互联网金融出现后，经营者也呈现虚拟化和多元化等特征，

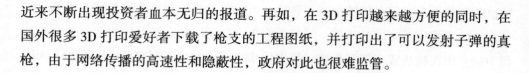

近来不断出现投资者血本无归的报道。再如，在 3D 打印越来越方便的同时，在国外很多 3D 打印爱好者下载了枪支的工程图纸，并打印出了可以发射子弹的真枪，由于网络传播的高速性和隐蔽性，政府对此也很难监管。

二、从管理手段来看，需要应对线下线上紧密结合带来的挑战

传统上，生产供给者和消费者通过线下进行交易，生产者的生产行为如安全生产、公平竞争、产品质量、环境保护、社会责任等等都可以通过一定的行政职能部门予以监管，而消费者行为以及交易过程等，也可以通过法律法规等予以监管或保障。然而，在"互联网＋"时代，产生了大量的线上和线下紧密结合的交易，政府监管手段则需要加快跟进。以优步为例，由于专车司机没有办法提供票据，因此正常的营业税收等也无法征取，消费者交易过程中如有物品遗失，也很难取证。从平台提供方来看，政府并不掌握交易双方的后台数据，用户信息安全保密问题、平台营业额及利润、软件运行有无价格欺诈等问题都非常值得关注，如没有有效的监管，无论是消费者还是专车提供者，其长远利益都存在被损害的隐患。然而，对于优步之类的专车服务，目前缺少监管的手段。由于交易通过手机线上完成，如果交易双方都有意隐蔽，其交易过程很难被监测到。而对这种专车服务，即使查证了一辆专车属于非法营运的私家车，专车软件或平台提供商也可以认为只不过是提供了互联网工具。无独有偶，当前，我国物联网、电商等与高度信息化相关联的产业日益增多，特别是"互联网＋"与其他产业深度融合之后，其生产过程、服务产品、交易流程、平台工具等都具有网络化、虚拟化等特征，面对海量的交易数据，如果没有与之相对应的信息获取和分析管理工具，政府即便有心管理，也会因手段有限而疏于管理，或者因为无力管理而干脆关停。

三、从监管效率来看，需要应对管理成本上升所带来的挑战

政府管理资源和精力有限，管理需要解决管理成本问题，提高管理的精准化水平。"互联网＋"时代，在新的经济模式下，市场结构和生产模式与传统相比发生了巨大变化，政府需要在错综复杂的市场关系中甄别出最有影响力的对象和环节，做到重点管理，如此才能节约成本，纲举目张、疏而不漏。从监管的重要环节来看，传统出租车行业主要从价格、质量和数量三个方面进行三重管理控制。专车服务出现后，最需要政府监管的环节是质量问题，包括车辆的质量以及从业者素质等，而数量和价格问题可以主要交由市场，这说明，在传统经济向"互联

网 +"经济转变之后，需要政府监管的重点环节发生了改变。从监管的主要对象来看，在互联网经济下，利用互联网的泛在特征，在某种意义上，财富仅仅意味着链接与整合，如优步没有一辆出租车，全球最热门的媒体所有者 Facebook 没有一个内容制作人，全球最大的零售商阿里巴巴没有一件商品库存，全球最大的住宿服务提供商 Airbnb 没有任何房产。对于政府来说，从事链接与整合的主体正是应该监管的对象。由于消费者的体验可以快速地在网上进行传播，因此就会产生明显的跟随效应，最终会很快形成一批又一批受众多、影响力巨大"链接与整合者"，如零售领域的阿里、京东，视频传媒领域的优酷、土豆，生活服务领域的 58 同城和赶集网等。如何管理和引导这些层出不穷的市场新贵，需要政府重点考量。还以优步为例，从其产生到目前风靡全球，不过六年时间，但其对传统市场和传统政府管理所带来的冲击力却非常大，有时甚至会产生群体事件，从提升管理效率来看，政府最应该加强对这些市场"链接与整合者"的管理。

第三节　对政府监管专车平台的几点建议

"互联网 +"对传统政府管理方式带来新的挑战，但挑战并不意味着可以简单否定。对于此类新事物和新的生产力，政府应该有新思维和新的管理方式。首先，从监管效率来看，政府应加强对关键环节的监管，如对于专车服务，政府可以允许其存在，但对行业进入者资格审核一定要有政府参与管理，而审核业务可以交给第三方机构客观评定。价格和车辆供给数量可以让市场决定。其次，从监管对象来看，政府应该抓大放小，提高管理效率。特别是"互联网 + 经济"中的"链接与整合者"，政府需要找到合理的管理办法，做到既不缺位又不越位。如对优步等专车软件运行平台的管理，可尝试将其纳入智慧城市建设或智慧交通建设，加强监督与引导。再次，从监管手段来看，政府应提高监管的技术水平和科学水平。政府应该综合运用法律、行政、信息、经济等手段，确保对互联网经济中新事物监管有法可依的同时，要充分利用大数据等信息化手段参与行业管理，提高监管的准确性与及时性；要充分发挥市场调节机制，做到因势利导，如在互联网金融领域，面对风险，选择让银行进行托管的办法，这样既满足了资金供需双方的需求，又降低了投资风险，同时还发展了互联网经济。

第十九章　工业互联网和工业4.0的比较

为了在新一轮工业革命中占领先机，争夺国际产业竞争话语权，德国实施工业 4.0 战略，美国则推动了工业互联网概念，二者基本理念相近，都是将虚拟网络与实体连接，是对工业未来发展方向和发展模式的探索。工业 4.0 旨在推进生产或服务模式由集中式控制向分散式增强型控制转变，帮助实现高度灵活的个性化和数字化生产或服务。工业互联网更加注重软件、网络和大数据，目的是实现通信、控制和计算的集合，二者在应用范围、强调重点和实现方式等方面存在一定差异。

一、工业 4.0 与工业互联网的相同点

从推动力量上看，二者都体现了由大企业主导的产学研密切配合。工业 4.0 是由德国工程院、弗劳恩霍夫协会、西门子公司等联合发起的，并由德国政府纳入《高技术战略 2020》，成为国家十大未来项目之一。工业互联网则是由美国通用电气公司发起的，并由 AT & T、思科、通用电气、IBM 和英特尔成立工业互联网联盟进行推广的。由于两大战略都是由企业提出的，企业具有内在动力去宣传、推广和实施，市场亲和度较高。因此，在推行过程中都得到了产业界的认可与欢迎。这反映出企业对创新活动的热情，以及对产业未来方向的深刻把握，也启示我们在工业发展战略制定过程中，应注重引导和支持企业开展产学研合作，激发企业的创新创业热情，充分调动企业及各方面的积极性，共同推进产业和技术的进步。

从发展目标上看，打造智能化的产业体系实现生产效率提升是两大战略的核心。数字化、网络化和智能化已经成为制造业发展的重要特征，是制造业企业未

来发展的主要方向。工业互联网和工业4.0都不约而同地提出，利用信息化、智能化技术改造当前的生产制造与服务模式，提高企业的生产效率，提升产品和服务的市场竞争力。其中，工业4.0提出，要把信息互联技术与传统工业制造相结合，打造"智能工厂"与"智能生产"，以提高资源利用率。工业互联网战略则提出，要将工业与互联网在设计、研发、制造、营销、服务等各个阶段进行充分融合，以提高整个系统运行效率。

从实现方法上看，依托互联网、物联网与大数据实现集成与互联是两大战略的基础。集成与互联是实现智能化制造的核心，两大战略都是以物联网和互联网为基础，进行实时数据的收集、传输、处理和反馈。其中，工业4.0提出，通过信息网络与工业生产系统的充分融合，打造数字工厂，实现价值链上企业间的横向集成，网络化制造系统的纵向集成，以及端对端的工程数字化集成，来改变当前的工业生产与服务模式。工业互联网提出，要将带有内置感应器的机器和复杂的软件与其他机器、人连接起来，从中提取数据并进行深入分析，挖掘生产或服务系统在性能提高、质量提升等方面的潜力，实现系统资源效率提升与优化。

二、工业4.0与工业互联网的不同之处

从产业链环节上看，工业4.0偏重生产制造的"硬"环节，工业互联网战略偏重分析服务的"软"环节。工业4.0立足于"智能工厂"与"智能生产"两大主题，偏重于生产与制造过程，旨在推进生产或服务模式由集中式控制向分散式增强型控制转变，实现高度灵活的个性化和数字化生产或服务。工业互联网则旨在形成开放且全球化的工业网络，实现通信、控制和计算的集合，在智能制造产业体系中偏重于设计、服务环节，注重物联网、互联网、大数据等对生产设备管理与服务性能的改善。

从发展重点上看，工业4.0强调生产过程的智能化，工业互联网强调生产设备的智能化。工业4.0倡导的是以CPS为核心，将产品与生产设备之间、工厂与工厂之间的横向集成，实现生产系统的有机整合，进而实现生产过程的智能化与效率提升。工业互联网立足于全行业的信息资源，提高设备安全性与可靠性、降低能耗、物耗与维护费用等，同时，可以减少生产过程中的人力劳动需求，提高生产过程的柔性与智能化水平。

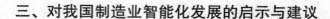

三、对我国制造业智能化发展的启示与建议

一是立足基础，完善我国制造业智能化进程的顶层设计。工业互联网与工业4.0分别由美国和德国提出，是有着深刻的历史渊源与产业背景的。美国信息技术世界领先，推行工业互联网有先天优势；德国制造闻名全球，发展工业4.0条件得天独厚。相比之下，我国虽拥有世界最完整的供应链条和工业体系，传感器、控制系统等智能化的核心技术与设备仍受制于人，短时间内难以复制、推广、实现两大战略的发展目标。因此，我国在推进制造业智能化过程中，应立足产业发展基础，科学规划发展方向与实施路径。一方面要布局前沿，把握产业与技术变革的历史机遇；另一方面要强化产业基础能力培养，避免高端产业的空心化与低端化发展。

二是优化环境，推进制造业智能化的配套体系建设。在推进制造业智能化过程中，由富于冒险精神、敢于先行先试的企业进行探索和尝试，政府应组织实施一揽子支持计划，鼓励企业进行模式探索和业务创新。逐步加强宽带基础设施建设，提高通讯网络的稳定性和可靠性，满足未来智能制造模式对大数据和网络的服务需求。推进标准化体系建设，鼓励企业参与标准的制定，推进中国标准的国际化进程。同时要逐步完善相关法律体系，为企业营造良好公平的竞争氛围。

三是强化安全，加快信息安全防护体系建设。工业互联网与工业4.0都是以网络为基础进行数据传递与生产控制，对互联网的可靠性及信息安全提出了更高的要求。目前，我国在信息安全体系建设方面仍存在核心产品与技术依赖进口、制度化的防范机制缺失、网络安全管理人才匮乏等问题。未来，要加强互联网及信息安全关键产品设备的研发，实现关键产品的自主可控。同时，要加快在网络防护、入侵检测等领域信息安全关键技术研发，推进安全防护中介机构建设，培养网络安全人才队伍，全面提高工业网络的安全防护能力。

展望篇

第二十章　2016年中国战略性新兴产业发展形势展望

第一节　2016年战略性新兴产业总体形势判断

一、战略性新兴产业日益成为我国经济稳增长的重要支撑

2016年我国战略性新兴产业总体将继续保持平稳较快发展，对国内经济的重要支撑作用将更加凸显。2015年以来，在经济下行压力较大的情况下，我国战略性新兴产业27个重点行业企业主营业务收入仍然保持了较快的发展态势，对国内经济的支撑作用日益明显。以1–5月的数据为例，27个重点行业主营业务收入同比增长10.8%，低于2014年13.7%的增速，其中工业部分增速为8.4%，而同期工业总体收入增速仅为1.3%；在工业总体利润下滑的情况下，战略性新兴产业工业部分实现利润同比增长19.8%，高于2014年16.6%的增速，虽然主营业务收入增速同比放缓，但实现利润增幅却同比增加。2016年是"十三五"规划的开局之年，也是我国经济新常态下继续深化经济结构调整的关键时期，世界经济在深度调整中曲折复苏，国内经济下行压力将会进一步增大，在此背景下，战略性新兴产业在经济发展中的重要地位将进一步凸显，各项政策扶持也将更为有力的促进新兴产业的蓬勃发展，战略性新兴产业将有望成为填补传统产业下滑"空缺"、实现稳增长的重要力量。

二、各部门将进一步聚焦施策，战略性新兴产业政策体系将进一步细化落地

战略性新兴产业发展进入全面深入推进期。为了加快经济结构调整，国家

近年来制订了一系列促进战略性新兴产业发展的扶持政策，在发展方向、人才流动和资金流向等方面发挥了积极的引导作用。2015年出台的《关于全面推进大众创业万众创新若干政策措施的意见》提出了建立创业扶持新机制、制定财税金融新政策、发展创业服务新模式等11类30方面近百条政策措施，《关于积极推进"互联网＋"行动计划的指导意见》包括11个重点领域、约40项重点发展任务、25方面政策措施；2015年以来国务院更是陆续发布了云计算、智能制造、电子商务、大数据等细分领域的有关文件，以促进新兴产业发展。"十三五"规划建议中也明确提出要积极支持战略性新兴产业发展，发挥产业政策导向作用，促进市场竞争，更好地发挥国家产业投资引导基金作用，培育一批战略性产业。国家对战略性新兴产业的支持从较为宏观的层面开始更加有思路有策略的细化，新一代信息基础建设工程、重点支持信息消费、新型健康技术惠民、海洋工程装备、高技术服务业培育、高性能集成电路和产业创新能力等6大工程的重大工程包方案，以及产业投资引导基金等措施不断推出。经过"十二五"期间各项扶持政策的激励以及产业自身的培育和发展，中央和地方促进战略性新兴产业发展的各项措施的作用正在不断显现，积极因素不断积累，产业发展将进入全面深入推进期。

三、战略性新兴产业发展将呈现明显的区域分化态势，发展速度与方向日益体现出地方特色和优势

产业区域分化发展态势将日益明显，经济发达地区产业向高端领域拓展延伸。在全国大力推动战略性新兴产业发展的大背景下，区域间的发展速度和方向将逐步呈现两极分化态势。产业基础好、产业结构调整深入的区域，新兴产业的发展速度加快、发展方向趋于高端化、对GDP的拉动作用也更为显著，例如京津冀地区、长三角地区和珠三角地区，该三大区域战略性新兴产业的企业、人才、资源和政策都比较集中，将逐渐成为国内战略性新兴产业的三个增长极。而在一些以传统产业为主、产业结构调整缓慢、新兴产业基础较弱的地区，例如东北三省、山西等地，新兴产业的发展速度相对缓慢，产业也多处于中低端环节，对GDP的贡献相对较小。随着各地战略性新兴产业政策的不断落实和产业结构调整升级的不断推进，区域间产业发展的两极分化态势将更加明显。

产业集聚将体现地方特色与优势，区域间产业发展更趋协调。北京的高端软件和信息技术服务业、天津的航空航天产业、石家庄的微生物制药和现代中

药产业各具特色，将有力地推动京津冀一体化协同发展。长江经济带沿江城市群在先进轨道交通装备、集成电路、新型平板显示等多个领域形成数十个特色产业集聚区。平板显示、基因测序、无人机、机器人等新兴产业在珠三角地区形成有效集聚。此外，上海的生物医药、浙江的云计算、广东的3D打印、湖南的智能制造装备、四川的北斗卫星导航、陕西的集成电路基地建设、辽宁的通用航空和机器人、贵州的云计算和大数据、大连的软件、西藏的生物医药等，都将进一步体现出各具特色与优势的产业集聚。

第二节　节能环保产业

一、传统产业改造升级为节能环保产业提供广阔的市场空间

在转方式、调结构的经济发展新常态下，节能减排、绿色制造成为抢占未来产业发展主导权的战略选择。"十三五"时期淘汰落后过剩产能，成为实现产业结构调整和产业转型升级的重要抓手。重点以钢铁、有色、纺织、机械制造等领域的技术改造和技术革新为主，为节能装备和环保装备产业带来巨大市场需求，并会带动一大批节能环保产品和节能环保相关服务的市场需求。通过节能减排装备、信息技术、新能源技术等改造传统行业，从源头控制节能减排与清洁生产，实现传统行业的新工艺、新技术、新设备的发展方式。例如钢铁行业的节能减排，需要考虑生产流程的整体优化，同时大力研究开发钢铁行业的新能源、新技术、新装备，最终将过剩产能转化成高品质的优势产能。

二、信息技术与节能环保产业融合，促进节能环保产业向智能化个性化方向发展

从目前全国大范围地区频繁出现的雾霾等环境问题，人们将越来越关注环境质量对生活的影响，以及环境数据的可获得性和分享性。随着大数据、物联网、云计算等新一代信息技术对产业逐步渗透与深度融合，节能环保产业领域也催生出融合信息技术的环境监测设备、节能监测设施等。在2015年8月发布的环境监测网络建设方案中，到2020年，将初步建成陆海统筹、天地一体、上下协同、信息共享的生态环境监测网络。技术变革对节能环保产业的智能化、个性化的影响越来越深入。如无人船的产生对环境监测领域产生的变革，无人船类似于在水面作业智能化机器人，能移动作业监控水质数据，实时传输定点

水质污染数据给相关监测人员；通过监测空气质量，提前发布空气污染预警，及时采取相关措施，未来都将深刻改变人们的工作方式和日常出行活动。此外，更多节能环保终端产品也会向智能化、个性化方向发展，将会使节能环保产业进入快速飞跃的发展阶段。

三、节能环保产业企业并购加快，产业集中度不断提高

节能环保产业受国家政策导向的鼓励，产业规模也将进一步迅速增长。大量中小企业快速崛起，新技术、新产品不断涌现，为节能环保产业带来巨大的市场发展活力。随着大气污染、水污染等各类政策法规的相继落地，以及即将出台的土壤污染治理政策，我国的环境治理已进入大规模集中治理新阶段，由原来政府主导的市政领域不断向工业污染治理、农村环境治理等领域扩展。大型企业依靠资金实力和技术实力等优势与中小企业形成强势的竞争态势，并不断通过并购大量创新型中小企业提升企业实力，抢占市场空间。目前来看，节能环保产业集中度较高，多数领域被小部分国有企业垄断，随着大企业的并购和重组速度加快，企业可快速延伸产业链，提升技术服务水平，提高产业进入壁垒，产业集中度将进一步提高。

第三节　新一代信息技术产业

一、内外部经济环境继续走弱的负面影响

从国外看，受美国加息、欧债危机、量化宽松货币退出影响，加之新兴市场经济国家明显波动和下滑，全球经济增长仍然在低位徘徊。全球新一代信息技术产业增速显著下滑，全球信息技术和产品支出将进一步下降，使得我国出口形势严峻。从国内看，一直以来，我国经济增长形势严峻，经济已经步入"新常态"，CPI、PPI 增长在低位徘徊，保持经济中高速增长成为未来较长一段时期的核心任务。在此大环境下，我国新一代信息技术更加需要明确发展动力、发展空间、发展领域，以摆脱当前市场变化带来的不利影响。

二、集成电路、智能家电可能拉动产业快速增长

新一代信息技术产业主要产品产量增速已经出现明显变化，笔记本电脑、电子元件不断下降，集成电路产量产值保持增长，移动通信基站产量产值增长

大幅度放缓，4G基站建设进入平稳阶段，预计在2016年很难高速增长。集成电路和彩色电视机成为拉动产业增长的潜在力量，各地纷纷进行集成电路生产线建设，预计2016年集成电路实现高速增长。智能加大出现快速增长，受国内外市场的回暖态势有望在2016年继续保持增长。

三、移动互联网、云计算等新兴领域将进入高速发展期

在移动互联网方面，移动广告、移动商务、应用即服务模式应、用内购物等因素将成为移动互联网发展的主要驱动力，预计2016年的移动互联网规模快速增长。2016年，新技术、新业态、新模式迅速发展，将继续成为产业新的增长点。在云计算方面，随着云计算服务商业模式不断探索，云计算发展潜力空间逐步释放，云计算产业投资力度不断加大，成为投资的热点，据相关机构预测，2016年，云计算行业的规模将实现爆发式增长，年均增速在20%以上。

第四节　生物产业发展形势展望

一、互联网医疗重构医疗生态环境

信息产业和生物产业的快速发展给人类的生产、生活方式带来了深刻的变革，互联网医疗正是二者深度融合的产物。健康需求的提升催生了人们对自身健康指标实时跟踪、及时掌握、便捷咨询的愿望，迫切需要改变传统的被动咨询的健康管理方式、现场服务的就医方式、冗长繁琐的就医体验和单一的购药方式。互联网和移动数据终端的普及，大大方便了信息的传播，使人们的沟通交流得以突破时间、地域限制，从而为医疗服务生态环境的改变带来了可能。互联网医疗模式下，互联网成为医疗服务的基础设施和创新要素，通过提升效率、组织变革、推动进步等方式，有效提升了医疗领域的创新能力和服务水平。现阶段的互联网医疗根据面向对象的不同，可分为两种：一是B2B模式，以医生为服务对象，方便医生交流、医学知识传播和医学工具的使用；二是B2C模式，以用户或患者为对象，方便健康咨询、预约挂号、远程医疗和随访服务等。

针对健康管理方式，互联网医疗已经经历了"利用线上资源寻医问药"的1.0时代，"医疗机构在线答疑解惑"的2.0时代，当前正在进入与健康移动终端监测产品相结合的主动性健康管理的3.0时代。3.0时代最大的特点在于：通

过实时跟踪客户的健康指标，在数据分析的基础上就相应指标的异常变化，及时、主动联系客户，采取必要措施降低疾病发生风险，从传统的被动医疗变为主动的健康管理。针对就医方式，互联网医疗的最大优势在于利用"虚拟化"的医疗系统，打破医疗资源配置的时空限制，最大实现医疗资源的普惠性和公平性。传统的现场服务模式受制于医生水平、医疗资源配置、地理位置等多种因素，互联网医疗利用在线问诊、远程医疗等手段，一方面可以使患者获得方便、快捷的服务，提高优质医疗资源的共享率；另一方面提高医生诊断的精准性，提高医疗效率，并能合理利用碎片化时间提供咨询服务。就医体验是衡量医疗水平的重要标准之一。就医过程由预约、挂号、候诊、缴费、查取结果、院内治疗和院外康复等多个环节构成，信息的不对称既造成患者就医时间的大量浪费，又造成医院拥挤、秩序混乱等情况。互联网医疗可以利用网络挂号、移动导航、网络支付、网上查看报告、在线问诊等方式，减少时间浪费，改善就医体验。互联网药店、第三方医药平台等医药电商的出现，方便了用户获得药品、价格、医保覆盖等信息，节省了选药、买药的时间。医药分离、处方药网络开放等政策加快了购药方式的变革。

2014 年，知名咨询公司 Mercom Capital Group 报告显示，互联网医疗风投基金总额 12 亿美元以上。Google、苹果、Facebook、英特尔等国外互联网巨头纷纷介入医疗领域，抢占互联网医疗的制高点。国内百度、阿里巴巴、腾讯、360 等互联网公司也抓紧了互联网医疗领域的布局。2015 年前三季度，创业邦创投库共收录了 82 起互联网医疗领域的投融资事件，融资额度达到 11.4 亿美金以上。

二、可穿戴智能医疗设备实现的健康状况的实时监测

可穿戴医疗设备的功能在于通过对使用者健康状况的实时跟踪、搜集和管理，实现与医疗机构间数据的无缝连接，从而设计个性化的健康管理方案。特别是纠正功能性病理状态、中断病理改变过程，从而科学管理慢性疾病。全球范围现有临床研究显示，通过可穿戴职能医疗设备的实时监测和数据传输，病人的医疗费用、就诊间隔时间和住院时间分别下降 42%、71% 和 35%，成果显著。可穿戴智能医疗设备的大量普及加速了智慧医疗的到来。以智能手表为例，迈克尔·克尔福克斯帕金森病研究基金会与英特尔公司联手利用 Pebble 智能手

业正式进入爆发期。根据国泰君安研究报告数据显示，生物识别市场的全球规模在 2013 年达到了 73.39 亿美元，其中指纹识别技术约占 58%；人脸识别产品规模约占 18%。预计 2018 年生物识别市场规模将达到 370.2 亿美元，年复合增长率约为 35.2%。

随着全球反恐形势的不断加剧以及安全意识的不断提升，各国在公共安全监管的投入力度越来越大，美国、欧盟、印度等国家或地区相继实施与生物识别技术相关的大型系统工程，推动生物识别技术在公共安全领域的加速普及。目前，生物识别技术市场中的大中型项目在发达国家占比已达 80% 以上。

在我国，随着经济发展和城市化进程推进，各类违法犯罪活动的流动性、突发性以及职业化日益显现，社会治安管理面临巨大压力。而新疆等地出现的暴恐事件，对公安部门预防犯罪、遏制各类违法犯罪提出巨大挑战。2008 年，由中国科学院自动化所生物识别与安全技术研究中心研制的具有完全自主知识产权的人脸识别系统，已经成功应用在北京奥运会开闭幕式上。但是与美国等发达国家高度发达的生物识别技术相比，我国生物识别市场严重落后，目前我国生物识别产品主要为小型商业应用和消费类生物识别应用低端产品（占比 75% 以上），包括指纹、人脸、虹膜的门禁 / 考勤和指纹、人脸识别门锁等。随着我国二代身份证指纹采集标准确立、生物识别产业联盟建立以及国家主导的电子护照和身份证指纹采集大型项目相继启动，我国生物识别技术应用逐渐普及，带动我国生物识别市场正从较简单的商业应用和消费类产品逐渐扩展到涉及公共安全、国家安全及公共利益等中大型系统。

未来，随着各种生物特征识别技术的不断发展和提高，在全球信息化、网络化的大背景下，生物特征识别技术的应用面将会越来越广，深度也会不断深入，并将呈现网络化趋势、融合趋势、行业内并购重组频繁，寡头化发展趋势明显。

第五节　高端装备制造业发展形势展望

一、高端装备制造产业规模将迎突破式增长

《中国制造 2025》提出重点发展十大领域，重点聚焦在高端装备领域。此外，国家发改委在 2015 年先后出台的《增强制造业核心竞争力三年行动计划

(2015-2017年)》《关于实施增强制造业核心竞争力重大工程包的通知》以及轨道交通装备、高端船舶和海洋工程装备、工业机器人、新能源(电动)汽车、现代农业机械、高端医疗器械和药品等六大重点领域关键技术产业化实施方案，都为我国高端装备制造产业发展创造了难得的契机，将促进高端装备制造产业实现突破式增长。

二、智能制造装备将迎来重大发展契机

2015年，工信部出台了《国家智能制造标准体系建设指南》《智能制造试点示范专项行动》等文件，这为智能制造产业发展创造了充分的条件，将有利于智能制造产业的规模化、广泛化推广。特别是随着《机器人产业"十三五"发展规划》草案的制定完成，将为以机器人为代表的智能制造产业发展创造有利条件。根据《规划》，到2020年，我国工业机器人年销售量预计将达15万台；到2025年，工业机器人年销售量预计将达26万台。此外，多个权威机构预测，到"十三五"末，我国机器人产业年产值将突破1000亿元。

三、高端装备制造业"走出去"步伐进一步加快

国家提出的"一带一路"发展战略，为我国优势高端装备制造产业"走出去"创造了巨大市场机会。中央也高度重视装备产业的国际化发展，2015年4月初，李克强总理召开"中国装备走出去和推进国际产能合作"专题座谈会，鼓励中国装备走出去，加快国际产能合作。据悉，国家发改委正在牵头制定《关于加快装备走出去的指导意见》，将引导和促进铁路、建材生产线、核电、钢铁、建材、有色、轻纺等产业加快走出国门。为了推动我国核电装备走向国际市场。企业层面，中国广核集团有限公司与肯尼亚核电局于9月7日签署了《关于肯尼亚核电开发合作的谅解备忘录》，提出围绕核电开发和能力建设，在研发设计、建设运营、燃料供应、核安全保障等方面开展全面合作。

第六节　新能源产业发展形势展望

一、新能源的开发利用应稳步发展

2016年是"十三五"开局之年，"十三五"《规划纲要》和各级专项规划将陆续出台，为我国2016-2020年各项事业发展规划蓝图，明确方向和任务。其中，

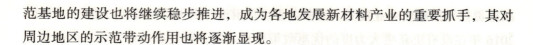

范基地的建设也将继续稳步推进，成为各地发展新材料产业的重要抓手，其对周边地区的示范带动作用也将逐渐显现。

三、产业政策将进一步聚焦

新材料作为高新技术的基础和先导，国家将重点支持新材料产业的发展。然而，由于新材料产业涉及领域数量众多、范围广泛，因此，需要找准政策着力点，精准发力，解决关键问题。例如，2014年11月出台的《关键材料升级换代工程实施方案》选取了新一代信息技术产业发展急需的高性能功能材料、海洋工程装备产业及岛礁建设急需的高端材料、节能环保产业发展急需的新材料和先进轨道交通装备等产业发展急需的新材料领域进行重点支持。这些方向都将成为新材料产业发展的重点和热点。2015年3月出台的《国家增材制造产业发展推进计划（2015-2016年）》着力形成2至3家具有较强国际竞争力的增材制造企业，在全国形成一批应用示范中心或基地，成立增材制造行业协会，建立5至6家增材制造技术创新中心。

第八节　节能与新能源汽车产业发展形势展望

一、产销规模将继续大幅度提高

2015年，我国新能源汽车累计生产34万余辆。从以前年度看，2013年生产1.7万辆，2015年相当于此前4年产量的总和；2014年生产8.4万辆。"十二五"期间新能源汽车累计产量接近《节能与新能源汽车产业发展规划》提出的到2015年累计产销量50万辆的目标。受国家和地方多种政策刺激、市场需求扩大、产品开发加速、消费者认同提高等因素的影响，预示着未来国内新能源汽车产销量将继续大规模提高。初步预计，2016年新能源汽车平均月产量将达到4万辆左右，年度总产量达到50万辆。1.6升及以下节能环保乘用车市场也将有较快增长。

二、面向家庭的推广应用持续升温

2015年及以前年度，新能源汽车推广应用多在政府机关、城市公交等公共领域发力，取得了比较明显的示范效应。预计2016年，政府机关、公共机构等领域的公务用车、城市公交车、出租车等新能源汽车的推广应用还将有较大程度的提高。同时，受免征购置税、大城市免摇号、购车补贴等推广应用政策的影响，以及公众的接受程度越来越高，新能源汽车在家用市场的推广应用也将迎来一轮较大行情。但长期看，推广应用的程度仍将依赖于新能源汽车的技术质量、安全可靠性、驾乘舒适度、充换电便捷程度、配套服务水平等的进一步提高。

三、充电基础设施建设或迎井喷行情

电动汽车充电新国标发布后，充电基础设施的建设将可能掀起一个新高潮。《电动汽车充电基础设施发展指南（2015-2020 年）》，提出了未来五年充电桩的规划布局。根据当前充电设备的市场价格估算，充电基础设施潜在市场空间有望达到 2000 亿元左右。随着利好政策的不断推出以及新能源汽车销量的迅速增加，充电桩领域的竞争将更趋激烈。据国家能源局消息，2016 年全国计划新建 2000 个充换电站，公共充电桩数量将接近 9 万个，总投资达 130 亿元左右。从远期看，按照慢充桩与快充桩 5∶1 的数量配比，预计到 2020 年，我国将建成约 500 万个慢充桩，约 100 万个快充桩。若以每个慢充桩 4000 元、每个快充桩 10 万元、每座充换电站约 350 万元计算，充电基础设施的潜在市场空间有望达 2000 亿元。2016 年，围绕新能源汽车充电设施的市场竞争将会更加激烈。

四、动力电池行业新增投资将大幅提高

近年来，在新能源汽车核心零部件领域，动力锂电池行业异军突起，成为各类资本的流向和聚集地。据不完全统计，2015 年上半年，国内资本市场已有 10 家上市公司宣布投资建设新的锂电池项目，投资总金额接近 280 亿元。1 到 10 月，锂电池行业上市公司增量投资达到了 800 亿元左右。考虑其他企业投资，预计 2016 年度动力锂电池新增投资将可能达到千亿元以上。有专家认为，未来，新能源乘用车更趋向采用三元锂电池，商用客车因为安全性要求更高，仍会采用安全系数较高的磷酸铁锂电池[1]。

五、分时租赁等商业模式进一步推广

新能源汽车分时租赁是一种城市短途出行方式，是使用电动汽车进行共享

---

[1] 中国电池网：《2016年新能源汽车上下游五大产业链发展趋势》，见http://www.itdcw.com/archives/news/010A5TH016.html。

思想，还是思想
才使我们与众不同

《赛迪专报》	《两化融合研究》	《财经研究》
《赛迪译丛》	《互联网研究》	《装备工业研究》
《赛迪智库·软科学》	《网络空间研究》	《消费品工业研究》
《赛迪智库·国际观察》	《电子信息产业研究》	《工业节能与环保研究》
《赛迪智库·前瞻》	《软件与信息服务研究》	《安全产业研究》
《赛迪智库·视点》	《工业和信息化研究》	《产业政策研究》
《赛迪智库·动向》	《工业经济研究》	《中小企业研究》
《赛迪智库·案例》	《工业科技研究》	《无线电管理研究》
《赛迪智库·数据》	《世界工业研究》	《集成电路研究》
《智说新论》	《原材料工业研究》	《政策法规研究》
《书说新语》		《军民结合研究》

编 辑 部：赛迪工业和信息化研究院
通讯地址：北京市海淀区万寿路27号院8号楼12层
邮政编码：100846
联 系 人：刘 颖　董 凯
联系电话：010-68200552　13701304215
　　　　　010-68207922　18701325686
传 　 真：0086-10-68209616
网 　 址：www.ccidwise.com
电子邮件：liuying@ccidthinktank.com

面向政府　服务决策

研究，还是研究
才使我们见微知著

信息化研究中心	工业化研究中心	规划研究所
电子信息产业研究所	工业经济研究所	产业政策研究所
软件产业研究所	工业科技研究所	军民结合研究所
网络空间研究所	装备工业研究所	中小企业研究所
无线电管理研究所	消费品工业研究所	政策法规研究所
互联网研究所	原材料工业研究所	世界工业研究所
集成电路研究所	工业节能与环保研究所	安全产业研究所

编 辑 部：赛迪工业和信息化研究院
通讯地址：北京市海淀区万寿路27号院8号楼12层
邮政编码：100846
联 系 人：刘颖　董凯
联系电话：010-68200552　13701304215
　　　　　010-68207922　18701325686
传　　真：0086-10-68209616
网　　址：www.ccidwise.com
电子邮件：liuying@ccidthinktank.com